GRUNDWISSEN KONTROVERS

EBERHARD WILMS

Deutschland nach 1945

Prüfungs- und Basiswissen
für Schülerinnen und Schüler

WOCHEN SCHAU
GESCHICHTE

Bibliografische Information der Deutschen Bibliothek
Die Deutsche Bibliothek verzeichnet diese Publikation in der Deutschen Nationalbibliografie; detaillierte bibliografische Daten sind im Internet über http://dnb.ddb.de abrufbar.

Die Reihe „Grundwissen kontrovers“ wird herausgegeben von Hans-Jürgen Pandel

www.wochenschau-verlag.de

Titelgestaltung: Ohl Design
Titelbild: dpa-pa
Gesamtherstellung: Wochenschau Verlag
Gedruckt auf chlorfreiem Papier
ISBN 978-3-89974404-0

Inhalt

GRUNDWISSEN KONTROVERS

Die Reihe *Grundwissen kontrovers* ist für die Hand der Schülerinnen und Schüler gedacht. Das schließt nicht aus, dass sie auch für Lehrerinnen und Lehrer sowie für Studentinnen und Studenten der Geschichte von Nutzen sein kann. Die einzelnen Bände dieser Reihe sollen nicht direkt im Unterricht eingesetzt werden, sondern der Wiederholung und Festigung schulisch vermittelten Wissens dienen. In besonderer Weise können sie bei der Vorbereitung von Vergleichsarbeiten, Klausuren, Abiturprüfungen sowie zur Vorbereitung von Seminaren während des Geschichtsstudiums behilflich sein. Sie sind also an Schule und Universität gleichermaßen zu verwenden.

Grundwissen kontrovers unterstützt die Lösung der drei Aufgabentypen der „Einheitlichen Prüfungsanforderungen in der Abiturprüfung" (2005), die inzwischen auch auf der Oberstufe der Sekundarstufe I Verwendung finden. Darstellungs-, Interpretations- und Erörterungsaufgaben lassen sich mit ihnen vorbereiten. Die einzelnen Kapitel dieser Bände sind deshalb in einen Darstellungs- und einen Erörterungsteil gegliedert. Eine *Darstellung* ist eine mehr oder minder ausführliche Zusammenfassung eines historischen Ereignisverlaufes. Deshalb ist an die Tatsache zu erinnern, dass der Begriff „Darstellung" in der Geschichtswissenschaft ein Synonym für „Geschichtsschreibung" bzw. „Historiographie" ist. Eine Darstellung ist keine Aneinanderreihung von sog. Fakten, sondern eine durchdachte Konstruktion mit Deutungscharakter, die sich bewusst und begründet von anderen Deutungen unterscheidet. Die *Erörterungen* dagegen enthalten fachwissenschaftliche Deutungskontroversen. Sie werden in den einzelnen Bänden nicht aufgelöst, sondern in ihrer Kontroversität stehen gelassen. Schüler und Studenten müssen selbst Stellung beziehen und erörtern, was für die eine oder andere Deutung spricht.

Der Titel dieser Reihe *Grundwissen kontrovers* scheint auf den ersten Blick ein Widerspruch in sich selbst zu sein. Im naiven Verständnis gilt Grundwissen als gesicherter Wissensbestand, der jedem Meinungsstreit entzogen ist und der über Generationen hinweg unverändert bleibt. Aber ein Grundwissen, das die Schüler am Ende ihrer Schulzeit für die nächsten 60 Jahre ihrer durchschnittlichen Lebenszeit versorgt, gibt es nicht und kann es auch nicht geben. Geschichtswissenschaft ist kein dogmatisches Wissen, das über die Zeiten stabil bleibt. Das hat zwei Gründe:

- Jede *Gegenwart* produziert ständig neue Fragestellungen an die Vergangenheit. Die Brennpunkte historisch-politischer Aufmerksamkeit wechseln, sogar wenn sie längere Zeit stabil bleiben (Beispiele: Naher Osten, Afghanistan). Auch die Probleme selbst verändern sich (Vereinigtes Europa, Terrorismus). Deshalb sollen Schüler Kompetenzen erwerben, die es ihnen ermöglichen, sich auch ohne Schule historisch zu orientieren und ihr Grundwissen ständig zu revidieren. Studenten der Geschichte sollen bei ihrem Studium unterstützt werden.
- Die *Geschichtswissenschaft* selbst sorgt dafür, dass sich ihr Wissen ständig verändert. Neues Wissen kommt hinzu, altes wird neu gesehen, und manches gerät völlig in Vergessenheit. Die Historiker produzieren ständig neues Wissen, denn Forschung ist auf Dauer ausgerichtete Wissensproduktion. Es werden neue Forschungskonzepte entwickelt (Beispiele: Geschlechtergeschichte, Umweltgeschichte, Globalgeschichte), und vertrautes Wissen veraltet durch neue Fragestellungen.

Und doch – ein gewisses *Grundwissen* ist für Schüler und Studenten nötig. Es ist aber nicht Wissen, das die Benutzer dieser Reihe für die nächsten Jahrzehnte ihres Lebens versorgt, sondern es ist Wissen, über das sie hier und heute verfügen müssen. Es ist nicht *das* Grundwissen schlechthin, sondern nur das Wissen, das die Schülerinnen und Schüler sich auf der Grundlage der Lehrpläne, nach denen sie unterrichtet worden sind, aneignen konnten. *Grundwissen ist die Quintessenz des Lehrplanwissens und Voraussetzung für ein erfolgreiches Geschichtsstudium.*

- Umfang und Beschaffenheit dieses Wissens hängen von der Qualität der Lehrpläne ab. Ob das von ihnen verlangte Wissen tatsächlich gegenwartserhellend oder verstaubt ist, ob es auf dem neuesten Stand der Forschung ist, beruht auf der Kompetenz derer, die diese Lehrpläne machen. Lehrpläne sollten nach dem Forschungsstand der Bildungs- und Kulturwissenschaften erstellt werden und nicht nur triviale bürokratische Fließbandware sein. Andererseits wird jenes Wissen, das von den Lehrplänen umrissen wird, erst dann zum Grundwissen, wenn es auch in dem Bewusstsein unterrichtet wird, gegenwartserschließend zu sein.
- Aber auch jene Inhalte, die diese Lehrpläne „festlegen", sind nicht so fest, dass sie nur auswendig gelernt werden müssten. Das reine, von jeder Deutung unbeeinflusste Faktum gibt es nicht. Das zeigt sich schon an der Sprache. Ob man den 17. Juni 1953 als „Volksaufstand" oder „Arbeiteraufstand", den 30. Januar 1933 als „Machtübernahme" oder „Machtergreifung" bezeichnet, signalisiert unterschiedliche Deutungen. An den gleichen Themen arbeiten immer mehrere Historiker – und die Forschungsgemeinschaft der Historiker hat sich inzwischen internationalisiert. Die Zunft der Historiker besteht aus vielen Forschern, die selten in allen Punkten übereinstimmen. Die Geschichtswissenschaft ist bisweilen schon als

„zankende Zunft" bezeichnet worden. Auch wenn man den umgangssprachlichen Begriff des Gezänks nicht verwendet, so gibt es doch zwischen den Historikern Deutungskonkurrenz. Geschichte ist immer gedeutete Geschichte, und die Konkurrenz zwischen den Historikern besteht darin, plausiblere Deutungen eines Ereigniskomplexes als der Kollege vorzulegen.

Grundwissen und Kontroversen sind somit nicht voneinander zu rennen. *Grundwissen ist stets in sich selbst kontrovers.* Daraus ergeben sich folgende Konsequenzen:

- Bei Darstellungsaufgaben muss aufgezeigt werden, dass man sich in Kenntnis kontroverser Deutungen für eine Version begründet entscheiden kann.
- Bei Interpretationsaufgaben muss auf den sog. historischen Kontext eingegangen werden, der aber nicht naturgegeben ist, sondern von Historikern unterschiedlich – oft widersprüchlich – definiert wird.
- Die Erörterungsaufgaben verlangen, alle Aspekte und Implikationen einer kontroversen These auszuloten, um ihre Geltungsansprüche (Triftigkeit, Angemessenheit, Stichhaltigkeit, Plausibilität, Praktikabilität etc.) festzustellen und zu prüfen.

Die Reihe *Grundwissen kontrovers* will diejenigen zentralen Themen abdecken, die in der gymnasialen Oberstufe und in den oberen Jahrgängen der Sekundarstufe I behandelt werden. Aufgrund eines Lehrplanvergleichs werden zunächst Themen des 19. und 20. Jahrhundert dargestellt: Aufkommen des Nationalismus und Nationsbildung, Industrielle Revolution und Industrialisierung, Nationalsozialismus und das getrennte und vereinigte Deutschland nach 1945.

Die Randspalte ist Notizen der Schülerinnen und Schüler vorbehalten.

Hans-Jürgen Pandel (Halle/S.)

1. Kriegsende und erste Besatzungszeit

1.1 Darstellung

Die „Stunde Null"

Niederlage oder Chance für Neubeginn?

Eines der markantesten Daten der deutschen Geschichte ist die bedingungslose Kapitulation der deutschen Armee am 7. und 8. Mai 1945. Die deutschen Generäle mussten das entsprechende Dokument zweimal unterschreiben – einmal im Hauptquartier der westlichen Verbündeten in Reims am 7. Mai und ein zweites Mal im Hauptquartier der sowjetischen Streitkräfte in Berlin-Karlshorst in der Nacht vom 8. auf den 9. Mai. In diesen Tagen der deutschen Kapitulation waren die Hauptstädte der Sieger von einer überschwänglichen Siegesstimmung geprägt. In Deutschland dagegen war die Stimmung zwiespältig: Viele Menschen atmeten befreit auf, weil Krieg und Terror zu Ende waren – vor allem diejenigen, die unter dem Nationalsozialismus gelitten oder ihm Widerstand geleistet hatten. Bei den meisten herrschte jedoch eine tiefe Niedergeschlagenheit, weil sie die Kapitulation als Niederlage empfanden. Unter den 55 Mio. Toten, die dieser von den Nazis ausgelöste Krieg gefordert hatte, waren 7,1 Mio. Deutsche; 11 Mio. deutsche Soldaten befanden sich in Kriegsgefangenschaft, fast alle großen Städte Deutschlands lagen in Trümmern. Es gab nur wenige Menschen, die begriffen, dass die Kapitulation auch Chancen für einen Neubeginn enthielt. Das waren insbesondere die Kommunisten, die sich mithilfe der sowjetischen Führung in der Emigration in Moskau auf die Niederlage Deutschlands schon längere Zeit vorbereitet hatten. In mehreren Gruppen waren sie von der Roten Armee eingeflogen worden. Die wichtigste war die von Walter Ulbricht angeführte Gruppe, die der SMAD unterstellt war und die Aufgabe hatte, in Berlin die Stadtverwaltung aufzubauen und die Gründung von Parteien, Gewerkschaften und anderen Organisationen vorzubereiten. In ganz Berlin sollten die Kommunisten Personalführung, Volksbildung und Polizei übernehmen, während andere Bereiche den Sozialdemokraten bzw. deren Sympathisanten überlassen wurden. Von Ulbricht ist das Zitat überliefert: „Es muss alles demokratisch aussehen, aber wir müssen alles in der Hand haben" (Leonhard 1976, S. 294).

Pläne zur Aufteilung Deutschlands

Auch die anderen Besatzungsmächte hatten noch im Krieg Vorstellungen entwickelt, wie man die Deutschen behandeln sollte. Ein solcher Plan war der Morgenthau-Plan aus dem Jahr 1944, ausgearbeitet vom damaligen US-Finanzminister Henry Morgenthau (1891-1967). Er sah eine Teilung Deutschlands in einen norddeutschen Staat, einen süddeutschen Staat und eine internationale Zone vor. Ferner beabsichtigte er die komplette De-Industrialisierung und die Umwandlung Deutschlands in ein Agrarland innerhalb von 20 Jahren. Dieser und andere Pläne zur Entindustrialisierung und Zerstückelung Deutschlands wurden jedoch nach Beginn der Besetzung Deutschlands nicht weiter verfolgt. Stattdessen wurde die auf der Konferenz von Jalta (4.-11. Februar 1945) von Roosevelt, Churchill und Stalin beschlossene Aufteilung Deutschlands in drei Besatzungszonen umgesetzt.

Frankreich – nachträgliche Siegermacht

Am 26. Juli 1945 wurde diese Regelung dadurch verändert, dass die Briten und Amerikaner Teile ihrer Zonen an Frankreich abtraten, das nachträglich zur Siegermacht deklariert worden war. Frankreich erhielt so eine eigene Besatzungszone in Südwestdeutschland und einen eigenen Sektor in Berlin. Im Kontrollrat hatte der Oberbefehlshaber der französischen Truppen wie die anderen drei Mächte eine Stimme und damit auch ein Vetorecht. Der französischen Regierung gelang es gegen den Willen der anderen drei Mächte, das Saarland von ihrer Zone abzutrennen und dem französischen Zollgebiet einzuverleiben. Zudem strebte sie die Abtrennung des gesamten Gebietes links des Rheins und eine internationale Kontrolle des Ruhrgebietes an. Deutschland als Ganzes sollte nach französischen Vorstellungen wirtschaftlich schwach bleiben.

Die ehemalige Reichshauptstadt Berlin gehörte zu keiner der Besatzungszonen, sondern sollte, aufgeteilt in vier Sektoren und mit alliierten Truppen besetzt, durch die Alliierte Kommandantur als gemeinsamem Regierungsorgan verwaltet werden. Diese war neben den Verwaltungsorganen der Besatzungszonen gleichberechtigt dem *Alliierten Kontrollrat* unterstellt, der dieselbe Funktion für ganz Deutschland wahrnahm (s.u. S. 17 f.).

Besatzungsregime und Versorgungslage

Die Amerikaner und Briten errichteten anfangs ein strenges Besatzungsregime. So erließen sie im Herbst 1944 ein „Fraternierungsverbot", das die Verbindung der Besatzungssoldaten mit der deutschen Bevölkerung untersagte und bis Oktober 1945 aufrechterhalten wurde. Die Alliierten begriffen aber schnell, dass sie auch Verantwortung für die notleidenden Menschen übernehmen mussten. In weiten Teilen Deutschlands war die Versorgung mit Lebensmitteln und Wasser zusammengebrochen, und die Verkehrsverhältnisse waren katastrophal. Ausgebombte und Flüchtlinge aus den Ostgebieten suchten Unterkunft, und entlassene Soldaten waren auf dem Heimweg oder suchten ihre Familien. Die Bewohner der großen Städte versorgten sich vor allem durch Beschaffung von Lebensmitteln auf dem Lande („Hamstern").

Unbelastete Personen

Die Briten und Amerikaner waren sehr interessiert daran, dass die Deutschen möglichst bald die Versorgung der Bevölkerung mit lebensnotwendigen Gütern wie Kohlen, Brot usw. selbstständig übernehmen. Die Amerikaner hatten deshalb noch vor Mai 1945 eine „Weiße Liste" mit Namen von einflussreichen Politikern der Weimarer Zeit angelegt, von denen die US-Armee wusste, dass sie sich nicht mit den Nationalsozialisten eingelassen hatten. Auf dieser Liste stand auch der spätere erste Bundespräsident Theodor Heuss (1884-1963). Nach einer Übergangszeit, in der nur die Kommandanturen der ausländischen Streitkräfte in Deutschland Entscheidungen fällten durften, wurden diese unbelasteten Personen beauftragt, Lebensmittelkarten auszuteilen, Eisenbahn, Wasser- und Stromversorgung wieder in Gang zu setzen, die Schulen wieder zu eröffnen usw.

Mangel am Notwendigsten

Doch es mangelte noch einige Jahre lang am Notwendigsten. Zudem waren Hunderttausende unterzubringen, die wegen des langen Bombenkriegs keine Bleibe mehr hatten. Hinzu kamen die Flüchtlinge aus den von der Sowjetunion besetzten und 1945 von Deutschland abgetrennten Gebieten im Osten – also aus Ostpreußen, Hinterpommern, Ostbrandenburg und Schlesien – sowie aus der Tschechoslowakei bzw. dem Sudetenland, aus Ungarn und Jugoslawien. Das waren insgesamt etwa 12 Millionen Menschen. In allen vier Zonen mussten deshalb die Menschen zusammenrücken, und die Einheimischen wurden gezwungen, Wohnraum abzugeben; viele Flüchtlinge mussten trotzdem, z.T. jahrelang, in Barackenlagern leben.

Folgen von Flucht und Vertreibung

Während der Flucht und der Vertreibung aus den Ostgebieten geschah viel Schreckliches: Es sind 2,2 Mio. Menschen umgekommen, viele Frauen wurden vergewaltigt, und unzählige Familien wurden getrennt. So hatte der Suchdienst des Deutschen Roten Kreuzes noch viele Jahre zu tun, um Kinder wieder ihren Eltern zuzuführen oder Ehepaare wieder zu vereinen. Die Deutschen hatten nun das zu bezahlen, was SS und Wehrmacht in den besetzten Gebieten angerichtet hatten.

Ruiniertes Ansehen

Hinzu kam, dass das Ansehen Deutschlands vollkommen ruiniert war – nicht nur durch die Judenverfolgung und -vernichtung, sondern auch durch die aggressive Kriegsführung der Wehrmacht. Viele Deutsche glaubten allerdings nach Kriegsende nicht, dass die Nationalsozialisten schwerste Verbrechen gegen die Menschlichkeit und Kriegsverbrechen begangen hatten; sie hielten die Meldungen darüber für Propaganda der Alliierten. Mitglieder des Widerstandes und Wehrmachtsdeserteure wurden noch bis in die 1980er Jahre hinein von vielen als „Vaterlandsverräter" bezeichnet, die dem Land in den Rücken gefallen seien.

Juni-Deklarationen und Potsdamer Konferenz

Juni-Deklarationen

Die vier Siegermächte schufen mit den sog. Junideklarationen und den Potsdamer Beschlüssen die rechtlichen Grundlagen für die politische Ordnung Nachkriegsdeutschlands. In der „Erklärung in Anbetracht der Niederlage Deutschlands und der Übernahme der obersten Regierungsgewalt" vom 5. Juni 1945 („Junideklarationen") legten sie Folgendes fest:

- An die Stelle der ausgelöschten Staatlichkeit des Reiches tritt die Hoheitsgewalt, die die Regierungen der vier Siegermächte in unbeschränktem Umfang über Deutschland nunmehr für sich in Anspruch nehmen.
- An die Stelle der nicht mehr vorhandenen deutschen Staatsgewalt tritt der Kontrollrat. Er besteht aus den vier Oberkommandierenden, die in ihren jeweiligen Besatzungszonen die oberste Gewalt ausüben. Gemeinsam sollen sie nur für Angelegenheiten zuständig sein, die Deutschland als Ganzes betreffen – und zwar

auf der Grundlage von einstimmigen Beschlüssen. Die vier Kommandanten sollen abwechselnd als Hauptkommandanten fungieren.

- Sitz des Kontrollrats ist Berlin.

Potsdamer Abkommen

Der wichtigste Ausgangspunkt für die Nachkriegspolitik nach den Junideklarationen war die Potsdamer Konferenz (17. Juli-2. August 1945). An ihr nahmen der US-amerikanische Präsident Harry S. Truman (1884-1972), der britische Premierminister Winston S. Churchill (1874-1964; nach der britischen Unterhauswahl dann Clement R. Attlee, 1883-1967) und der sowjetische Staats- und Parteichef Josef W. Stalin (1878-1953) teil. Auf der Konferenz wurden vor allem Lösungen für deutsche Probleme besprochen und im sog. Potsdamer Abkommen festgehalten. Die drei Staats- und Regierungschefs bestätigten die Aufteilung Deutschlands in vier Zonen, ausgehend von den Grenzen von 1937, die Abtrennung der Ostgebiete an Polen und an die Sowjetunion sowie die „ordnungsgemäße Überführung" der Deutschen aus diesen Gebieten, also deren Vertreibung. Somit gingen 25 Prozent des Reichsgebietes verloren. Die Einheit des restlichen Deutschlands blieb jedoch zunächst erhalten.

Die „fünf Ds"

Schließlich wurden die Grundsätze der Politik festgelegt, die vom Kontrollrat in Deutschland durchgeführt werden sollten und die als die „fünf Ds" bekannt sind: Demokratisierung (u.a. Zulassung von Parteien), Dezentralisierung (von Politik und Wirtschaft), Deindustrialisierung, Denazifizierung, Demilitarisierung. Hinzu kamen Wiedergutmachung und Reparationszahlungen. Die unterschiedlichen Vorstellungen, die die einzelnen Mächte von diesen Begriffen hatten, wurden jedoch kaum erörtert, was u.a. dazu führte, dass sie nicht in dem gewünschten Ausmaß umgesetzt wurden.

Im Westen gingen die meisten Politiker davon aus, dass in Potsdam eher lockere Absprachen getroffen wurden.

Sie stützen sich dabei vor allem auf die Niederschrift der Verhandlungen, die die US-Regierung 1947 veröffentlichte und die im Wesentlichen eine protokollartige Aufzählung von Regierungsvereinbarungen waren. Die Politiker folgerten daraus, dass eine Vereinbarung mit in sich widersprüchlichen Aussagen und unpräzisen Formulierungen nur eine lockere Absprache und mithin kein Staatsvertrag sei.

Westen: lockere Absprachen

Im Osten sprachen die politisch Verantwortlichen bis 1989/90 stets vom „Potsdamer Abkommen". Dem Westen wurde vorgeworfen, er handle dem „Geist von Potsdam" zuwider und sei vertragsbrüchig. Dieser Vorwurf bezog sich vor allem auf die Innenpolitik der Bundesrepublik *und* auf die Nichtanerkennung der Oder-Neiße-Linie, die in Potsdam angeblich fest als polnische West- bzw. deutsche Ostgrenze vereinbart worden sei.

Osten: verbindliche Regelungen

Die Staatsführung der DDR interpretierte die Bestimmungen des Potsdamer Protokolls auch als Beschluss, in Deutschland eine neue Gesellschaftsordnung einzuführen, langfristig nämlich die sozialistische. Sie berief sich dabei auf die Formulierung, dass in Deutschland eine „demokratische" Entwicklung einzuleiten sei, interpretierten diese aber im marxistischen Sinn. Dementsprechend verstand man in der DDR darunter die Herrschaftsform, die das Proletariat nach seiner erfolgreichen Revolution zum Sturz des Kapitalismus etablieren werde – die „Diktatur des Proletariats". Die Sowjetunion ihrerseits wertete das Protokoll zum „Abkommen" auf, weil es ihr so besser als Legitimation dienen konnte, um stufenweise ihre Außenpolitik in Deutschland durchzusetzen.

Potsdam: Grundlage für Sozialismus?

Einige Potsdamer Vereinbarungen – ausgenommen die über die Bestrafung der Kriegsverbrecher (s.u., S. 20 f.) – hatten nicht lange Bestand, vor allem, weil Frankreich an der Konferenz nicht beteiligt war, aber auch, weil die Bestimmungen zu ungenau waren und von jeder Besatzungsmacht unterschiedlich interpretiert wurden. Im

Gegensätzliche Interpretationen

Kontrollrat konnte man sich nur auf die Klärung weniger Fragen einigen, etwa auf die Auflösung Preußens oder auf die Festlegung geringer Kapazitäten für die Industrie. Das Vetorecht jedes einzelnen Oberkommandierenden machte es zudem möglich, dass Frankreich einseitig das Saarland aus seiner Zone ausgliederte und dem französischen Zollgebiet einverleibte. Über wichtige politische Grundsätze bestanden bald unterschiedliche, ja gegensätzliche Vorstellungen.

Bestrafung der Kriegsverbrecher

Nürnberger Prozesse

Am leichtesten konnten sich die vier Siegermächte auf die Bestrafung der nationalsozialistischen Führer und Kriegsverbrecher einigen. Vom 20. November 1945 bis 1. Oktober 1946 fand der Prozess gegen die Hauptkriegsverbrecher vor dem Nürnberger Militärtribunal statt. Angeklagt waren die obersten Vertreter des NS-Staates, die man hatte festsetzen können. Rechtsgrundlage für diesen Prozess und die folgenden Verfahren war das Kontrollratsgesetz Nr. 10 über die Bestrafung von Personen, die sich Kriegsverbrechen sowie Verbrechen gegen den Frieden oder gegen die Menschlichkeit schuldig gemacht hatten. Unter Kriegsverbrechen wurden folgende Delikte verstanden: Tötung oder Misshandlung von Kriegsgefangenen, Hinrichtung von Geiseln, Verschleppung zur Zwangsarbeit etc. Unter Verbrechen gegen die Menschlichkeit fielen vor allem die Verfolgung und Vernichtung der Juden und die Vernichtung „unwerten" Lebens, also Tötungsdelikte, die in allen zivilisierten Staaten verfolgt und bestraft wurden. Unter Verbrechen gegen den Frieden wurde der Angriffskrieg verstanden, ein bis zu diesem Zeitpunkt nicht aufgeführtes Delikt. Zwölf der 24 Hauptkriegsverbrecher wurden zum Tode verurteilt und hingerichtet, so etwa der fanatische Antisemit und

Gauleiter von Franken Julius Streicher, der Chef des Führungsstabs der Wehrmacht Alfred Jodl oder der Außenminister Joachim von Ribbentrop. Der zweite Mann des NS-Staates, „Reichsmarschall" Hermann Göring (1893-1946) entzog sich dem Henker durch Selbstmord. Sieben Angeklagte erhielten langjährige oder lebenslange Haftstrafen, u.a. der „Führerstellvertreter" Rudolf Heß (1894-1987; lebenslänglich), der Oberbefehlshaber der Kriegsmarine Großadmiral Karl Dönitz (1891-1980; 10 Jahre) oder der Rüstungsminister und „Leibarchitekt" Hitlers Albert Speer (1905-1981; 20 Jahre). In drei Fällen, z.B. bei ehemaligen Reichsbankpräsidenten Hjalmar Schacht (1877-1970), lautete das Urteil auf Freispruch, weil Schuld nicht nachgewiesen werden konnte.

Nachfolgeprozesse

In den zwölf Nachfolgeprozessen vor US-amerikanischen Militärgerichten gegen Ärzte, Juristen, Industrielle, Bankiers, Minister, hohe Regierungsvertreter und militärische Führer wurden innerhalb von drei Jahren insgesamt 185 Personen angeklagt. Davon wurden 35 freigesprochen, 24 zum Tode, 20 zu lebenslanger Haft und 98 zu Freiheitsstrafen zwischen 18 Monaten und 25 Jahren verurteilt. Im Januar 1951 setzte der Hochkommissar John Jay McCloy (1895-1989) zahlreiche Strafen herab. Von den zum Tode Verurteilten wurden zwölf hingerichtet, elf zu Haftstrafen begnadigt und einer an Belgien ausgeliefert, wo er in Haft starb. Andere Besatzungsgerichte klagten weitere 4848 Naziverbrecher an, von denen 462 hingerichtet wurden. Außerdem verurteilte man zwischen 1945 und 1965 in den Westzonen bzw. der Bundesrepublik 6115 Personen, in der Ostzone bzw. in der DDR 12 807.

„Spruchkammern"

Die „Denazifizierung" betraf jedoch nicht nur führende Nationalsozialisten, sondern auch einfache Parteimitglieder und Angehörige anderer nazistischer Organisationen. Am 5. März 1946 unterzeichneten die von der amerikanischen Besatzungsmacht eingesetzten

Ministerpräsidenten der drei Länder der US-Zone in München das „Gesetz zur Befreiung von Nationalsozialismus und Militarismus“: Reinhold Maier (1889-1971), DVP, für Württemberg-Baden; Wilhelm Hoegner (1887-1980), SPD, für Bayern; Christian Stock (1884-1967), SPD, für Hessen. Am 13. Mai 1946 nahmen die ersten „Spruchkammern“ zur Durchführung dieses Gesetzes ihre Tätigkeit auf. In diesen Verfahren, die Gerichtsverfahren ähnelten, mussten sich einfache Parteimitglieder, führende HJ-Größen usw. verantworten. So glaubte man, nationalsozialistisches Denken aus der Bevölkerung verbannen zu können. Über die 2,5 Millionen Deutsche, deren Verfahren bis 31. Dezember 1949 durch die Entnazifizierungsspruchkammern entschieden waren, wurde wie folgt geurteilt: 54 Prozent Mitläufer, bei 34,6 Prozent wurde das Verfahren eingestellt, 0,6 Prozent wurden als Nazigegner anerkannt, 1,4 Prozent wurden zu Hauptschuldigen und Belasteten erklärt.

Parteien und Wahlen

Gründung von Parteien

Für die deutschen Parteien bestand 1945 nach dem Einschnitt des Jahres 1933 nahezu eine „Stunde Null“. Die Gründung von Parteien erfolgte in den einzelnen Zonen nicht gleichzeitig, aber insgesamt noch frei: Zuerst entstand in der SBZ mit Unterstützung der Sowjetunion die KPD, danach SPD, CDU und LDP. Bald folgten die Parteigründungen in den anderen drei Zonen, zuletzt in der französischen. Die in Berlin gegründeten Parteien beanspruchten, für alle vier Zonen zu sprechen, was allerdings in diesen Zonen häufig nicht anerkannt wurde. Die KPD-Gründung in Berlin im Juni 1945 mit Walter Ulbricht (1893-1973) und Wilhelm Pieck (1876-1960) an der Spitze wurde allerdings in allen vier Zonen akzeptiert. Der Wiederaufbau der SPD begann unter Leitung von

Kurt Schumacher (1895-1952) bereits im April 1945 in Hannover. Das „Büro Dr. Schumacher" wurde rasch zum Leitungsgremium in den Westzonen. Es erkannte den Führungsanspruch des Zentralausschusses der SPD in Berlin unter Otto Grotewohl (1894-1964) nicht an. Die CDU hatte mit Jakob Kaiser (1888-1961) einen führenden Mann in Berlin; gleichzeitig stellte sich aber langsam Konrad Adenauer (1876-1967) in Köln in der Britischen Zone als wichtigster Parteichef heraus. Die Liberalen traten in den einzelnen Ländern unter verschiedenen Namen an: LDP, auch schon FDP oder wie in der Weimarer Zeit DVP. In Bayern bildete sich 1945/46 die CSU und grenzte sich als Landespartei von der CDU ab. In der sowjetischen Zone kamen im Juli 1945 die vier von der SMAD zugelassenen Parteien (KPD, SPD, CDU, LDPD) zusammen, um den „Block der antifaschistischen demokratischen Parteien" („Blockparteien") zu bilden.

Kommunisten und Sozialdemokraten

Im Jahr 1946 sollten im besetzten Deutschland die ersten Wahlen stattfinden, und die Parteien begannen, sich darauf vorzubereiten. Der KPD war klargeworden, dass sie die ursprünglichen Erwartungen, einen großen Teil der Wähler an sich zu binden, nicht würde erfüllen können. Diese Befürchtung wurde durch die ersten österreichischen Nachkriegswahlen zum Nationalrat vom 25. November 1945 bestätigt: Die Kommunisten erhielten hier nur 5,4 Prozent der Stimmen (die Sozialdemokraten 44,6 Prozent). Nun setzten die deutschen Kommunisten in der SBZ alles daran, über eine Vereinigung mit der SPD mehrheitsfähig zu werden. Sie bezogen sich dabei darauf, dass in der deutschen Linken nach dem Krieg vor allem die Frage diskutiert wurde, wie es zum Nationalsozialismus kommen konnte. Ein entscheidender Grund wurde in der Spaltung der politisch aktiven Arbeiterschaft in zwei Parteien gesehen. Deshalb gab es auch in der Sozialdemokratie Stimmen, die sich für einen Zusammenschluss mit der KPD aussprachen. Es gab aber auch viele, die den

Kommunisten misstrauten – v.a. wegen des stalinistischen Terrors in den 1930er Jahren in der Sowjetunion. Kurt Schumacher, elf Jahre im KZ inhaftiert und mittlerweile SPD-Vorsitzender der britischen Zone, gehörte dazu. Er warnte vor den Kommunisten und glaubte, die Vereinigung mit der KPD könnte ein Schritt auf dem Weg in die zweite Diktatur sein.

Gründung der SED

In der SBZ wurden viele SPD-Mitglieder von der Besatzungsmacht bedrängt, ja gezwungen, der Vereinigung zuzustimmen. Es gab zahlreiche Verhaftungen, und Abstimmungen in SPD-Ortsvereinen wurden verboten. Viele oppositionelle Sozialdemokraten wurden in Lager verbracht und begegneten dort oftmals ihren Verfolgern aus der Nazizeit – so in den ehemaligen KZs Buchenwald und Oranienburg. Die Vereinigung zwischen SPD und KPD zur SED erfolgte am 21. April 1946 in Berlin. In den Westzonen wurde die SED von den Besatzungsmächten nicht zugelassen.

Landtagswahlen

Im Jahr 1946 führten die Siegermächte Wahlen durch, zunächst in den Gemeinden und Kreisen, später in den Ländern, die z.T. neu gebildet werden mussten (z.B. Rheinland-Pfalz, Nordrhein-Westfalen, Hessen u.a.). Bei den ersten Landtagswahlen in der Zeit zwischen dem 30.6.1946 und dem 5.10.1947 ergab sich in allen vier Zonen folgendes politisches Gesamtbild: 32,3 Prozent für CDU, CSU und – im Saarland – Christliche Volkspartei; 24,4 für die SPD, 22,7 für KPD und SED (in der SBZ), 14,0 für FDP und LDP, 2,0 für die Zentrumspartei, 3,4 für andere kleine Gruppen. Die Zonenunterschiede waren beträchtlich: So wählten in der SBZ 47,5 Prozent die vereinigte SPD und KPD, die SED, in der Britischen Zone war die SPD die stärkste Partei mit 37,2 Prozent, in der US- und in der Französischen Zone war dies die CDU mit 42,7 bzw. 50,0 Prozent. Das erstaunlichste Ergebnis für die LDP kam aus der SBZ: Dort wählten 24,6 Prozent diese Partei.

Unterschiedlicher Beginn in Westzonen und SBZ

Bodenreform und Enteignungen in der SBZ

Schon 1946 war zu erkennen, dass der Weg der SBZ ein anderer sein würde als der der Westzonen. Bereits im Herbst 1945 erließen die Provinz- und Landesverwaltungen der Sowjetischen Besatzungszone Verordnungen zur Durchführung einer umfassenden Bodenreform. In deren Verlauf wurden Großgrundbesitzer, also Güter von mehr als 100 ha Fläche, und Grundbesitzer enteignet, die man als Kriegsverbrecher und aktive NSDAP-Mitglieder eingestuft hatte. Ihr Besitz wurde an Landarbeiter und Flüchtlinge aufgeteilt. Letztere durften in der SBZ nicht so genannt werden – sie hießen „Umsiedler“. Ende Oktober 1945 ging man daran, Großbetriebe zu enteignen und in VEB umzuwandeln – vor allem mit der Begründung, man müsse Großgrundbesitzern und Großindustriellen, die die wichtigsten Stützen der Nationalsozialisten gewesen seien, die ökonomische Basis entziehen. Außerdem wollte man eine sozialistische Wirtschaft wie in der Sowjetunion aufbauen. Insgesamt wurden in der Zeit von 1945 bis 1949 in der SBZ ca. 10 000 Industrieunternehmen entschädigungslos enteignet

Keine Bodenreform in den Westzonen

In den westlichen Besatzungszonen wurden Ansätze zu einer Bodenreform von den Besatzungsmächten nicht akzeptiert, ebenso wenig die von den Gewerkschaften geforderte Sozialisierung der Montanindustrie (Kohle, Eisen, Stahl). Die Amerikaner lehnten dies vor allem mit dem Argument ab, über Grundsätze der Politik könne keine Landesregierung entscheiden, weil das Sache einer zukünftigen gesamtdeutschen Regierung sei. Allerdings griffen auch die westlichen Besatzungsmächte im Sinne der Potsdamer Beschlüsse in Eigentumsverhältnisse ein – etwa hinsichtlich der Dezentralisierung der Wirtschaft: So wurde der I.G.-Farben-Konzern in seine alten Bestandteile BASF,

Agfa, Bayer und Hoechst zerlegt, und Großbanken wie die Deutsche und die Dresdner Bank wurden in landesweit und nicht mehr reichsweit agierende Banken umgewandelt.

Demontagen

Demontagen von Betrieben fanden in allen Zonen statt, weil die Alliierten Wiedergutmachung verlangten. Außerdem sollte Deutschland durch die Zerschlagung seiner Rüstungsindustrie militärisch geschwächt und dadurch ein neuer Angriffskrieg unmöglich gemacht werden. Im Zuge dieser Maßnahmen wurden nicht nur Wirtschaftsgüter in die Länder der Siegerstaaten verbracht, sondern auch Arbeitskräfte. Vor allem in der SBZ wurden zu diesem Zweck viele Menschen in die Sowjetunion deportiert. In den Westzonen ging es dabei weniger um einfache Arbeitskräfte als vielmehr um hochqualifizierte Wissenschaftler, die etwa in der wissenschaftlichen Forschung dieser Länder gebraucht wurden – so um den Raketentechniker Wernher von Braun (1912-1977).

Schwächung der deutschen Wirtschaft

Langsam wurde insbesondere den Amerikanern klar, dass sich eine wirtschaftliche Schwächung Deutschlands auch auf andere Teile Europas auswirkte, also besonders auf die französische und englische Wirtschaft, die auf eine Gesundung der deutschen angewiesen waren. Aber auch der US-Wirtschaft fehlte ein starker Handelspartner in Europa. Diese Überlegungen zur Stärkung der deutschen Wirtschaft waren dem Vorgehen der Sowjetunion in der SBZ entgegengesetzt: Wurden in den Westzonen nur ca. 5 Prozent des Anlagevermögens von 1944 von den Besatzungsmächten demontiert, so lag dieser Prozentsatz für die SBZ zwischen 30 und 50 Prozent. Dies hatte zur Folge, dass in der SBZ bis Ende 1946 ca. 1000 Betriebe demontiert waren und fast alle Bahnstrecken nur noch ein Gleis besaßen. Waggons und Lokomotiven wurden an die östlichen Länder verkauft, die die gleiche Spurweite wie Deutschland hatten. Volkswirtschaftlich problematisch waren vor allem die fortgesetzten Entnahmen aus der laufenden Produktion durch die sowjetische Besatzungsmacht. Diese waren zwar für die Sowjets besonders lohnend, erschwerten aber die Planung in der SBZ/DDR zusätzlich.

Der „Eiserne Vorhang“

Hinzu kam, dass die internationale Lage immer schlechter wurde. US-Präsident Truman musste feststellen, dass die Sowjetunion Vereinbarungen aus der Kriegszeit brach. So zog sie erst nach langem Drängen ihre Truppen aus dem Iran zurück. Vor allem ging die Sowjetunion daran, überall in ihrem Herrschaftsbereich in Osteuropa ihr gesellschaftliches und politisches System durchzusetzen („Sowjetisierung“). Es entstand das, was man später den „Ostblock“ nannte, also Randstaaten der Sowjetuinion, die von ihr abhängig waren. Der ehemalige englische Premierminister Churchill hatte deshalb schon im März 1946 öffentlich von einem „Eisernen Vorhang“ gesprochen, der in Europa niedergegangen sei.

Neuorientierung der US-Außenpolitik

Schließlich hielt US-Außenminister James F. Byrnes (1879-1972) im Auftrag Trumans am 6. September 1946 in Stuttgart eine Rede, in der er die wirtschaftliche Vereinigung der US-Zone mit der Britischen Zone ankündigte. Dieses Vorhaben wurde in nur wenigen Monaten verwirklicht und bildete die Basis für die Westbindung der späteren Bundesrepublik Deutschland. Byrnes wies in dieser Rede auch darauf hin, dass es die USA nicht zulassen würden, dass Deutschland der „Vasall“ irgendeiner Macht „oder unter in- oder ausländischer Diktatur“ leben würde. Sie wollten vielmehr dem deutschen Volk „zu einem ehrenvollen Platz unter den freien und friedliebenden Nationen der Welt“ verhelfen und dem demokratischen, föderativen und wirtschaftlichen Wiederaufbau Deutschlands dienen. Der französische Anspruch auf das Saarland werde anerkannt, der Umfang der an Polen abzutretenden Gebiete sollte dagegen endgültig erst auf einer Friedenskonferenz festgelegt werden.

Byrnes leitete damit die Neuorientierung der amerikanischen Außenpolitik ein, deren Ziel es nun war, die westlichen Besatzungszonen in ein europäisch-amerikanisches Verteidigungssystem einzubauen und eine weitere Ausdehnung der Sowjetunion nach Westen zu verhindern. Die Zeit der gemeinsamen Politik mit der Sowjetunion war damit beendet und die Teilung Deutschlands eingeleitet.

1.2 Erörterung wissenschaftlicher Kontroversen

Was war der 8. Mai 1945: Zusammenbruch, Befreiung, Neuanfang?

Den Auseinandersetzungen um die Bezeichnung für den 8. Mai 1945 liegen die juristische und politische Deutung der Ereignisse zugrunde, die vor und nach dem 8. Mai 1945 in Deutschland erfolgten:

„Tag der Befreiung"?

In der SBZ/DDR sprach man von Anfang an vom „Tag der Befreiung" und folgte damit der offiziellen sowjetischen Version, die von der marxistisch-leninistischen Ideologie ausging. Danach war die sozialistische Sowjetunion in der gesellschaftlichen Entwicklung der kapitalistischen Welt überlegen, und der Sieg der Roten Armee wurde als Sieg der marxistischen Ideologie über die westliche Welt interpretiert (z.B. Zentralinstitut für Geschichte 1974, S. 484 ff.). Mit dem Begriff „Befreiung" wurde der Anspruch erhoben, die Sowjetunion sei die treibende Kraft gewesen, die den Sieg über den Faschismus erst ermöglicht hätte. Zwar seien an diesem Sieg auch die „Völker der Antihitlerkoalition" (SU-USA-GB) beteiligt gewesen, doch den Hauptanteil daran hätte die Sowjetunion gehabt.

„Stunde Null"?

Im Westen dominierte der Begriff „Stunde Null" (z.B. Staritz [1] 1996, S. 14). Seine Bedeutung wurde allerdings z.T relativiert, so bei Dennis/Steinert 2005: „1945 und 1990 bilden Zäsuren der deutschen Geschichte, sie stellen jedoch keine ‚Stunde Null' dar. Die jeweiligen wirtschaftlichen, sozialen, mentalen oder kulturellen Kontinuitäten sind unübersehbar" (Dennis/Steinert 2005, S. 5).

„Zusammenbruch"?

In den alltäglichen Sprachgebrauch hat der Begriff „Zusammenbruch" bis heute Eingang gefunden. Er legt den Schwerpunkt auf die militärische Kapitulation, schließt allerdings indirekt das Ende des „Dritten Reiches" ein. Im Gegensatz zum Begriff „Befreiung" ist „Zusammenbruch" ein pessimistischer Begriff, weil er nur einen Endpunkt bezeichnet und nicht in die Zukunft weist. In der Geschichtswissenschaft wird er zuweilen verwendet, etwa von Wolfgang Benz (Benz 1992, S. 46).

„Zäsur"?

Unter Historikern wird auch über die Frage gestritten, ob der 8. Mai 1945 überhaupt eine Zäsur darstelle, weil es eher auf Phasen als auf Daten ankomme. Sozialgeschichtlich ist nämlich eher die Währungsreform von 1948 von Bedeutung. Sie beendete einen Modernisierungsschub, der mit der umfangreichen Kriegsproduktion ab ca. 1942 einsetzte und zu vielen Veränderungen in Wirtschaft und Gesellschaft führte. In Landwirtschaft und kleinerem Gewerbe blieben allerdings alte Handlungsmuster bestehen (Schwarz 1990, S. 11 ff.; Broszat 1988, S. 367). Auf dem Gebiet der Außenpolitik wird für den 8. Mai 1945 schon seit längerer Zeit eine Zäsur abgestritten, weil nach der Kapitulation die Großmächte zwar nicht sofort, aber doch allmählich wieder ihre Einschätzungen der Vorkriegszeit vertraten. So knüpfte etwa die Frontstellung der USA gegen die Sowjetunion an die Zeit vor Hitlers Überfall im Jahr 1941 an (Holsti 1971, S. 25 ff.). Die amerikanisch-sowjetische Zusammenarbeit während des Krieges erscheint so als Ausnahme von der Regel.

Existierte Deutschland 1945? Ein juristischer Streit

Staatlichkeit Deutschlands

Die Teilnehmer der Potsdamer Konferenz einigten sich darauf, von Deutschland in den Grenzen von 1937 – also vor der Besetzung Österreichs – auszugehen (Michaelis/ Schraepler o.J., S. 428 f.). Die Folge dieses Kompromisses war eine juristische Auseinandersetzung zwischen Ost und West über die Staatlichkeit Deutschlands: Das Völkerrecht geht davon aus, dass ein Staat über Staatsvolk, -gebiet, -gewalt und -zweck verfügen und auch eine Armee haben muss. Bis auf die weiterbestehende Existenz des Staatsvolks erfüllte Deutschland diese Bedingungen nicht mehr. Das Völkerrecht kennt jedoch auch den Grundsatz, dass die Besetzung eines Staates nicht zu seinem Erlöschen führt. „Ein großer Teil deutscher und ausländischer Völkerrechtslehrer hat den Untergang des deutschen Staates verneint. Deutschland sei vielmehr Rechtssubjekt geblieben und nur in seiner Handlungsfähigkeit beschränkt gewesen", schreibt Theodor Eschenburg (Eschenburg 1983, S. 24). Nach dieser Auffassung sind die beiden Staaten, die 1949 auf dem Boden der vier Besatzungsmächte gegründet wurden, Nachfolgestaaten, die die Rechte und Pflichten des Vorgängerstaates, also des Deutschen Reiches, das seit 1871 bestand, übernehmen müssen. Beim Untergang eines Staates hingegen erlöschen die Rechte und Pflichten aus Staatsverträgen.

BRD – Nachfolgerin des Deutschen Reiches

Die Bundesrepublik betrachtete sich als Nachfolgerin des Deutschen Reiches, was dazu führte, dass viele Gesetze, auch Gesetze aus der Nazizeit gültig blieben. Dies hatte etwa auch Auswirkungen auf die Höhe der Beamtenpensionen. So konnten die Beamten in der Bundesrepublik ab 1949 die Anerkennung der Arbeitszeiten aus der NS-Zeit geltend machen. Die DDR dagegen lehnte die Nachfolge des Deutschen Reiches und damit auch solche Leistungen ab. In dem Umstand, dass sich die DDR nicht als Nachfolgestaat des Deutschen Reiches sah, erblickten viele Emigranten die Chance für einen völligen Neuanfang und wählten bei ihrer Rückkehr die DDR als Wohnsitz.

Forderung nach Wiedervereinigung

Der Umstand, dass sich die Bundesrepublik juristisch als Nachfolgestaat des Deutschen Reiches verstand, hatte noch eine weitere bedeutende Folge: Sie begründete damit ihre Forderung nach Wiedervereinigung und ihren Anspruch auf die Ostgebiete jenseits von Oder und Neiße, die bis 1937 zu Deutschland gehört hatten und von der Sowjetunion und Polen abgetrennt worden waren. Die DDR hingegen schloss 1950 mit Polen den Görlitzer Vertrag, mit dem die Oder-Neiße-Linie als „Friedensgrenze" bezeichnet und als polnische Westgrenze anerkannt wurde. Die Anerkennung der Oder-Neiße-Linie als polnischer Westgrenze durch die Bundesrepublik Deutschland erfolgte mit Vorbehalten erst im Warschauer Vertrag von 1970, ohne Vorbehalte und endgültig durch beide deutsche Parlamente am 21. Juni 1990 und schließlich durch den gesamtdeutschen Bundestag am 14. November 1990.

Im Gegensatz zur Bundesrepublik lehnte die DDR eine einheitliche deutsche Staatsangehörigkeit ab. DDR-Bürgern wurden Strafen angedroht, sollten sie in der Bundesrepublik auf einer Westreise einen Pass beantragen. Die Bundesrepublik erkannte ihrerseits eine eigene DDR-Staatsbürgerschaft nicht an.

Zwangsvereinigung oder freiwilliger Zusammenschluss? – Die Gründung der SED am 21./22. April 1946

„Demokratischer Willensbildungsprozess"?

In SBZ und DDR wurde die SED-Gründung als Folge eines demokratischen Willensbildungsprozesses dargestellt. So heißt es in einem weit verbreiteten Werk über die DDR-Geschichte: „In den folgenden Wochen vollzog sich der Zusammenschluss beider Organisationen schrittweise von unten nach oben" (Zentralinstitut für Geschichte der Akademie der Wissenschaften der DDR 1974, S. 84). Erst nach der „Wende" gab es Mitglieder der SED-Nachfolgepartei PDS bzw. Die Linke, die sich detaillierter mit dem Ereignis auseinander setzten. Das führte 2001 zu einer ausdrücklichen Entschuldigung der PDS für die Zwangsvereinigung – ein Begriff, der zuvor von SED-Anhängern niemals verwendet worden war und auch heute von vielen „Linken" abgelehnt wird. Im Rahmen dieser Entschuldigung sprachen die PDS-Vorsitzende Gabi Zimmer und die Berliner Landesvorsitzende Petra Pau sogar von „politischen Täuschungen, Zwängen und Repressionen" (Tagesspiegel, 17.4.2001).

„Zwangsvereinigung"

Im Westen konnte man bis zur „Wende" in allen populären Darstellungen lesen, dass die SED durch Zwangsvereinigung zustande gekommen sei, und zwar unter „sowjetischem Druck". Die KPD sei außerdem zunehmend als „ausführendes Organ der Besatzungsmacht" angesehen worden (Weber, Hermann 1971, S. 10). Neuere Forschungen bestätigen vor allem den Druck, der auf die SPD in dieser Zeit durch die Besatzungsmacht ausgeübt wurde. Helga Grebing z.B. stellt fest, dass die Sozialdemokraten mit „Lug, Trug, Gewalt, Bedrohung, Gängelung, Zensur, Täuschung und Missbrauch" zur Vereinigung mit der KPD gezwungen worden sei (Grebing 1996, S. 28).

„Antifaschistisch-demokratische Umwälzung" oder „Revolution von oben" in der SBZ?

Umwälzung durch das Volk?

In der DDR überschrieben die geschichtlichen Darstellungen die Zeit von 1945 bis 1949 mit „antifaschistisch-demokratische Umwälzung", oder mit „antifaschistisch-demokratische Revolution" (vgl. u.a.: Zentralinstitut für Geschichte der Akademie der Wissenschaften der DDR

1979, S. 487, und „Geschichte 9", 1988, S. 215). Vor allem mit dem Revolutionsbegriff adelten die Politiker jene Vorgänge (Bodenreform, Enteignungen, Zwangsvereinigung usw.) und wollten sie in die Nähe der „Großen Sozialistischen Revolution" von 1917 in Russland rücken. Gleichzeitig betonten sie damit, die Revolution sei vom Volk ausgegangen.

Gewaltsame Durchsetzung

Im Westen dagegen fasste man jene Vorgänge mit „Revolution von oben" zusammen, denn in der SBZ sei keine Demokratie aufgebaut worden, sondern die Vorherrschaft einer Partei, der SED, sei gewaltsam durchgesetzt worden (vgl. Beyer/Schmid 1966, S. 121, ähnlich im Schülerduden, Mannheim usw. 1981, und Eschenburg 1983, S. 75).

Auch der antifaschistische Bestandteil des Begriffes wird mittlerweile angezweifelt, denn von einer Bewältigung der NS-Zeit könne in der SBZ/DDR nicht gesprochen werden. Es sei eine reine Behauptung, die SED hätte in der DDR „den deutschen Militarismus und Nazismus ausgerottet" (aus dem Art. 6 der Verfassung der DDR von 1968). Vielmehr habe es in der DDR nur „verordneten Antifaschismus" gegeben (z.B. Dieckmann 1998, S. 54).

Wolfgang Leonhard sieht in dem Begriff „antifaschistisch-demokratische Umwälzung" letztlich nur die Absicht der Kommunisten, ihre Herrschaft in der SBZ und in den von der Roten Armee besetzten Gebieten Osteuropas abzusichern (vgl. Leonhard 1976, S. 292).

Gegen diese Auffassung stellten sich nach der „Wende" viele ehemalige SED-Kader, aber auch andere Menschen, die in der DDR gelebt und die den propagierten Antifaschismus ihrerseits ernst genommen hatten (Ihme-Tuchel 2002, S. 19).

Die Entnazifizierung in den Westzonen – Erfolg oder Misserfolg?

Durchgreifende Entnazifizierung?

Diese Frage ist in der Forschung umstritten. So ist Marie-Luise Recker der Auffassung, dass diese Maßnahme „kaum dazu angetan (war), das Bewusstsein für Mitschuld und Mitverantwortung (im deutschen Volk als ganzem) (...) zu schärfen. (...) Weder – zunächst – unter alliierter noch – später – unter deutscher Ägide konnte von einer durchgreifenden ‚Entnazifizierung' die Rede sein" (Recker 2009, S. 13). Auch Alfred Grosser spricht von einer „verfehlten Entnazifizierung" (Grosser 1974, S. 77), kann dieser Maßnahme aber auch positive Seiten abgewinnen. Die Besatzungspolitik, zu der die Entnazifizierung gehörte, habe als Ganzes „dem Land die Möglichkeit eines demokratischen Lebens" geboten (ebd.). Konrad Jarausch fragt nicht nach einem kurzfristigen, sondern nach einem langfristigen Erfolg. Die Entnazifizierung habe sicher nicht *jeden* Nazionalsozialisten „erwischt", aber doch den größten Teil. Vor allem habe diese Maßnahme langfristigen Erfolg gehabt: „Das eigentliche Paradox der großen Säuberung ist (...) der Widerspruch zwischen ihrem kurzfristigen Versanden und ihrem langfristigen Erfolg" (Jarausch 2004, S. 75). Und Edgar Wolfrum antwortet auf die Frage, ob die Entnazifizierung gescheitert sei, mit „eher nein": „Denn zu ihr gehörte auch die Umerziehung, die ‚Reeducation'. Sie erstreckte sich auf eine Aufklärung der Deutschen über die Verbrechen des NS-Regimes, aber auch darauf, dass neue demokratischen Institutionen geschaffen, dass Presse und Rundfunk neu organisiert werden und dass neue Lehrer in den Schulen demokratische und freiheitliche Ideale anstelle von absoluter Unterordnung vermittelten. Aber eine solche Demokratisierung brauchte ihre Zeit" (Wolfrum 2006, S. 27).

2. Der Weg zur Teilung Deutschlands: Erste Etappe 1946-1949

2.1 Darstellung

Die Münchner Ministerpräsidenten-konferenz 1947

Teilungs-tendenzen bei den Parteien

Zwischen 1946 und 1948 sprach zunächst offiziell niemand davon, dass Deutschland geteilt werden sollte. Es war auch selbstverständlich, dass die wieder oder neu gegründeten Parteien in allen Zonen auftreten würden, sich selbst also nicht als nur in einer Zone handelnde Organisationen verstanden. Dennoch machten sich auf Parteienebene bald Teilungstendenzen bemerkbar. So gründeten die Liberalen im März 1947 eine gesamtdeutsche Partei unter Einschluss der SBZ in der Erwartung, die anderen Parteien würden diesem Beispiel folgen. Doch das war nur für die drei westlichen Zonen, nicht aber für alle vier Zonen gemeinsam der Fall. Ein CDU-Plan, die führenden Persönlichkeiten der Parteien ganz Deutschlands einzuladen und über den Erhalt der politischen Einheit zu sprechen, scheiterte an Kurt Schumacher, dem SPD-Vorsitzenden der Britischen Zone. Er lehnte es ab, sich mit mit Walter Ulbricht und Otto Grotewohl von der SED an einen Tisch zu setzen. Er befürchtete, dass die Kommunisten eine Parteidiktatur wie in der Sowjetunion in Gesamt-Deutschland durchsetzen wollten.

Scheitern der Konferenz

Im Frühjahr 1947 ergriff der bayerische Ministerpräsident Hans Ehard (1887-1980) die wichtigste Initiative zur Erhaltung der deutschen Einheit, indem er für den

6./7. Juni 1947die 18 Ministerpräsidenten aller deutschen Länder nach München einlud, um die künftige staatliche Organisation Deutschlands zu beraten. Da der französische Gouverneur forderte, dass die Teilnehmer nicht über politische, sondern nur über wirtschaftliche Fragen debattieren sollten, fand die Tagung von vornherein unter schlechten Voraussetzungen statt. Die Vertreter der Länder der SBZ bestanden darauf, die Bildung einer deutschen Zentralregierung auf die Tagesordnung zu setzen. Da die Vertreter der westlichen Länder aufgrund der Vorgabe Frankreichs dem nicht zustimmen konnten, reisten die Ministerpräsidenten der SBZ wieder ab, ohne dass die Konferenz in dieser Frage zu einem Ergebnis gekommen war. Die Ministerpräsidenten der westlichen Länder beschränkten sich daraufhin vorwiegend auf wirtschaftliche Themen, bezogen aber die zu diesem Zeitpunkt akute Flüchtlings- und Ernährungsproblematik ein. An diesem Beispiel wird deutlich, dass Einigungsversuche bereits zu diesem Zeitpunkt wenig Aussicht auf Erfolg hatten, weil die Siegermächte des Zweiten Weltkriegs unterschiedliche deutschlandpolitische Vorstellungen hatten und bereits begonnen hatten, sich auf die Gründung zweier Staaten zuzubewegen.

Von der Bizone zur Trizone

Gründung der Bizone

Da sich in allen Zonen die wirtschaftliche Lage verschlechterte, richteten die Amerikaner im Juli 1946 an die anderen Besatzungsmächte das Angebot, einen Zusammenschluss der Zonen herbeizuführen, der auf die wirtschaftlichen Aufgaben beschränkt werden sollte. Der Vorschlag ließ sich zunächst jedoch nur zwischen der amerikanischen und der britischen Zone verwirklichen, die am 1. Januar 1947 zur Bizone zusammengeschlossen wurden. Dies geschah vor allem durch die Einrichtung einer gemeinsamen Verwaltung, indem Ämter für Post, Verkehr, Wirtschaft, Finanzen, Arbeit sowie Ernährung und Landwirtschaft eingerichtet wurden. An deren Spitze standen deutsche Direktoren, die der Aufsicht von Briten und Amerikanern unterstellt waren.

Organisation der Bizone

Zur Bizone gehörten die späteren Bundesländer Schleswig-Holstein, Hamburg, Niedersachsen, Bremen, Nordrhein-Westfalen, Hessen und Bayern sowie das nördliche Baden-Württemberg, damals Württemberg-Baden. Nicht dazu gehörten die Länder der Französischen Zone, Württemberg-Hohenzollern und (Süd-)Baden, Rheinland-Pfalz, sowie West-Berlin und das abgetrennte Saarland. Die Bizone umfasste eine Bevölkerung von etwa 39 Millionen Menschen. Die Grenzkontrollen zwischen den Zonen wurden abgebaut – nur die zur SBZ wurden schärfer kontrolliert. Im März 1948 wurde Ludwig Erhard (1897-1977) vom Wirtschaftsrat der Bizone zum Direktor der Wirtschaftsverwaltung des Vereinigten Wirtschaftsgebietes gewählt, die ihren Sitz in Frankfurt am Main hatte.

Weichenstellung für die Teilung

Damit war einerseits der Grundstein zu einer neuen staatlichen und wirtschaftlichen Entwicklung der Westzonen gelegt, andererseits stellten die beiden Besatzungsmächte damit auch die Weichen für die Teilung des Landes. Die Regierungen der USA und Großbritanniens betonten zwar stets den rein administrativen und ökonomischen Charakter des Zusammenschlusses der beiden Zonen, doch wurde die Bizone tatsächlich zum Vorläufer der Bundesrepublik Deutschland.

Außerdem vertieften sich die Gegensätze zwischen den USA und der Sowjetunion deutlich, was folgende Beispiele zeigten:

- *Bürgerkrieg in Griechenland:* Er begann im Juni 1946 und endete im Oktober 1949. Es handelte sich dabei um den Konflikt zwischen der kommunistisch geführten „Demokratischen Armee Griechenlands“ (DSE) und der konservativen griechischen Regierung, die von Großbritannien militärisch unterstützt wurde und letztendlich siegte.

- *Verkündung der „Truman-Doktrin“:* Im März 1947 begründete der amerikanische Präsident Harry S. Truman vor dem amerikanischen Kongress seine neue außenpolitische Doktrin, dass „allen Völkern, deren Freiheit von militanten Minderheiten oder durch einen äußeren Druck bedroht ist“, Beistand gewährt werden würde. Damit waren die Türkei und Griechenland, aber auch Deutschland gemeint – alles Länder, die nach Trumans Auffassung von der Sowjetunion bedroht wurden. Die Truman-Doktrin stand damit am Anfang einer amerikanischen „Eindämmungspolitik“ *(containment policy)* gegenüber der Sowjetunion und bildete den Beginn des Kalten Krieges.
- *Gründung des Kominform in Warschau:* Kominform ist die Abkürzung für „Kommunistisches Informationsbüro“ bzw. „Informationsbüro der Kommunistischen und Arbeiterparteien“, wie es mit vollem Namen hieß. Es bestand von 1947 bis 1956 als überstaatliche Organisation verschiedener kommunistischer Parteien, die von der KPdSU unter Josef Stalin dominiert wurde. Seit 1946 versuchte Stalin, den Einflussbereich der Sowjetunion in Ost- und Südeuropa zu einer festen Einheit zusammenzufassen und dort den Führungsanspruch der KPdSU in ideologischer und politischer Hinsicht durchzusetzen.
- *Kommunistischer Staatsstreich in Prag:* Im Februar 1948 entließ der kommunistische Ministerpräsident Klement Gottwald (1896-1953) die nichtkommunistischen Minister und leitete damit die Machtübernahme

seiner Partei ein. Damit war die Tschechoslowakei in das Einflussgebiet der Sowjetunion eingegliedert.

Bildung der Trizone

Diese Ereignisse führten zu einer Veränderung der weltpolitischen Verhältnisse. Unter anderem gab Frankreich seine antideutsche Politik auf und bekannte sich endgültig zu den britisch-amerikanischen Grundsätzen. Die französische Zone schloss sich im April 1948 der Bizone an („Trizone"); ab August 1948 arbeiteten die drei Länder Rheinland-Pfalz, Baden und Württemberg-Hohenzollern in allen Gremien mit.

Marshallplan und Währungsreform

European Recovery Program

Anfang Juli 1947 luden England und Frankreich Vertreter von 23 europäischen Staaten (ohne das faschistische Spanien und die Sowjetunion) zu einer Beratung ein, um ein Wiederaufbauprogramm für Europa zu besprechen. An der Besprechung in Paris am 12. Juli 1947 nahmen schließlich Vertreter von 16 Staaten teil: Großbritannien, Frankreich, Italien, Belgien, Luxemburg, die Niederlande, Dänemark, Norwegen, Schweden, die Schweiz, Griechenland, die Türkei, Irland, Island, Österreich und Portugal. Die USA sandten eine Beobachter-Delegation. Deutschland war durch die drei westlichen Oberkommandierenden vertreten. Es ging um ein Wiederaufbauprogramm für das zerstörte Europa (offiziell European Recovery Program, ERP, genannt), das US-Außenminister George C. Marshall (1880–1959) ausgearbeitet hatte (Marshall-Plan). Die USA hatten vor, ab 1947 vier Jahre lang den Privatunternehmen in den Ländern, die sich beteiligen wollten, Kredite zu gewähren, die nur teilweise zurückgezahlt werden mussten. Außerdem sollten Rohstoffe, Lebensmittel und andere Güter geliefert werden.

Keine ERP-Mittel für Ostblock

Alle Länder, die an der Londoner Konferenz teilgenommen hatten, erhielten in der Folgezeit ERP-Mittel. Stalin jedoch betrachtete den Plan mit Misstrauen, weil er mit dem sowjetischen Wirtschaftsmodell unvereinbar war, das auf verstaatlichten Betrieben und einer zentralen Verwaltung (Planwirtschaft) beruhte. Vor allem sah er in ihm aber einen politischen Schachzug der Westmächte gegen die Sowjetunion. Der von dieser auf die osteuropäischen Staaten ausgeübte Druck führte schließlich dazu, dass sich keines von ihnen am ERP-Programm beteiligte und keine Mittel daraus erhielt – trotz des Interesses, das Polen, die Tschechoslowakei, Ungarn, Bulgarien und Albanien anfänglich gezeigt hatten.

Grundgedanken des Marshallplans

Der Grundgedanke des Marshallplans war, dass in Europa, und vor allem in Deutschland, demokratische Verhältnisse nur auf der Grundlage einer stabilen Wirtschaft hergestellt werden könnten. Außerdem betrachtete die US-Wirtschaft, die nun nicht mehr für den Krieg produzieren musste, die wirtschaftlich darniederliegenden europäischen Staaten als wichtige künftige Handelspartner. Auch die westlichen Besatzungszonen Deutschlands wurden in das Wiederaufbauprogramm einbezogen. Die US-Kredite für die beteiligten Staaten sollten von einer amerikanisch-europäischen Organisation verwaltet werden, von der am 16. April 1948 gegründeten OEEC – einer Vorläuferin der OECD. In vier Jahren gewährten die USA den Staaten der OEEC Hilfen im Wert von insgesamt 12,4 Milliarden US-Dollar – nach heutigem Wert etwa 85 Mrd. Euro.

Durchführungshindernisse

Der Durchführung des Marshallplans und des wirtschaftlichen Wiederaufbaus insgesamt standen in Deutschland vor allem die Währungsverhältnisse entgegen. Angesichts des empfindlichen Mangels an Waren als Folge des wirtschaftlichen Zusammenbruchs bei Kriegsende wurde das Geld, das schon in der Kriegszeit immer weniger Wert gehabt hatte, noch wertloser. Für

Geld gab es nur das zu kaufen, was den Menschen aufgrund ihrer Lebensmittelkarten und Bezugsscheine, Begleiterscheinungen der „Zwangsbewirtschaftung“, zustand. Weil das zu wenig war, entwickelten sich Tauschgeschäfte. Vor allem die Städter gingen aufs Land, um zu „hamstern“, wie man diese Form des Tauschgeschäftes nannte. Ein noch größeres Problem war die Entstehung eines „schwarzen Marktes“, der ebenfalls nach den Gesetzen des Tauschhandels funktionierte. Weil die knappen Waren zu staatlich festgesetzten Preisen verkauft werden sollten, verschwanden sie, um illegal nach ihrem wirklichen Wert angeboten zu werden. Auf diese Weise wurden die offiziell käuflichen Waren immer weniger. Der „schwarze Markt“ verschärfte die Versorgungskrise, weil er die ohnehin Schwachen, die Ausgebombten, die Flüchtlinge und Vertriebenen, die nichts zum Tausch anbieten konnten, noch schwächer machte.

Währungsreform in Ost und West

Deshalb bereiteten die Westmächte in ihren Besatzungszonen eine Währungsreform vor. Schon im Oktober 1947 wurde in den USA neues Geld gedruckt. Am 18. Juni 1948 gaben die westlichen Militärregierungen über alle Rundfunksender die Durchführung einer Währungsreform für Sonntag, den 20. Juni 1948, bekannt. Mit ihr sollte die alte, fast wertlose Reichsmark durch die neue Deutsche Mark (DM) ersetzt werden. Zunächst konnten pro Person nur 40 DM gegen alte Reichsmark umgetauscht werden („Kopfgeld“). Löhne, Gehälter und Mieten wurden im Verhältnis von 1:1, Sparguthaben von 10:1 umgewertet. Die Sowjetunion nahm die Währungsreform zum Anlass, die SBZ ganz vom Westen abzuschneiden. Erster Schritt hierfür war eine eigene Währungsreform in der SBZ und in Ost-Berlin, die vom 24. bis zum 28. Juni 1948 durchgeführt wurde. Da die dortige Verwaltung auf diese Aktion nicht vorbereitet war, wurden auf alte Reichsmarknoten anfangs einfach neue Wertzeichen geklebt. Das neue Geld wurde erst am 25. Juli 1948 ausgegeben.

Beseitigung der Zwangswirtschaft

Der Wirtschaftsdirektor der Trizone, Ludwig Erhard, setzte durch, dass mit der Einführung des neuen Geldes auch die alten zwangswirtschaftlichen Bestimmungen der Besatzungsmächte in den Westzonen beseitigt wurden. So wurden z.B. die Preise nicht mehr durch staatliche Ämter festgelegt. Auch wurde den Betrieben nicht mehr vorgeschrieben, was sie zu produzieren hatten. Die Aufhebung der Zwangswirtschaft und die neue Deutsche Mark konnten daher zu Initialzündungen für einen wirtschaftlichen Aufschwung werden: Freie Produktion und Handel innerhalb der Trizone wurden möglich, und Investitionen lohnten sich. Von einem Tag auf den anderen standen viele Waren zur Verfügung, die zuvor gehortet worden waren. Offensichtlich hatten die Händler in den Monaten zuvor Waren zurück gehalten, um sie dann für eine Währung verkaufen zu können, von der erwartet wurde, dass sie auch ihren Wert behielt. Mit dem neuen Geld konnten die Menschen wirklich einkaufen, und die Lebensmittelkarten konnten in den Westzonen bzw. der Bundesrepublik am 31. März 1950 abgeschafft werden.

Berlin-Blockade und Luftbrücke

„Luftbrücke“

Die Sowjetunion sah in der Währungsreform im Westen eine bewusste Provokation und behauptete, dass dadurch Deutschland gespalten werden würde. Die Sowjetunion wollte allerdings die in der sowjetischen Besatzungszone und in Ost-Berlin eingeführte DM-Ost auch in West-Berlin einführen. Aufgrund heftigen Widerstandes in der West-Berliner Bevölkerung gegen dieses Vorhaben führten die Westmächte ihrerseits am 23. Juni die Deutsche Mark der Westzonen auch in den Berliner Westsektoren ein. Daraufhin begann die Sowjetunion mit der Blockade der

Zufahrtswege durch die SBZ nach West-Berlin. Davon ausgenommen war allerdings der Luftverkehr, weil es einen Kontrollratsbeschluss vom 30. November 1945 gab, der drei freie Luftkorridore zwischen den Westzonen und den Westsektoren Berlins zusicherte. Über diese Korridore konnte West-Berlin nun versorgt werden („Luftbrücke").

Schwerste Krise seit Kriegsende

Diese sog. Berlin-Blockade dauerte vom 27. Juni 1948 bis zum 11. Mai 1949. Es war die schwerste Krise seit dem Ende des Krieges, und sie ließ Befürchtungen aufkommen, dass ein neuer Krieg bevorstünde. Tatsächlich hatten die Amerikaner bereits Flugzeuge nach England verlegt. Da die Luftbrücke die Versorgung Berlins jedoch dauerhaft garantierte und sich die Absperrungen als wirkungslos erwiesen, hob die Sowjetunion die Blockade wieder auf. Damals blieb die militärische Auseinandersetzung aus. West-Berlin blieb zwar gefährdet, Waffen wurden jedoch hier und in ganz Europa nicht eingesetzt. Weil diese Situation bis 1989 andauerte, wurde der Ost-West-Konflikt auch als „Kalter Krieg" bezeichnet.

Die besondere Rolle der SED

Die „Partei neuen Typs"

Nach der Zwangsvereinigung der beiden Arbeiterparteien in der SBZ zur SED am 21. April 1946 (s. S. 31 f.) erfolgte die von Stalin und der sowjetischen Militärregierung angeordnete Umgestaltung der Partei nach dem Vorbild der KPdSU. Vor dem Hintergrund des Ost-West-Konfliktes entwickelte sich ab 1947 die SED zur kommunistischen Kaderpartei („Partei neuen Typs"). Kennzeichen einer solchen Partei waren das Selbstverständnis als Avantgarde des Proletariats, die Verpflichtung auf die Ideologie des Marxismus-Leninismus, der Anspruch auf eine Führungsrolle in Staat und Gesellschaft und eine zentrale Struktur gemäß den Prinzipien des demokratischen Zentralismus. Die paritätische Besetzung von Gremien aus SPD- und

KPD-Mitgliedern wurde abgeschafft, und viele Mitglieder, die aus der SPD kamen, wurden aus ihren Ämtern und auch aus der Partei selbst gedrängt, z.T. auch verhaftet. Die Sozialdemokraten spielten in der SED schon ab 1949 kaum mehr eine Rolle. Die Partei bzw. deren höchstes Organ, das Politbüro, war nun wie die KPdSU in der Sowjetunion zur Staatspartei und zur führenden politischen Kraft der SBZ geworden.

Die „Blockparteien"

Zwar gab es bürgerliche Parteien wie die CDU, die LDPD, die DBD oder die NDPD, sie gehörten aber dem von der SED dominierten „Antifaschistischen Block" an und standen damit unter Führung der SED. Bestrebungen einiger Blockparteien, eine eigenständige Politik zu betreiben, wurden unterbunden. Der Berliner CDU-Vorsitzende Andreas Hermes (1878-1964) wurde durch einen Befehl der sowjetischen Militärregierung zum Rücktritt gezwungen, weil er die entschädigungslosen Enteignungen kritisiert hatte, die im Rahmen der Bodenreform durchgeführt wurden. Ab den 1950er Jahren vertraten die Blockparteien, nun in der sog. Nationalen Front vereinigt, dieselben politischen Ziele wie die SED. Sie erkannten deren Führungsanspruch an und vertraten deren Politik. Im Kalkül der SED sollten diese Parteien Bevölkerungskreise einbinden, die nicht zur Arbeiterschaft und zur Intellektuellenschicht gezählt wurden. Ebenso wie die „bürgerlichen" Parteien wurden die Massenorganisationen gleichgeschaltet – z.B. der Freie Deutsche Gewerkschaftsbund (FDGB), die Jugendorganisation Freie Deutsche Jugend (FDJ) und der Kulturbund (KB).

Die Gründung der beiden deutschen Staaten

Die „doppelte Staatsgründung"

Für die Sowjetunion erwies sich die Blockade Berlins als großer Fehler. Stalin hatte keines seiner Ziele erreicht, aber viel an internationalem Ansehen verloren. Darüber hinaus verstanden sich Westdeutsche und Westalliierte erstmals nach dem Krieg als Verbündete. Dies bestärkte die Amerikaner und Briten in ihrer Auffassung, mit der Sowjetunion keinen gesamtdeutschen Staat errichten zu können und ihre Besatzungszonen in einen westdeutschen Teilstaat umzuwandeln. Der Prozess, der zur Gründung der beiden deutschen Staaten, zur „doppelten Staatsgründung" (Kleßmann) führte, setzte allerdings schon vor der Blockade ein. Auf der Londoner Sechs-Mächte-Konferenz (drei westliche Besatzungsmächte und drei Benelux-Staaten) am 20. April 1948 verständigten sich die Teilnehmer auf die Gründung eines westdeutschen Teilstaates und auf Grundsätze für eine Verfassung. Auf dieser Grundlage entstanden die „Frankfurter Dokumente" der westlichen Oberkommandierenden, die am 1. Juli 1948 den Regierungschefs der Länder der westlichen Besatzungszonen übergeben wurden. In ihnen wurden konkrete Grundsätze für einen zukünftigen deutschen Staat entwickelt – etwa ein föderalistisches System und Gewaltenteilung, aber auch Einspruchsrechte der Gouverneure. Das Hauptproblem dieser Empfehlungen bestand darin, dass sie keine gesamtdeutsche Lösung vorsahen, sondern nur einen westdeutschen Teilstaat. Diese „Frankfurter Dokumente" bildeten eine der Arbeitsgrundlagen für die Arbeit am Grundgesetz für die Bundesrepublik Deutschland.

„Koblenzer Beschlüsse"

Die westdeutschen Ministerpräsidenten lehnten die Teile der Dokumente ab, die die Errichtung eines „endgültigen" Teilstaates betrafen; außerdem wollten sie einer gesamtdeutschen Verfassung nicht vorgreifen. Sie schlugen statt einer gewählten verfassunggebenden Nationalversammlung (wie 1919) einen von den Landtagen eingesetzten sog. Parlamentarischen Rat vor, der ein „Grundgesetz", also eine vorläufige Verfassung, für die neue deutsche Republik ausarbeiten sollte („Koblenzer Beschlüsse").

Der Parlamentarische Rat

Der Parlamentarische Rat war ein Gremium, das auf Anweisung der drei westlichen Besatzungsmächte eingerichtet wurde. Ihm gehörten 65 stimmberechtigte Abgeordnete der westlichen Besatzungszonen sowie fünf nicht stimmberechtigte Abgeordnete aus West-Berlin an, die von den jeweiligen Landesparlamenten gewählt wurden. Vorsitzender war Konrad Adenauer (CDU). Unter den Abgeordneten befanden sich nur vier Frauen: Friederike Nadig (SPD), Elisabeth Selbert (SPD), Helene Weber (CDU) und Helene Wessel (Zentrum). CDU/CSU und SPD waren gleich stark vertreten (je 27 Abgeordnete), die FDP stellte 5, DP (Deutsche Partei), Zentrum und KPD je zwei 2 Abgeordnete. Der Parlamentarische Rat trat am 1. September 1948 in Bonn zusammen.

Das Grundgesetz

Die Arbeit des Parlamentarischen Rates wurde durch einen „Ausschuss von Sachverständigen für Verfassungsfragen" vorbereitet, der die Grundsätze der „Frankfurter Dokumente" zu beachten hatte. Dieser tagte im August 1948 auf der Insel Herrenchiemsee in Bayern und arbeitete einen Entwurf eines Grundgesetzes aus, der vom Parlamentarischen Rat mit einigen Nachbesserungen mit 53:12 Stimmen angenommen und am 23. Mai 1949 als „Grundgesetz der Bundesrepublik Deutschland" verkündet wurde. Mit dem Inkrafttreten des Grundgesetzes am 24. Mai 1949 war die Bundesrepublik Deutschland gegründet.

„Streitbare Demokratie"

Oberstes Ziel des Grundgesetzes war die Herstellung der Einheit aller Deutschen, wie es in der Präambel und in Artikel 23 zum Ausdruck gebracht wurde. Eines der Hauptanliegen der Schöpfer des Grundgesetzes war es, aus den Fehlern der Weimarer Republik und aus der diktatorischen Regierungsform Hitlers zu lernen. So wurden die Grundrechte gestärkt und die Rolle des Kanzlers aufgewertet – etwa durch Einführung des konstruktiven Misstrauensvotums – und die Stellung des Bundespräsidenten neu gestaltet. Die „Mütter und Väter" des Grundgesetzes waren Vertreter einer streitbaren Demokratie und wollten dafür Sorge tragen, dass anders als in der Weimarer Verfassung Vorkehrungen getroffen wurden, die es Feinden der Demokratie unmöglich machen sollten, diese erneut auf legalem Wege zu untergraben.

Die „Volkskongressbewegung“

Für Sowjetunion und SED war die Gründung der Bizone Anfang 1947 ein entscheidender Schritt zur Spaltung Deutschlands. Als Reaktion darauf startete die SED, die damals noch für die Einheit Deutschlands eintrat, im November 1947 die „Volkskongressbewegung“ und berief für Anfang Dezember desselben Jahres in Berlin den ersten „Volkskongress“ ein. Die anwesenden Delegierten aus allen vier Besatzungszonen und Berlin forderten die politische und wirtschaftliche Einheit Deutschlands und eine zentrale Regierung aus allen Parteien. Die Volkskongressbewegung diente der SED dazu, bürgerliche Kreise für eine Volksvertretung zu gewinnen und Parteien, Massenorganisationen, kulturelle Vereinigungen und Einzelpersonen für ihre politischen Ziele zu mobilisieren. Nach Kritiken und Widerständen gegen diese SED-Initiative von Seiten der CDU, die ihren politischen Einfluss damit beschnitten sah, untersagten die westlichen Besatzungsmächte die Aktivitäten für die Volkskongressbewegung in ihren Zonen. Als Konsequenz daraus nutzte die SED diese Bewegung in der SBZ als Instrument zur Bildung einer verfassunggebenden Versammlung als Grundlage für einen eigenständigen ostdeutschen Staat.

Der „Volkskongress“

Im Mai 1949 trat der dritte Volkskongress zusammen. Seine Mitglieder waren aus Wahlen hervorgegangen, bei denen die Wähler keine Personen wählen, sondern nur einer einzigen Liste zustimmen oder sie ablehnen konnten („Einheitsliste“). Die Gesamtzahl der für den Volkskongress vorgesehenen Abgeordnetensitze wurde vorher zwischen den Parteien und Massenorganisationen nach einem bestimmten Schlüssel aufgeteilt. Die SED nahm 25 Prozent der Sitze für sich in Anspruch. Den bürgerlichen Parteien CDU, LDP, Nationaldemokraten und Demokratische Bauernpartei wurde ein Stimmenanteil von insgesamt 30 Prozent zugestanden. Die Massenorganisationen konnten den restlichen Anteil von 45 Prozent unter sich aufteilen. Da sie unter Führung der SED standen und auch die bürgerlichen Parteien eng an die SED angelehnt waren, besaß die SED im Volkskongress trotz ihres relativ geringen eigenen Anteils von 25 Prozent ein klares Übergewicht und konnte die Richtlinien der Politik bestimmen.

„Volksrat“ und Verfassung

Der dritte Volkskongress setzte den „Deutschen Volksrat“ ein, der sich am 7. Oktober 1949 zur provisorischen Volkskammer – dem Parlament des neuen Staates – erklärte und die von ihm am 30. Mai 1949 bestätigte Verfassung in Kraft setzte. Diese hatte sich in vielem an der Weimarer Verfassung ausgerichtet und sollte Vorbild für eine zukünftige gesamtdeutsche Verfassung sein. Sie sah einen föderalistischen Staatsaufbau aus fünf Ländern vor, enthielt jedoch keine Gewaltenteilung.

Volkskammerwahl

Die erste Volkskammerwahl erfolgte verspätet am 15. Oktober 1950. Diese Wahl beruhte wie seitdem alle Wahlen der DDR auf der Einheitsliste der Nationalen Front, die die SED durchgesetzt hatte. Alle Parteien und Massenorganisationen entsandten ihre Kandidaten auf diese Liste. Die Wahlen fanden vielerorts nicht geheim, sondern offen und ohne Benutzung der aufgestellten Wahlkabinen statt. Nach offiziellen Angaben hat die Wahlbeteiligung 98 Prozent betragen, und 99,7 Prozent hätten für die Nationale Front gestimmt. Aus Akten des Ministeriums für Staatssicherheit (MfS) konnte nach der „Wende“ in der DDR belegt werden, dass umfangreiche Wahlfälschungen vorgenommen worden waren. Die Volkskammer wählte 1949 Wilhelm Pieck zum Präsidenten der DDR.

DDR oder „Zone“?

Im Jahr 1949 waren somit zwei politisch, gesellschaftlich und ideologisch gegensätzlich orientierte Staaten entstanden, und es sah nach ihrer Gründung nicht danach aus, als ob sie nur kurze Zeit existieren würden. Vielmehr waren beide Staaten im Kalten Krieg daran interessiert, in ihrem Teil Deutschlands ein eigenes wirtschaftliches und politisches System aufzubauen. Auch behaupteten beide Staaten, sie würden Deutschland als Ganzes repräsentieren: Im Westen bezeichnete man die DDR als „Zone" oder „SBZ", sah also in ihr nur ein Stück abgetrenntes Land. Die DDR hingegen betrachtete sich als „Grundstein für ein einheitliches, demokratisches und friedliebendes Deutschland" und sah im westdeutschen Staat lediglich ein Herrschaftsinstrument der „amerikanischen Imperialisten und ihrer deutschen Helfershelfer".

2.2 Erörterung wissenschaftlicher Kontroversen

Welche Bedeutung hatte die Münchner Ministerpräsidentenkonferenz 1947?

Chance für Vereinigung?

In der Forschung wird die Bedeutung dieser Konferenz für die Einheit Deutschlands unterschiedlich bewertet. Einige Historiker halten es für eine Legende, dass in München eine Chance zur Vereinigung bestanden hätte (Benz 1992, S. 156). Darüber hinaus sei es „unbegründet", von einer Schuld der westdeutschen Politiker am Scheitern der Konferenz auszugehen (Morsey 2000, S. 150). Die Ministerpräsidenten hätten kaum einen Spielraum gehabt, um über Fragen der Einheit zu verhandeln, was wiederum die Vertreter der SBZ forderten. Aus dieser Sicht wird bezweifelt, dass ein Gelingen der Konferenz die Spaltung Deutschlands hätte verhindern können, weil diese „in erster Linie eine Folge des Gegensatzes beider

Weltmächte und des Kalten Krieges" gewesen sei (Weber, Hermann, 1999, S. 126)

Fehlender Wille zur Vereinigung?

Aus der DDR kam vor der „Wende" im Jahr 1989/90 der Vorwurf, nur die westzonalen Ministerpräsidenten hätten damals die Aussprache über Probleme der Herstellung der politischen Einheit Deutschlands verhindert und so die Konferenz gesprengt (Badstübner u.a. 1981, S. 82). Aber auch einige westdeutsche Historiker betonen, die deutschen Politiker hätten damals die Möglichkeiten zu einem gesamtdeutschen Gespräch gar nicht gesucht, sie hätten nicht ernsthaft verhandeln wollen. Man könne nicht von einem direkten Verbot der englischen und amerikanischen Besatzungsmacht, über gesamtdeutsche Dinge zu verhandeln, sprechen (Steininger 1996, S. 317, und Steininger 2002). Auch die Franzosen hätten mit sich sprechen lassen – wenn man das Gespräch mit ihnen gesucht hätte. General Lucius D. Clay (1997-1978), 1947-1949 Militärgouverneur der US-Zone, hat schon vor 40 Jahren gemeint, die Ministerpräsidenten hätten 1947 eine Chance gehabt, wenigstens eine Grundlage für die Einheit Deutschlands herzustellen, diese aber vertan (Rudolph 1979, S. 277).

Teilung bereits akzeptiert?

Zur Beurteilung dieser Kontroverse ist es notwendig, sich zu vergegenwärtigen, dass die USA und England mit der Gründung der Bizone Anfang 1947 bereits deutlich gemacht hatten, dass sie auf die Sowjetunion und Frankreich kaum noch Rücksicht nehmen wollten. Hinzu kam, dass sich in den Westzonen Angst vor den Kommunisten und vor einem Abzug der Amerikaner breitmachte. Auf dieser Grundlage habe man im Westen die Teilung Deutschlands seit dem Scheitern der Münchner Ministerpräsidentenkonferenz akzeptiert (Weber, Jürgen, 2002, S. 35).

Wer war für die Spaltung Deutschlands verantwortlich?

Hatten alle Alliierte Spaltungspläne?

Man muss davon ausgehen, dass am Tag der deutschen Kapitulation kein Plan zur Spaltung existierte. Nur bei Frankreich gilt es als sicher, dass es am liebsten ein zerstückeltes Deutschland gesehen und deshalb eine „obstruktionistische [auf Verhinderung angelegte] Deutschlandpolitik" betrieben hätte (Graml 1988, S. 105). Die anderen Besatzungsmächte hatten bei Kriegsende die Diskussion über eine Aufspaltung bereits beendet. Sowjetische und polnische Pläne während des Krieges hatten nicht nur die Abtrennung der Ostgebiete vorgesehen, sondern auch eine Aufspaltung Deutschlands in zwei bis vier Staaten. Auch amerikanische Pläne gingen von zwei Staaten aus. Aber alle Seiten beabsichtigten, das Ruhrgebiet, das im Zeitalter von Kohle und Stahl nicht nur militärisch wichtig war, einer internationalen Kontrolle zu unterstellen. Die Junideklarationen und das Potsdamer Protokoll stellten schließlich klar, dass es keine staatliche Aufteilung Deutschlands in den Grenzen von 1937 geben sollte. Deutschland wurde darin noch als Einheit gesehen, und man wollte es auch einheitlich behandeln. Daher ist davon auszugehen, dass im Sommer 1945 von beginnender Spaltung noch nicht gesprochen werden kann.

Die Forschungskontroversen zur Frage der Spaltung Deutschlands:

Faktor sowjetische Expansion

Einerseits meinen viele Historiker, dass die sowjetische Politik der Ausbreitung des eigenen Einflussgebietes die Spaltung gefördert habe. Die Sowjetunion habe sich gegenüber 1941 stark vergrößert und sei vor allem nach Mitteleuropa vorgestoßen. Dort habe sie sich Staaten geschaffen, die von ihr abhängig waren. Darüber hinaus werden der Sowjetunion ideologische Motive unterstellt – nämlich das Streben nach Weltrevolution, also nach kommunistischer Weltherrschaft, was die Konfrontation mit dem Westen verstärkt und eine klare amerikanische Antwort verlangt hätte. US-Präsident Truman wird vorgeworfen, dabei nicht entschieden genug gehandelt zu haben (vgl. Stöver 2007, S. 16 ff.).

Faktor US-amerikanische Expansion

Andererseits geht die sog. revisionistische Theorie davon aus, dass die Sowjetunion zwar eine Siegermacht des Zweiten Weltkrieges war, aber eine schwer geschwächte, die großen Wert auf Reparationszahlungen aus Deutschland legen musste. Sie hätte sich dabei vor allem von der Atommacht USA behindert gesehen, deren Wirtschaft nach dem Ende der militärischen Aufträge nach neuen Märkten gedrängt und expandiert habe. Dagegen hätte sich die Sowjetunion durch den Aufbau kommunistischer Staaten in Osteuropa wehren müssen. Von dieser Position aus wird Truman deshalb vorgeworfen, er habe sich gegenüber den sowjetischen Interessen nicht flexibel genug gezeigt (vgl. Stöver 2007, S. 16 ff.).

Problem: schlechte Quellenlage

Eine weitere Gruppe von Historikern geht davon aus, dass die sowjetischen Absichten bei der Behandlung Deutschlands noch nicht geklärt seien. Dies sei darauf zurückzuführen, dass in den bisher zugänglichen Akten nichts über grundlegende Entscheidungen in der sowjetischen Deutschlandpolitik zu finden sei (Ihme-Tuchel 2002, S. 17). Manche Experten bezweifeln allerdings, dass diese grundlegenden Entscheidungen unter Stalin „überhaupt in den Akten festgehalten worden sind" (Staritz 1995, S. 274). Die Wissenschaftler in Ost und West streiten bis heute darüber, ob die Sowjetunion Deutschland spalten wollte oder nicht (Foitzik 1999, S., S. 15).

Mehrgleisige Politik der Sowjetunion

Die Sowjets unternahmen 1947 mit den von der SED initiierten „Volkskongressen für Einheit und gerechten Frieden" den Versuch, sozusagen von unten her (also mit den Deutschen) die Einheit zu sichern. Die Westmächte sahen dahinter allerdings nur den propagandistischen Versuch, die Westdeutschen und die westlichen Besatzungsmächte für die Spaltung verantwortlich zu machen. Die „Volkskongressbewegung" spricht aber auch dafür, dass die Moskauer Politik mehrgleisig angelegt war: einerseits für die Einheit einzutreten, andererseits die SBZ und spätere DDR nach sowjetischem Modell umzubauen.

USA: früher Weg zum Separatstaat?

Was die USA betrifft, so ist es sicher, dass sie spätestens seit Frühjahr 1947 kein wirtschaftliches Interesse mehr an einer Vereinigung der vier Zonen hatte, weil man dann der Sowjetunion auch in der Frage der Beteiligung am Ruhrgebiet hätte entgegenkommen müssen, wie es dem Potsdamer Protokoll entsprochen hätte. Die USA entschieden sich dafür, den Weg zum westdeutschen Staat zu gehen, um den sowjetischen Einfluss auf die Westzonen abzuwehren. Dies wurde spätestens an der Truman-Doktrin vom März 1947 deutlich, die der Auftakt zur „Eindämmungspolitik" (Containment-Politik) gegen den Kommunismus war.

Man kann zusammenfassend sagen, dass am Ausbruch des Kalten Krieges und damit auch an der Spaltung Deutschlands beide Seiten gleichermaßen beteiligt waren (so Hillgruber 1979, S. 122 ff.).

War Frankreichs Ziel die Aufsplitterung Deutschlands?

Frankreichs Angst

Unter Forschern bestand bis vor wenigen Jahren ein Konsens, der davon ausging, dass Frankreich Deutschland nicht als einheitlichen Staat erhalten wollte. Hintergrund sei die Angst Frankreichs vor erneuten Aggressionen Deutschlands, die sich vor allem aus der Erfahrung dreier deutscher Angriffe in den Jahren 1870, 1914 und 1940 speise. Man glaubte, erst mit dem Schuman-Plan von 1950, der der erste Vorläufer der Europäischen Wirtschaftsgemeinschaft von 1957/8 war (s. S. 69 f.), hätte Frankreich seine Politik geändert. Erst im Elysée-Vertrag von 1963 schließlich, der beide Staaten zur Kooperation in wichtigen Fragen der Außen-, Sicherheits-, Jugend- und Kulturpolitik verpflichtete, hätte Frankreich eine neue Grundlage seiner Deutschlandpolitik formuliert. Begründet wurde dies damit, dass erst der Kalte Krieg Frankreich zu einer Kursänderung gezwungen hätte. Nur der deutsch-französische Politiloge Alfred Grosser vertrat eine etwas andere Auffassung, indem er die Ministerratssitzungen in Paris vom April bis Juni 1946 erwähnte, die einen deutschlandfreundlicheren Kurs vertraten (Grosser 1974, S. 106).

Beitritt zur Bizone

Mittlerweile hat die Forschung dieses Bild verändert: Nun trat in den Vordergrund, dass Frankreich schon 1947 auf die deutschlandpolitische Linie der USA und Großbritanniens einschwenkte, was vor allem daran sichtbar sei, dass sich die französische Zone 1948 an der Währungsreform beteiligte und später der Bizone beitrat. Frankreich habe in der zweiten Hälfte des Jahres 1947 vor allem erkennen müssen, dass ein deutscher Wiederaufbau nötig sei, um die eigene Wirtschaft zu stärken. Auch sei die Angst vor Deutschland „überholt und unrealistisch", wie US-Außenminister Marshall gegenüber dem französischen Ministerpräsidenten Bidault äußerte (Judt 2006, S. 142).

Deutschland-freundliche Politik

Die Archiv-Studien von Dietmar Hüser veränderten das Bild von der französischen Politik noch deutlicher. Er konnte belegen, dass sich Frankreich bereits seit der Jahreswende 1945/46 zwar für die Abtrennung linksrheinischer Gebiete einsetzte (um die französischen Wähler zu befriedigen), gleichzeitig aber Überlegungen zum Aufbau der deutschen Wirtschaft anstellte (Hüser 1996). Man sah realistisch, dass die USA den Franzosen ohne konstruktive Deutschlandpolitik keine Kredithilfen und Sicherheitsgarantieren gewähren würde. Nach dieser Auffassung hätte Frankreichs Regierung bereits mit dem Kriegsende den Gedanken der Revanche, wie er nach 1918 vorgeherrscht hatte, aufgegeben. Hüsers Auffassung wird von anderen Forschern gestützt, etwa von Rainer Hudemann (Hudemann 1986) und von Hans-Jürgen Küsters (Küsters 1986).

Mythos Währungsreform: Waren die Deutschen am 20. Juni 1948 alle gleich?

Größte Enteignungsaktion der Geschichte?

Eine populäre Vorstellung geht davon aus, dass die Währungsreform von 1948 alle Deutschen gleich gemacht habe. „Am Sonntag, dem 20. Juni, empfingen die Westdeutschen ... ihr Kopfgeld und waren anschließend, auf ihre Kaufkraft hin besehen, ein paar Tage lang alle gleich. Außerdem empfingen sie ein Formular, auf dem sie... die Geldguthaben anmelden konnten, die sie umzustellen wünschten. Die Umtauschquote behielt man ihnen fürs erste vor; dafür ließ man sie wissen, dass vor dem Umtausch eine Überprüfung der angemeldeten Beträge durchs Finanzamt komme" (Hentschel 1996, S. 71 f.) War das nun die „größte Enteignungsaktion für Bargeldbesitzer in der deutschen Geschichte" (Steininger 1997, S. 135)?

Unterschiedliche Voraussetzungen?

Der Vorstellung, die Gleichheit sei hergestellt worden, steht zunächst entgegen, dass es 1948 zwei Reformen gab, eine in den Westzonen, die andere in der Ostzone. Daher wurde auch von einem „Begräbnis der deutschen Einheit" (Graml 1988, S. 195) gesprochen. Im Westen durfte damals jeder zuerst 40, dann weitere 20 RM Bargeld 1:1 in 60 DM umtauschen. Am Sonntag, dem 20. Juni 1948, war die Gleichheit der Westdeutschen vorhanden – wenn auch nur beim Bargeld. Die Bargeldbesitzer wurden tatsächlich, wie Steininger schreibt, zunächst enteignet – übrigens in Ost und West, denn im Osten galt wenig später am 25. Juli die ähnliche Regel. Aber nur im Westen konnte man wieder einkaufen gehen, denn die Knappheit des Warenangebotes verschwand dort über Nacht.

Mythos Gleichheit

Doch schon diese Tatsache zeigt, dass der Mythos der Gleichheit nicht zutrifft: Wer damals im Westen vor der lange erhofften Reform viele Waren zurückgehalten hatte und sie jetzt verkaufte, hatte bereits am 21. Juni, dem Montag nach der Geldausgabe, mehr als sein Nachbar, der vielleicht nicht so viele Möglichkeiten hatte, Waren zu horten. Außerdem konnte derjenige, der keine Sachwerte besaß – wie etwa die Millionen Flüchtlinge –, nur Geld wechseln, das er sofort wieder ausgeben musste, um zu überleben. Und zunächst hatten gerade die Flüchtlinge keine Aussicht, ihre verlorenen Sachwerte ersetzt zu bekommen. Dies erfolgte im Westen erst durch das „Lastenausgleichsgesetz“ (LAG) von 1952. Darin war u.a. festgelegt, dass Betriebe eine Sondersteuer zu entrichten hatten, deren Aufkommen an die Vertriebenen verteilt wurde.

Bargeldbesitzer und Betriebseigner

Die Währungsreform enthielt eine weitere Ungleichheit: Bargeldbesitzer tauschten nach dem Sonntag 10:1 um, Sparguthaben im Verhältnis 1:6,5. Dagegen erhielten die Betriebe eine Übergangshilfe, um die Löhne mit neuem Geld bezahlen zu können. Und die Betriebseigner, die Grundbesitzer, die Aktionäre verloren nichts.

Kein Lastenausgleich im Osten

Von Bedeutung ist auch, dass die gesamten deutschen Staatsschulden bei der Sowjetunion von der SBZ bzw. später von der DDR 1:1 zu begleichen waren. Die östliche Reform begünstigte zudem die „Volkseigenen Betriebe“, die ihren gesamten Geldbestand 1:1 umtauschen konnten, während die Privatbetriebe nur den Umsatz der ersten Woche 1:1 wechseln durften. Im Osten gab es auch keinen Lastenausgleich. Die Unterschiede in den Lebensverhältnissen zwischen Ost und West wurden durch die Währungsreformen deutlich größer.

Voraussetzung für „Wirtschaftswunder“

Mit der Währungsreform im Westen wurden die Beschränkungen für die Betriebe aufgehoben, Demontagen praktisch beendet und Reparationszahlungen so gut wie eingestellt. In der DDR geschah dies erst ab 1953. So lohnte es sich, Erspartes wieder zu investieren – eine wichtige Voraussetzung für das „Wirtschaftswunder“ der 50er Jahre.

3. Die Teilung Deutschlands: Die fünfziger Jahre

3.1 Darstellung

Die Westorientierung der Bundesrepublik und die Ostorientierung der DDR

Die Gründung der beiden deutschen Staaten 1949 bedeutete offiziell noch nicht die endgültige Teilung des Landes; diese wurde zwar vertieft, eine Kehrtwendung schien aber noch möglich.

Bundestagswahl 1949

In der Bundesrepublik fand am 14. August 1949 die erste Bundestagswahl statt: Es war, abgesehen von den Landtagswahlen 1946/47, die erste freie Wahl auf deutschem Boden seit 1932. Hauptthema des heftig geführten Wahlkampfes war die zukünftige Wirtschafts- und Sozialordnung. Die CDU bekannte sich zur „Sozialen Marktwirtschaft“, deren prominentester Verfechter der damals parteilose Ludwig Erhard war. Die SPD hingegen setzte auf Planwirtschaft, freilich nicht im Sinne der KPD bzw. SED. Denn dieser ging es um eine zentralistische Ausrichtung der gesamten Vokswirtschaft in Form von zentral gesteuerten Plänen nach dem Muster der Sowjetunion. Die SPD setzte zwar auch auf Planung, vor allem der wichtigsten Industriezweige und Banken, betonte aber die Grundsätze der persönlichen Freiheit und dachte nicht an die Sozialisierung kleinerer Unternehmen. CDU und CSU erhielten bei den Wahlen mit 31 Prozent die meisten Stimmen, knapp vor der SPD mit 29,2 Prozent. Drittstärkste Kraft wurden die Liberalen mit 11,9 Prozent. Radikalen Parteien von links und rechts erteilten die Wähler eine klare Absage – bis auf die KPD, die immerhin 5,7 Prozent erhielt. Die hohe Wahlbeteiligung von 78,7 Prozent wurde als Zustimmung des Wahlvolkes zum Grundgesetz gewertet, über das vorher nur die Landtage abgestimmt hatten. Konrad Adenauer, zuvor Präsident des Parlamentarischen Rates, wurde am 15. September 1949 von einer Koalition aus CDU/CSU, FDP und DP im Bundestag zum ersten Bundeskanzler der Bundesrepublik Deutschland gewählt. Kurt Schumacher, Vorsitzender der SPD, führte die stärkste Oppositionsfraktion. Der liberale Bundestagsabgeordnete Theodor Heuss wurde am 12. September 1949 zum ersten Bundespräsidenten gewählt.

Proklamation der DDR

In der SBZ war die Verfassung zwar nur wenige Tage nach dem Grundgesetz am 30. Mai 1949 verabschiedet worden, doch die Proklamation des Staates erfolgte erst am 7. Oktober 1949 in Ost-Berlin. In der Zwischenzeit waren von der DDR-Führung Vorschläge zur Wiederherstellung der Einheit gemacht worden. Die SED verstand sich als Bewahrerin der Einheit und sah in der Gründung der BRD einen Akt der Spaltung. Die spätere Ausrufung der DDR war ein Versuch, der westlichen Staatsgründung die Schuld an der Teilung des Landes zuzuschieben. Die provisorische Volkskammer bestimmte Otto Grotewohl zum Ministerpräsidenten der Allparteienregierung und zusammen mit der Länderkammer Wilhelm Pieck zum ersten Präsidenten der Republik. Die ersten Volkskammerwahlen fanden erst 1950 statt. Die Bürger konnten dabei nur eine Liste „wählen“, nämlich die der „Nationalen Front des demokratischen Deutschland“. Auf ihr standen Kandidaten aller Parteien und von Massenorganisationen wie dem FDGB und der FDJ, die von der SED dominiert wurden (s. S. 47 f.). Eine Opposition gab es in der Volks- wie auch in der Länderkammer nicht. Die Macht lag weder bei Ministerpräsident Grotewohl noch bei Präsident Pieck, sondern beim Generalsekretär der SED, Walter Ulbricht.

Ziel: Westbindung der BRD

Die Politik der beiden Staaten wurde stark von den Großmächten Sowjetunion und USA bestimmt. Eigene Vorstellungen konnten BRD und DDR nur teilweise durchsetzen, weil sie z.B. keine Außenpolitik betreiben durften und die Rechte der Besatzungsmächte zu akzeptieren hatten, also nicht über die volle Souveränität verfügten. Das vorrangige Anliegen Bundeskanzler Adenauers war es, die volle Souveränität der Bundesrepublik zu erreichen. Er setzte dabei auf eine enge politische Anbindung und wirtschaftliche Verflechtung des westdeutschen Staates mit Frankreich und den Benelux-Staaten und insbesondere auf gute politische Beziehungen zu den USA. Er trat zudem für die „Vereinigten Staaten von Europa" ein, da nur diese langfristig ein friedliches Europa garantieren könnten. Eine Wiedervereinigung sah er erst in weiter Ferne, wenn die Bundesrepublik stabil im westlichen Lager verankert sein würde.

Schumacher gegen Westbindung

Kurt Schumacher kämpfte vehement gegen die Pläne Adenauers, die Bundesrepublik eng an die Westmächte zu binden. Sein Ziel war ein demokratisches, sozialistisches und ungeteiltes Deutschland – möglichst in den Grenzen von 1937. Dieses vereinigte Deutschland sollte schnell seine Souveränität wieder erlangen und seinen Platz unter den freien Völkern Europas einnehmen. Am 24. November 1949 griff Schumacher Adenauer in einer Bundestagsdebatte über die Frage, ob man mit den Westmächten in der Ruhrbehörde, der die dortige Wirtschaft unterstellt war, zusammenarbeiten sollte, scharf an (s. S. 69). Er nannte ihn einen „Kanzler der Alliierten" und warf ihm vor, er würde mit dem Bekenntnis zur Zugehörigkeit zum Westen die DDR-Bevölkerung im Stich lassen. Adenauer konnte aber in seiner Partei und letztlich auch bei der Mehrheit der Bundestagsabgeordneten seine Vorstellungen durchsetzen.

DDR: Bindung an die Sowjetunion

In der DDR vertiefte die SED-Regierung auf Weisung Stalins die Bindung an die Ostblockstaaten, insbesondere an die Sowjetunion, und trieb den weiteren Aufbau des Sozialismus voran. 1950 verkündete Walter Ulbricht den ersten Fünfjahresplan. Diese Pläne wurden von der Staatlichen Plankommission aufgestellt. Sie enthielten Zuweisungen von Ressourcen, Vorgaben für Produktion und Dienstleistungen, die zu erbringen waren, sowie Festlegungen über Investitionen, Preise und Löhne. Die Vorgabe der zu produzierenden Güter erfolgte also nicht nach der Nachfrage, sondern aufgrund zentraler Mengenvorgaben. Im Juli 1952 beschloss die 2. Parteikonferenz der SED weitere Enteignungen von Betrieben, die Förderung der Landwirtschaftlichen Produktionsgenossenschaften (LPG) und die Durchsetzung der Zentralverwaltungswirtschaft nach sowjetischem Vorbild.

Vorrang der Schwerindustrie

Wie in der Sowjetunion wurde die Schwerindustrie auf Kosten der Konsumgüterindustrie gefördert. Jeder Widerstand gegen diese Maßnahmen wurde unterdrückt, und die Notwendigkeit von Propaganda-Kampagnen gegen „Saboteure“ und „Wirtschaftsverbrecher“ weisen darauf hin, wie groß der Widerstand war, der in der Regel zu strengen Strafen durch DDR-Gerichte oder sowjetische Tribunale führte. Die Folge dieser Politik waren vor allem die Verschlechterung der Lebensmittelversorgung und die Zunahme der Zahl der Flüchtlinge, die in den Westen gingen – 1952 zwischen 15 000 und 23 000 monatlich.

Der Korea-Krieg

Krieg zwischen Nord- und Südkorea

Im Juni 1950 kam es in Korea zum Krieg zwischen Streitkräften Nord-Koreas und den Truppen des westlich orientierten Süd-Koreas, die von einer Streitmacht der

UN unterstützt wurden. Die USA betrachteten den Angriff Nordkoreas als ersten Schritt einer großangelegten kommunistischen Offensive gegen die „freie Welt“, worunter die westlichen Demokratien verstanden wurden. Der amerikanische Präsident Truman befahl deshalb den massiven militärischen Widerstand, durch den nicht nur Südkorea, sondern letztlich auch Westeuropa verteidigt werden sollte. Auf Seiten Nordkoreas griffen chinesische Verbände ein, die UN-Truppen bestanden hauptsächlich aus US-amerikanischen Verbänden. Die Auseinandersetzungen hatten letzten Endes keinen Sieger, sie zementierten aber die Teilung Koreas. Der Krieg endete am 27. Juli 1953 mit der Unterzeichnung eines Waffenstillstandabkommens und mit dem 38. Breitengrad als Demarkationslinie zwischen Nord- und Südkorea, die noch heute besteht.

Korea-Krieg und Westintegration

Der Korea-Krieg beschleunigte die Westintegration der neugegründeten Bundesrepublik Deutschland. Auch in Europa sahen die Westmächte die Sowjetunion zunehmend als Bedrohung an, und sie überlegten, wie sie einem möglichen Angriff aus dem Osten begegnen könnten. Bald kristallisierte sich die Idee einer europäischen Armee unter der gemeinsamen Kontrolle der europäischen Staaten heraus. Unter dem Eindruck des Kalten Krieges und des Korea-Krieges sowie aufgrund einer akuten Furcht vor einem Angriff der Sowjetunion forderte Winston Churchill im August 1950 den Aufbau einer europäischen Armee mit deutscher Beteiligung, die mit den USA zusammenarbeiten sollte. Diesem Vorschlag entsprechend wurde der Aufbau einer Europäischen Verteidigungsgemeinschaft (EVG) vorbereitet. Nach dem Vertrag von 1952 sollten Frankreich, die Bundesrepublik Deutschland, Italien und die drei Benelux-Staaten eine europäische Armee unter übernationaler Führung bilden. In den USA gab es ebenfalls Pläne, eine europäische Verteidigungsstreitmacht unter

Einschluss der Bundesrepublik Deutschland, zu bilden, aber unter Führung der NATO.

Militarisierung der DDR

In der DDR erfolgte der Aufbau militärischer Formationen ohne öffentliche Diskussionen auf der Grundlage eines Geheimbefehls von Stalin mehr oder weniger offen bereits seit 1948. 1951 standen bereits 52 000 Mann Landstreitkräfte unter Waffen. Die ab 1952 als „Kasernierte Volkspolizei" (KVP) bezeichnete Truppe baute mit der „Volkspolizei See" und „Aeroklubs" auch See- und Luftstreitkräfte auf; eigene Piloten wurden auf sowjetischen Stützpunkten ausgebildet. 1952 beschloss die SED den Aufbau „Nationaler Streitkräfte" und warb unter den Jugendlichen massiv für den Soldatenberuf. Gleichzeitig protestierte die DDR-Führung gegen die „Remilitarisierung Westdeutschlands". Am 18. Januar 1956 schließlich verabschiedete die Volkskammer der DDR das „Gesetz über die Schaffung der Nationalen Volksarmee und des Ministeriums für Nationale Verteidigung". Die KVP ging nun in der „Nationalen Volksarmee" (NVA) auf.

Die „Stalin-Noten"

Friedensangebot oder taktisches Manöver?

Die Sowjetunion sah im Aufbau westdeutscher Streitkräfte eine erhebliche Verstärkung des westlichen Gegners. Deshalb entschloss sich Stalin, die Westbindung der Bundesrepublik und insbesondere die geplante EVG, der die Bundesrepublik angehören sollte, zu verhindern. Er machte deshalb im März 1952 in mehreren Noten („Stalin-Noten") den drei Westmächten folgendes Angebot: die Wiedervereinigung Deutschlands als neutrales und bewaffnetes Land, den Abschluss eines Friedensvertrages und die Aufstellung nationaler Streitkräfte. Im Gegenzug forderte er den Abzug aller Besatzungstruppen aus Deutschland innerhalb eines Jahres und die Neutralität des vereinten Deutschlands. Die Westmächte hielten diese Vorschläge der Sowjetunion vor allem für ein taktisches Manöver, um die Westintegration der Bundesrepublik zu verhindern, und setzen die Vertragsverhandlungen mit der Bundesrepublik fort. Bis heute ist umstritten, ob dieses Angebot ernsthaft gemeint oder als taktischer Schachzug gedacht war. Die westlichen Regierungen, darunter die Bundesregierung, sahen die Stalin-Noten nur als Störmanöver an und gingen nicht weiter darauf ein. Für sie war wichtig, dass im Falle eines Angriffs durch osteuropäische Truppen westdeutsche Soldaten zur Verteidigung zur Verfügung stünden.

NATO-Beitritt der BRD

Die Gründung der EVG scheiterte schließlich nicht an Stalins Angebot, sondern 1954 an der französischen Nationalversammlung, die keine deutsche Soldaten in einem Bündnis akzeptieren wollte und deshalb den EVG-Vertrag nicht ratifizierte. Angesichts dieser Situation suchten die Westmächte und die Bundesrepublik eine neue Lösung, die sie schließlich auf der Londoner Neun-Mächte-Konferenz im September 1954 fanden: Die Bundesrepublik trat der NATO bei und stellte die Bundeswehr auf, verzichtete aber auf die Herstellung atomarer, biologischer und chemischer Waffen („ABC-Waffen“); sie wurde Mitglied der Westeuropäischen Union (WEU) und erhielt ihre Souveränität. Diese Regelungen wurden in den sog. Pariser Verträgen festgehalten, die am 5. Mai 1955 in Kraft traten. Im Rahmen dieser Verträge wurde auch das Saarstatut ausgehandelt, das die politische Autonomie des Saarlands und dessen wirtschaftliche Anbindung an Frankreich sicherte.

Gründung des Warschauer Pakts

Die Sowjetunion reagierte auf die Pariser Verträge mit der Zusammenfassung ihrer zweiseitigen Verträge mit den Ostblockstaaten im Warschauer Vertrag (auch „Warschauer Pakt“) vom 14. Mai 1955, in den auch die DDR aufgenommen wurde. Der Warschauer Pakt war als Militärbündnis der Gegenspieler der NATO im

Kalten Krieg. Damit waren die beiden deutschen Staaten Mitglieder gegnerischer Militärblöcke geworden. Die Teilung Deutschlands und Europas wurde dadurch auf Jahrzehnte zementiert.

Der 17. Juni 1953

Vorgeschichte des Aufstands

Der verstärkte „Aufbau des Sozialismus“, den Walter Ulbricht auf der 2. Parteikonferenz der SED im Juli 1952 verkündet hatte, bedeutete eine verstärkte Sowjetisierung der DDR. Als Folge der Enteignungen mittlerer Betriebe in Industrie und Landwirtschaft ging die Produktion zurück, Fleisch, Fett, Gemüse und Obst wurden zur Mangelware, und die Schlangen vor den Lebensmittelläden wurden immer länger. Das Wohlstandsgefälle zum Westen vergrößerte sich ständig, u.a. auch deshalb, weil die DDR nicht vom Marshallplan profitieren konnte. Eine Tafel Schokolade etwa kostete im Westen 50 Pfennig, im Osten 8 Mark. Die meisten Lebensmittel wurden in der DDR immer noch auf Karten zugeteilt. Auch das dramatische Anwachsen der Abwanderungsbewegung in die Bundesrepublik („Abstimmung mit den Füßen“ im Westen, „Republikflucht“ im Osten genannt) im ersten Halbjahr 1953 stellte ein ökonomisches, aber auch ein soziales Problem dar. Eine wesentliche Ursache hierfür war, dass die Staatsführung dem „Bürgertum“, vor allem den Selbstständigen, die Lebensmittelkarten entzog. Diese mussten daher in den staatlichen HO-Läden einkaufen, in denen zwar keine Lebensmittelmarken verlangt wurden, die aber nur überteuerte Waren im Sortiment hatten. Ein weiteres Problem für die DDR-Führung war die hohe Zahl von Strafgefangenen, die vor allem darauf zurückzuführen war, dass es Widerstand gegen die Maßnahmen der Besatzungsmacht und der DDR-Regierung gab – etwa gegen Kollektivierungsmaßnahmen auf dem Lande. Auch kennzeichnen viele Verurteilungen wegen „illegaler Gruppenbildung“, „Boykotthetze“ und „Sabotage“ die Monate vor dem Aufstand.

Erhöhung der Arbeitsnormen

Diese tiefgreifende wirtschaftliche, politische und gesellschaftliche Krise im ersten Halbjahr 1953 war nicht mehr zu übersehen. Die SED wollte diesen Schwierigkeiten mit einer Erhöhung der Arbeitsnormen um zehn Prozent bis Ende Juni 1953 begegnen. Diese war eine Anweisung, die in allen volkseigenen Betrieben durchgeführt werden sollte und letztlich auf eine Lohnsenkung hinausgelaufen wäre.

Die Ereignisse

Am 16. Juni protestierten Bauarbeiter der Berliner Stalinallee mit Streiks und Demonstrationszügen gegen die Normerhöhungen und gaben für den folgenden Tag die Losung zum Generalstreik aus. Der West-Berliner amerikanische Sender RIAS („Rundfunk im amerikanischen Sektor“) verbreitete die Informationen. Am Morgen des 17. Juni traten auf dem gesamten Gebiet der DDR Belegschaften großer Betriebe in den Streik und formierten sich zu Demonstrationszügen in die Zentren der größeren Städte, um gegen die Erhöhung der Arbeitsnormen zu protestieren. In mindestens 270 Orten der DDR kam es zu Streiks, Kundgebungen, Gefangenenbefreiungen und Gewalttätigkeiten gegen Vertreter des Staates und der SED oder gegen öffentliche Einrichtungen. Schwerpunkte lagen in Berlin und den traditionellen Industrieregionen, etwa dem „Chemiedreieck“ um Halle–Bitterfeld. Die Zahl der am Protest Beteiligten lässt sich nicht genau bestimmen, Angaben schwanken zwischen 300 000 und 1,5 Millionen Menschen.

Niederschlagung des Aufstands

Der Arbeiterprotest gegen die Normenerhöhung in Berlin wirkte als Auslöser für eine Volkserhebung, die in der schlechten Stimmung der gesamten Bevölkerung ihren Nährboden fand. Beteiligt an den Demonstrationen waren auch die Berufsgruppen, die in der SBZ/DDR ihre

Privilegien oder Teile ihres Besitzes verloren hatten, wie Großbauern, Besitzer kleinerer Betriebe, Ärzte, Pfarrer, Lehrer, Offiziere, ehemalige Vermögende und ehemalige Besserverdienende. Im Laufe des Aufstands traten politische Forderungen nach dem Rücktritt der Regierung, nach freien Wahlen, nach der Auflösung der Armee und schließlich nach der Einheit Deutschlands immer stärker in den Vordergrund. Eine Führungsgruppe entstand während des Aufstandes nicht, weil es sich um eine spontane Erhebung der Bevölkerung handelte. Die DDR-Regierung war hilflos; schließlich griff die sowjetische Besatzungsmacht ein und schlug die Demonstrationen mithilfe ihrer Panzer nieder. Sie erklärte in Berlin den Ausnahmezustand, woraufhin die Regierung diese Maßnahme auf die ganze DDR ausweitete. Eine wichtige Ursache der Erhebung, die schlechte Versorgungslage, wurde mit Hilfe sowjetischer Lebensmittellieferungen rasch verbessert; die Besatzungsmacht verzichtete auch auf weitere Reparationszahlungen. Dennoch führten die Ereignisse im Juni 1953 zu einer Verstärkung der Fluchtbewegung, und es wurde sogar deren Höhepunkt erreicht: Allein in diesem Jahr verließen rd. 331 000 Menschen die DDR.

„Konterrevolutionärer Putsch"?

Die Ereignisse vom 16.-19. Juni 1953 wurden in Ost und West unterschiedlich interpretiert. In der DDR sprach man offiziell von einem „faschistischen Putsch" oder einem „konterrevolutionärer Putschversuch". Die Mehrheit der Streikenden hätte sich distanziert, als sie sah, „dass es weder um Normen und Preise, sondern um die Regierung Grotewohl und die Existenz der DDR ging". Auch wurde gelegentlich der Begriff „Tag X" verwendet, an dem angeblich die Westdeutschen die DDR erobern wollten. Es handelte sich um Bezeichnungen, die eine gewisse Hilflosigkeit im Umgang mit dem für das Regime gefährlichsten Ereignis zeigten. In der Literatur war man etwas offener: So brachte Stefan Heyms (1913–2001)

Roman „5 Tage im Juni“, der 1974 erstveröffentlicht wurde, eine differenziertere Darstellung der Juni-Ereignisse, die freilich der Zensur zum Opfer fiel und nur im Westen erscheinen konnte.

Der 17. Juni als Feiertag

In der Bundesrepublik sprach man meistens von einem „Aufstand“ bzw. – etwas genauer – von einem „Arbeiteraufstand“. Dies war stets mit einer gewissen Häme verbunden, weil sich ja gerade im angeblichen „Arbeiter- und Bauernstaat“, wie sich die DDR selbst bezeichnete, die Arbeiter gegen den Staat erhoben und ihm damit seine Legitimation streitig gemacht hätten. In der Bundesrepublik wurde der 17. Juni im Gedenken an den Aufstand mit Gesetz vom 4. August 1953 als „Tag der deutschen Einheit“ zum gesetzlichen Feiertag und 1963 zum nationalen Gedenktag des deutschen Volkes proklamiert.

Zwei Wirtschaftsmodelle

Das „Wirtschaftswunder“

In der Bundesrepublik begann Anfang der 1950er Jahre das sog. Wirtschaftswunder. Es beruhte zu einem großen Teil auf den Entscheidungen, die bei der Währungsreform 1948 getroffen worden waren. So konnte sich vor allem die Marktwirtschaft entfalten, und die Menschen konnten den Wiederaufbau, insbesondere der zerstörten Städte, in Angriff nehmen. Unternehmer und Arbeitnehmer profitierten von den Aufträgen, weil genügend Nachholbedarf existierte. Jeder Arbeiter wurde gebraucht, Vollbeschäftigung und sogar Arbeitskräftemangel stellten sich ein. Weitere Elemente des „Wirtschaftswunders“ waren: Einsatz der unternehmerischen Gewinne in den Betrieben selbst, Anstieg des Konsums, maßvolle Lohnforderungen der Gewerkschaften, Aufschwung der Exportindustrie. Für den Durchbruch sorgte allerdings die Koreakrise von 1950/51 (s. S. 60 f.), die zu einem starken Anstieg des Exports führte („Koreaboom"). Ursache hierfür war die weltweite Nachfrage nach Produktionsgütern, vor allem nach solchen der Schwerindustrie, die durch diese Krise ausgelöst wurde. Damit konnten in diesem Schlüsselsektor der deutschen Wirtschaft neue Arbeitsplätze entstehen, die wiederum zu einer erhöhten Kaufkraft führten.

Sozialstaat in der BRD

Gleichzeitig entwickelte sich die Bundesrepublik zu einem Sozialstaat. Dies wird vor allem an zwei Maßnahmen deutlich, an der Lohnfortzahlung im Krankheitsfall und an der Dynamisierung der Renten: Ende 1956/Anfang 1957 erstreikten mehr als 34 000 Beschäftigte der Metallindustrie Schleswig-Holsteins einen Tarifvertrag, der garantierte, dass der Lohn bei Krankheit bis zu sechs Wochen weitergezahlt wird. Damit wurde ein Grundstein für die heutigen tarifvertraglichen und gesetzlichen Regelungen zur Lohnfortzahlung bei Krankheit gelegt. Mit dem Rentengesetz von 1957 wurde die Rente „dynamisiert". Das bedeutet, dass seitdem die Höhe der Renten an die wirtschaftliche Gesamtentwicklung angepasst wird. Maßgebend hierfür ist die Entwicklung der Einkommen der Arbeitnehmer im Vorjahr.

Planwirtschaft in der DDR

Im Unterschied zu dieser Entwicklung waren die wirtschaftlichen Verhältnisse in der DDR in den 1950er Jahren von folgenden Umständen geprägt: von Enteignungen der Privatbetriebe, wobei nur Klein- und Handwerksbetriebe z.T. bis in die siebziger Jahre hinein in privater Hand blieben; von zentraler Planung durch eine Plankommission, die nach Anweisungen der SED arbeitete (Fünfjahres-Pläne); vom Ausbau der Schwerindustrie nach dem Vorbild der Sowjetunion; von der Vernachlässigung der Konsumbedürfnisse der Bevölkerung.

Das Ergebnis waren ein stetig größer werdender Rückstand des Lebenshaltungsniveaus gegenüber der Bundesrepublik und ein weiter wachsender Flüchtlingsstrom in den Westen.

Die „Europäisierung“ der westdeutschen Wirtschaft

Das Ruhrstatut

Für beide deutsche Staaten war es 1949/50 eine entscheidende Frage, ob und wieweit sie Anschluss an eine internationale Arbeitsteilung finden und damit auch die wirtschaftlichen Folgen der Teilung kompensieren konnten. Im Mittelpunkt der westdeutschen Überlegungen stand dabei die Frage, wie mit dem Ruhrstatut umzugehen sei. Dieses am 28. April 1949 von Großbritannien, Frankreich, den USA und den Beneluxstaaten verabschiedete Abkommen sollte die europäische Sicherheit gewährleisten und die wirtschaftliche Zusammenarbeit der europäischen Staaten fördern. Vor allem jedoch sollte durch die von den Vertragsparteien eingerichtete Internationale Ruhrbehörde eine Kontrolle der Siegermächte über die deutsche Montanindustrie an der Ruhr, dem Kern der westdeutschen Industrie, erfolgen. Durch das Abkommen wurde die gesamte Kohle-, Koks- und Stahlproduktion der Kontrollbehörde unterstellt, die Art, Menge und Verwendung der Produkte bestimmte. Durch den Beitritt zum Ruhrstatut im April 1949 erkannte die Bundesregierung das Aufsichtsrecht der drei westlichen Großmächte und der Beneluxstaaten über die westdeutsche Schwerindustrie an. Damit war der Übergang zu einer wirtschaftlichen Integration Westeuropas eingeleitet.

Die Montanunion

Die Montanunion bzw. Europäische Gemeinschaft für Kohle und Stahl (EGKS) wurde im April 1951 gegründet und trat im Juli 1952 in Kraft. Sie löste das Ruhrstatut ab und verband zum ersten Male die sechs westeuropäischen Länder Italien, Frankreich, die Niederlande, Belgien, Luxemburg und die Bundesrepublik Deutschland, indem sie allen Mitgliedsländern Zugang zu Kohle und Stahl in diesen Ländern verschaffte, ohne Zoll zahlen zu müssen. Der EGKS-Vertrag ging auf eine Initiative des französischen Außenministers Robert Schuman (1886–1963) zurück („Schuman-Plan"). Hauptziel des Vertrages war die Sicherung des innereuropäischen Friedens durch die „Vergemeinschaftung", also die gegenseitige Kontrolle der kriegswichtigen Güter Kohle und Stahl sowie die Sicherstellung dieser für den Wiederaufbau nach dem Zweiten Weltkrieg entscheidenden Produktionsfaktoren.

Die „Römischen Verträge"

Der weitere wirtschaftliche Zusammenschluss Westeuropas erfolgte nach Beitritt der Bundesrepublik zur NATO 1955/56, was zeigte, dass das Vertrauen der Westeuropäer zu den Westdeutschen zugenommen hatte. Am 25. März 1957 vereinbarten Frankreich, Italien, die Beneluxstaaten und die Bundesrepublik in den „Römischen Verträgen" die Errichtung der Europäischen Wirtschaftsgemeinschaft (EWG) und der Europäischen Atomgemeinschaft (EURATOM). Diese Verträge galten auf unbestimmte Zeit. Durch die EWG sollte eine wirtschaftliche Integration Europas erreicht werden. Sie brachte für alle sechs Staaten anfangs vor allem Zoll-Vorteile und war der Kern der späteren Europäischen Gemeinschaft (EG) bzw. Union (EU). Die EURATOM sollte der gemeinsamen Erforschung und der friedlichen Nutzung der Kernenergie dienen. Die EWG mit ihren 180 Millionen Verbrauchern entwickelte sich erfolgreich. Allein in den Jahren 1958 bis 1962 stieg die Industrieproduktion in ihren Ländern um 37 Prozent – gegenüber 28 Prozent in den USA und 14 Prozent in Großbritannien.

Die Integration der DDR in die osteuropäische Wirtschaft

Der RGW

In Osteuropa war die Entwicklung der wirtschaftlichen Arbeitsteilung anders verlaufen. Bereits im April 1949 hatte die sowjetische Regierung den „Rat für gegenseitige Wirtschaftshilfe" eingerichtet (RGW, auch Council of Mutual

Economic Assistance – COMECON genannt). Anlass war die Ablehnung des Marshallplanes durch Bulgarien, Polen, Rumänien, der Tschechoslowakei und Ungarn, die auf Stalin zurückging (s. S. 39 f.). Diese Staaten, später auch Albanien, die Mongolei, Kuba und Vietnam, beschlossen nun, innerhalb des RGW ihre Wirtschaftspläne aufeinander abzustimmen. Langfristig war eine überstaatliche Wirtschaftplanung vorgesehen, die aber nicht erreicht wurde. Die DDR war seit 1950 Mitglied des RGW. Stalin bestand insbesondere auf der Entwicklung der Schwerindustrie in den einzelnen Ländern (v.a. für die Waffenproduktion und die Bauindustrie), wobei der RGW die Rohstoffpreise für Energie und Eisenerz festlegte, von denen die Mitgliedsländer abhängig waren. Der RGW war anfangs eine Organisation zur Abwicklung des Handels zugunsten der Sowjetunion. Ab 1958 entwickelte sich langsam eine Arbeitsteilung, indem die Produktion bestimmter Güter einzelnen Ländern zugewiesen wurde: So wurden Straßenbahnen in der ČSSR hergestellt, Busse in Ungarn, Traktoren und Dieselloks in der Sowjetunion. Innerhalb des RGW war beabsichtigt, die Abhängigkeit der osteuropäischen Staaten untereinander zu festigen und die Unabhängigkeit vom kapitalistischen Westen voranzutreiben, aber auch wirtschaftlich schwache Staaten und Länder, die sich von den USA abwandten, zu unterstützen.

Keine konvertierbaren Währungen im RGW

In den 1970er Jahren nahm die Bedeutung des RGW zu, insbesondere gegenüber Ländern, die nicht Mitglied waren. Gleichzeitig wurden die Beziehungen der RGW-Staaten untereinander vorangetrieben – vor allem beim Austausch moderner Technik, weil eine Vergrößerung des Rückstandes gegenüber den westlichen Industriestaaten befürchtet wurde. Die Zusammenarbeit zwischen den Mitgliedern erreichte aber zu keiner Zeit den Stand der Zusammenarbeit der EU-Staaten. Überstaatliches Recht, das in der EWG schon den 1960er Jahren geschaffen wurde, entstand im RGW nicht. Die DDR war in die östliche Wirtschaftsgemeinschaft einbezogen, und ihr Handel erfolgte 1981 zu 67 Prozent mit den RGW-Staaten, die auf die Produkte aus der DDR angewiesen waren. Diese erhielt aber nicht die Gegenleistungen, die ihre Wirtschaft langfristig stärken konnten, und war am Ende auf westliche Kredite angewiesen. Die „Wende" in der DDR sowie in Osteuropa brachte mit dem Ende des Warschauer Paktes auch das Ende des RGW 1991. Danach wurde die entscheidende Schwäche dieses Wirtschaftssystems besonders deutlich: das Fehlen konvertierbarer Währungen. Diese können jedoch nur entstehen, wenn Volkswirtschaften miteinander konkurrieren, was in planwirtschaftlich orientierten Wirtschaften nicht vorgesehen war. Dort wurden die Güter verteilt und die Preise zentral festgelegt, wobei mit einer künstlichen Währung, dem Transfer-Rubel, gerechnet wurde, der allerdings nicht konvertierbar war. Die freie Wirtschaft verlangt jedoch die freie Umtauschbarkeit des Geldes, um mit dem Ausland Wirtschaftsbeziehungen pflegen zu können.

„Abstimmung mit den Füßen" und Berlin-Krise

Ansteigen der Flüchtlingszahlen

In den 1950er-Jahren stiegen die Flüchtlingszahlen stark an. Hunderttausende verließen die DDR, gingen zunächst noch bei Nacht und Nebel über die Zonengrenze und später, nachdem diese immer schwerer zu überwinden war, über die Sektorengrenze per U- und S-Bahn nach West-Berlin. Viele wurden bereits bei den scharfen Kontrollen auf dem Wege nach Berlin abgefangen und eingesperrt. Die Flüchtlingszahlen waren eine Antwort auf die Verhältnisse in der DDR. Ein wesentlicher Grund hierfür war die Verschlechterung der wirtschaftlichen Lage. Auf Ablehnung stieß auch, dass die gesellschaftliche Beurteilung in den Zeugnissen der Abgangsklassen an den Schulen für das Fortkommen größere Bedeutung bekam als die Zensuren, was auch für die Zulassung zum Studium ausschlaggebend sein konnte. Außerdem nahm die Werbung für militärische Berufe stark zu. Wer sich ihnen verweigerte, hatte ggf. mit unangenehmen Konsequenzen rechnen, z.B. mit dem Verlust des gewünschten Ausbildungsplatzes.

Weitere Enteignungen

Zudem wurden nach den Großbetrieben nun auch mittlere Betriebe enteignet. Waren 1950 47,7 Prozent der Industrie- und Handelsbetriebe „volkseigen“, also verstaatlicht, und 6,5 Prozent Genossenschaften, so stieg der Prozentsatz der verstaatlichten Betriebe auf 65,4 Prozent und der der Genossenschaften auf 15,7 Prozent im Jahr 1960. Das private Eigentum nahm im gleichen Zeitraum von 45,8 Prozent auf 12,5 Prozent ab. Auch dies fand in weiten Teilen der Bevölkerung keine Zustimmung.

„Kirchenkampf“

Ferner trug der 1952/53 einsetzende „Kirchenkampf“ zu einer wachsenden Distanz der Menschen zum SED-Regime bei. Dabei wurde der Jungen Gemeinde, der Jugendorganisation der Evangelischen Kirche, vorgeworfen, sie sei eine Einrichtung des „Klassengegners“. Begleitet war dies von einer Kampagne gegen die Konfirmation und von der Aufforderung, dass alle Jugendlichen an der sozialistischen Jugendweihe teilnehmen sollten. Ein Bekenntnis zur Religion wurde als „rückständiges“ Denken angesehen, und vielen wurde deshalb das Studium verweigert.

Verschärfte Unterdrückung

Schließlich führte die Aufdeckung von Stalins Verbrechen durch den sowjetischen Parteichef Chruschtschow 1956 nicht wie in manchen Ostblockstaaten zu einer liberaleren Innenpolitik (Entstalinisierung, „Tauwetter“-Periode), sondern zu verschärfter Verfolgung. So ließ Ulbricht Regimekritiker wie z.B. Wolfgang Harich (1923-1995) ins Gefängnis stecken, obwohl sie sich zur DDR bekannten.

Berlin-Ultimatum

Die Grenzen wurden von Jahr zu Jahr immer undurchlässiger. Es gab Grenzzäune, einen Schutzstreifen und eine 5-km-Sperrzone seit 1952 sowie schärfere

Strafbestimmungen bei Grenzverletzungen seit 1957. Dennoch verließen Hunderttausende das Land Richtung Bundesrepublik. Die Zahl der „Republikflüchtlinge" nahm stets dann zu, wenn die Menschen befürchteten, dass die Sowjetunion die Zugänge zu West-Berlin schließen würde. So traf die sowjetische Note vom 27. November1958 an die Westmächte auch die DDR und die Bundesrepublik direkt, weil mit einem großen Flüchtlingsstrom gerechnet werden musste. Die Note wird als „Berlin-Ultimatum" oder „Chruschtschow-Ultimatum" bezeichnet. Nikita S. Chruschtschow (1894-1971) war von 1958-1964 Generalsekretär der KPdSU und Ministerpräsident der Sowjetunion. In dem Schreiben kündigte die Sowjetunion den Viermächtestatus für Berlin und Deutschland als Ganzes auf. Zudem forderte sie die Umwandlung West-Berlins in eine selbstständige politische Einheit zu einer so genannten Freien Stadt, die unabhängig von der Bundesrepublik Deutschland und der DDR sein sollte. Dies beinhaltete auch die Forderung nach einem Abzug der Truppen der Westalliierten. Die Sowjetunion stellte diese Forderungen, weil sie ihr eigentliches Ziel, die Vereinigung Berlins und die anschließende Eingliederung der Stadt in die DDR, für nicht durchführbar hielt. Sie drohte, dass sie der DDR die volle staatliche Souveränität übertragen würde, falls die Forderungen nicht innerhalb von sechs Monaten erfüllt würden. Dies hätte bedeutet, dass die DDR die Kontrolle über alle Verkehrswege nach West-Berlin gehabt hätte. Damit sollte die Fluchtbewegung von Ost nach West über West-Berlin gestoppt werden. Zur Durchsetzung ihrer Forderungen drohte die Sowjetunion mit einem Krieg, falls der Westen die souveränen Rechte der DDR auf militärischem Weg einschränken würde.

„Three Essentials"

Die drei Westmächte und der Regierende Bürgermeister von West-Berlin, Willy Brandt (SPD) (1913-1992), lehnten dieses Ultimatum entschieden ab, sodass es nach einem halben Jahr ergebnislos verstrich. Die Westmächte ihrerseits formulierten im Gegenzug zum Berlin-Ultimatum die folgenden drei Grundsätze („Three Essentials"):

- Recht der Westmächte auf Anwesenheit in Berlin,
- Recht der Westmächte auf Zugang nach Berlin,
- Gewährleistung der Rechte und der Lebensform der West-Berliner durch die Westmächte.

Diese „Three Essentials" wurden im Juni 1972 durch die Unterzeichnung des Vier-Mächte-Abkommens bestätigt.

Alltag in den Fünfziger Jahren: Familie und Wirtschaft

Familie als Zentrum

Nicht nur die große Politik, sondern auch das alltägliche Leben prägte die Menschen in den 1950er Jahren. Überall gab es noch immer Barackenlager mit Vertriebenen und im Westen auch mit Flüchtlingen aus der DDR, die unter heute kaum vorstellbaren Verhältnissen leben mussten. Diese Menschen waren häufig Motor für wirtschaftliche Veränderungen, weil sie ihre Lebens- und vor allem Wohnbedingungen so schnell wie möglich verbessern wollten. Obwohl die traditionelle Familie im Osten wie im Westen nach wie vor im Mittelpunkt stand und als Rückzugsort galt, gab es wegen der Wohnraumnot oftmals Lebensgemeinschaften, die früher nicht denkbar waren. Nach Rückkehr der Männer aus der Kriegsgefangenschaft (die letzten kamen 1955) kehrten die meisten Frauen aus den Betrieben wieder an den häuslichen Herd zurück, was als selbstverständlich empfunden wurde. Die vom Vater dominierte Familie und die autoritäre Erziehung der Kinder waren nach wie vor das Ideal.

Die Lebensmittelversorgung war nach der Währungsreform von 1948 im Westen gesichert, was im

Umbruch in der Landwirtschaft

Osten neidvoll zur Kenntnis genommen wurde. In der Landwirtschaft gab es einen großen Umbruch: Die Bewirtschaftung der Anbauflächen mit Pferden oder Ochsen wich in beiden Teilen Deutschlands Schritt für Schritt den Maschinen. Kleine Traktoren erleichterten im Westen bald die Arbeit. In der DDR richtete man MAS (Maschinen-Ausleih-Stationen, später MTS – Maschinen-Traktoren-Sationen) ein, die allerdings häufig nur den Landwirtschaftlichen Produktionsgenossenschaften (LPG) zur Verfügung standen. So wurden die in der DDR ab 1952 teilweise unter Zwang entstandenen Zusammenschlüsse von Bauern und Bäuerinnen zur gemeinschaftlichen agrarischen Produktion bezeichnet. Mit den MAS wollte die SED-Führung den privaten Bauern die Vorteile eines Beitritts zu den LPG vorführen.

Maschinisierung und Arbeitszeiten

Die Bergwerke und Betriebe arbeiteten unmittelbar nach Kriegsende mit Vorkriegsmaschinen, von denen viele im Zuge der Reparationen von den Siegern abtransportiert worden waren. Diese Demontagen hörten 1949 im Westen, in der DDR 1953 auf. Im Westen konnten sich die Unternehmer neue Maschinen anschaffen, die besser produzierten als die alten. Im Osten erfolgte diese Umstellung langsamer. Ihr stand auch im Wege, dass die DDR bemüht war, die Abhängigkeit von westlichen Lieferungen zu vermindern, u.a., um sich ideologisch vom Westen zu lösen. Zusätzlich erschwerend kam die vom RGW verordnete Entscheidung hinzu, bevorzugt die Schwerindustrie aufzubauen, was u.a. dazu führte, dass die Versorgung mit Konsumgütern im Osten unzureichend war. Die Arbeitszeit betrug in Ost und West 48 Stunden pro Woche; samstags arbeitete man bis 12 oder 13 Uhr. 1959 kam es im Steinkohlebergbau im Westen erstmals zur 5-Tage-Woche. Der Urlaub betrug 2 Wochen.

So waren die Menschen in beiden Teilen Deutschlands vor allem mit wirtschaftlichen Dingen beschäftigt, um dem Elend entgehen und bessere Lebensbedingungen herzustellen. Dies gelang im Westen rasch („Wirtschaftswunder"), was die Flucht aus der DDR förderte.

Die Aufarbeitung der NS-Vergangenheit

Bekämpfung nazistischen Gedankenguts

Nach dem Krieg hatten sich die Siegermächte bemüht, nicht nur die NS-Verbrecher zu bestrafen, sondern auch mittels einer „Entnazifizierung" die deutsche Gesellschaft von nationalsozialistischen Einflüssen zu befreien (s. S. 20, 34). Hierfür wurden auf der Grundlage von „Befreiungsgesetzen", die die Landtage auszuarbeiten hatten, ab 1946 besondere Gerichte, die „Spruchkammern", eingerichtet. Sie wurden von juristischen Laien aus dem deutschen Volk geführt und dienten der Aburteilung ehemaliger Nationalsozialisten. Dabei wurden die Angeklagten in fünf Gruppen sortiert, von „Hauptschuldigen" bis hin zu „Mitläufern". Damit war ein Anfang gemacht worden, um nazistisches Gedankengut zu bekämpfen und zu beseitigen und um Kriegsverbrecher ihrer gerechten Strafe zuzuführen. Diese Methode, juristisch eine politische Gesinnung zu beseitigen, war allerdings nicht besonders erfolgreich und wurde 1951 wieder eingestellt – nicht zuletzt deshalb, weil zur Verteidigung der Angeklagten oftmals Gefälligkeitsgutachten („Persilscheine") erstellt wurden.

Verschleppung der Verfahren

Die Strafverfolgung belasteter Personen wollten die Siegermächte jedoch nicht alleine vornehmen und übergaben deshalb viele Fälle der deutschen Justiz. An den Gerichten waren jedoch viele Richter aus der NS-Zeit im Amt geblieben, die diese Verfahren verschleppten. Der Kalte Krieg begünstigte diese Entwicklung, weil er andere Probleme in den Vordergrund rückte, insbesondere die Eindämmung der kommunistischen Expansion. Es gab sogar einige prominente Nationalsozialisten, deren Wissen von westlichen Geheimdiensten genutzt und denen dafür eine geheime Existenz, oft in Südamerika, ermöglicht wurde. Ein solcher Fall war Klaus Barbie, Gestapo-Chef von Lyon, für zahlreiche Verbrechen in Frankreich verurteilt und nach dem Krieg dennoch Mitarbeiter von US- und kolumbianischen Geheimdiensten.

Hohe Staatsämter für führende Nationalsozialisten

Durch dieses Vorgehen deutscher Behörden entgingen viele führende Nationalsozialisten ihrer gerechten Strafe, nicht wenige von ihnen bekleideten sogar hohe Staatsämter: In Adenauers Regierung saßen zwei prominente Nationalsozialisten, Hans-Maria Globke (1898-1973) als Staatssekretär und Theodor Oberländer (1905-1998) als Vertriebenenminister. Globke arbeitete in der NS-Zeit u.a. an der Erstellung der „Nürnberger Gesetze" (15. September 1935) und des „Gesetzes zum Schutze der Erbgesundheit des deutschen Volkes" (18. Oktober 1935) mit. Das „Gesetz über die Änderung von Familiennamen und Vornamen" (5. Januar 1938) und die zugehörigen Ausführungsverordnungen wurden von Globke verfasst. Es bestimmte, dass Juden, die keinen in einer Anlage genannten Liste aufgeführten Vornamen trugen, diesem den Vornamen „Sara" (weiblich) bzw. „Israel" hinzufügen mussten. Oberländer gehörte als Professor, Ostforschungs- und Verbandsfunktionär, aber auch als Offizier der Wehrmacht im Zweiten Weltkrieg zu den geistigen Wegbereitern und Gehilfen der deutschen Expansion nach Osten unter Hitler. Für die DDR galten besonders diese beiden als Beleg dafür, dass die Bundesrepublik ein faschistischer Staat sei.

Der Grundgesetz-Artikel 131 ermöglichte die Wiedereinsetzung der alten Beamtenschaft ohne besondere politische Überprüfung. Unter den Tausenden im Amt gebliebenen Richtern befanden sich auch solche, die in der NS-Zeit an Todesurteilen beteiligt waren. An den Universitäten konnten noch lange Zeit Wissenschaftler lehren, die der NS-Führung die Grundlage für die Rassenpolitik geliefert hatten. Auch unter der Lehrerschaft an den Schulen gab es viele ehemalige Nationalsozialisten.

Glorifizierung des kommunistischen Widerstands

In der SBZ/DDR war schon vor 1949 das Personal aller öffentlichen Einrichtungen ausgewechselt worden, und es gab daher in Verwaltung, Schulen oder an Gerichten keine prominenten Nationalsozialisten. Das SED-Regime vermittelte den Eindruck, dass der Nationalsozialismus in der DDR überwunden sei. Dagegen wurde der kommunistische Widerstand vor 1945 glorifiziert und so dargestellt, als sei er der einzig wirksame gewesen. Die DDR sah sich als Erbin des „antifaschistischen Kampfes gegen Hitler" und baute darauf ihr Staatsverständnis auf. In der DDR kam es bis 1989 zu keiner ehrlichen und gründlichen Aufarbeitung der NS-Vergangenheit, insbesondere des Holocausts, der zwar erwähnt, nicht aber in seiner vollen Bedeutung vermittelt wurde.

Ulmer Prozesse und Auschwitzprozess

In der Bundesrepublik gelangte der Holocaust erst im Gefolge des Ulmer Einsatzgruppenprozesses von 1958 ansatzweise in die öffentliche Diskussion. Erst die Prozesse gegen den SS-Obersturmbannführer Adolf Eichmann (1906-1962), zentral mitverantwortlich für die Ermordung von schätzungsweise sechs Millionen Menschen in Europa, in Jerusalem 1961 und die Prozesse gegen Mitglieder der Wachmannschaften von Auschwitz ab 1963 in Frankfurt verhalfen diesem Thema eine größere Beachtung in der Öffentlichkeit. 1958 richteten die Landesjustizverwaltungen in Ludwigsburg eine zentrale Stelle zur Verfolgung von NS-Verbrechen ein, durch die viele Täter vor Gericht gebracht werden konnten.

Entschädigungsabkommen mit Israel

Viele Juden waren in der Zeit der „Dritten Reiches" nach Palästina geflüchtet und beteiligten sich am Aufbau des 1948 gegründeten Staates Israel. Am 10. September 1952 unterzeichnete Adenauer das Luxemburger Abkommen mit Israel, das die „Wiedergutmachung" für das Unrecht regeln sollte, das den Juden angetan worden war. In diesem

Abkommen wurden Warenlieferungen im Wert von 3,0 Milliarden DM an Israel und die Zahlung von 450 Millionen DM an die Jewish Claims Conference (JCC) vereinbart. Die „Conference of Jewish Material Claims against Germany" war 1951 als Gesamtvertretung von 52 jüdischen Organisationen in westlichen Ländern gegründet worden. Das Entschädigungsabkommen mit Israel muss jedoch in erster Linie als Teil des Versuches der Bundesregierung gesehen werden, die Eingliederung der Bundesrepublik in das westliche Bündnissystem zu erreichen, erst in zweiter Linier als Teil der „Vergangenheitsbewältigung". Die DDR dachte zu keiner Zeit an ein solches Abkommen, war Israel für sie doch Teil des „imperialistischen Weltlagers", das von den USA angeführt wurde.

Die Kirchen in den 1950er Jahren

Die Kirchen – glaubwürdige Institutionen

Obwohl beide Kirchen z.T. in den Nationalsozialismus verstrickt waren, galten sie nach dem Krieg als glaubwürdige Institutionen – auch bei den Besatzungsmächten. Sie konnten deshalb in der SBZ ihren Besitz behalten – Kirchen, Fortbildungseinrichtungen, Krankenhäuser usw. – und wurden nicht enteignet. Wichtige kirchliche Organisationen wurden weiterhin gefördert, etwa der Leipziger Thomanerchor, der beim Bach-Jahr 1950 eine große Rolle spielte.

Kirchenfeindlicher SED-Staat

Doch die Kirchen hatten schon bald mit der zunehmenden Kirchenfeindlichkeit der SED und des Staates zu tun. Die kommunistische Jugendorganisation der SED, die FDJ, startete Angriffe auf die Junge Gemeinde, die evangelische Jugendorganisation – die einzige, die es neben der FDJ in der DDR gab. Der staatliche Atheismus äußerte sich u.a. in polizeilichen Kontrollen bei kirchlichen Veranstaltungen und in Diskriminierungen jeglicher Form – z.B. in Weiterbildung und Beruf – und in Propagandaaktionen gegen religiöse

Aktivitäten. Dabei waren die evangelische Konfirmation und die katholische Firmung die Hauptangriffsflächen. Sie sollten durch die atheistische, sozialistische Jugendweihe ersetzt werden, die 1955 zum ersten Mal stattfand. Dies zeigte auf Dauer insofern Wirkung, als ab Mitte der 1950er Jahre eine Welle von Austritten aus den Kirchen einsetzte, die vor allem nach dem Mauerbau von 1961 größere Ausmaße annahm: Waren 1950 7,61 Prozent der DDR-Bürger ohne Konfession, stieg dieser Anteil 1964 auf 31,86 Prozent. Seit 1964 wurde die Konfessionszugehörigkeit in der DDR nicht mehr registriert. Schätzungen gehen davon aus, dass 1987 64 Prozent keiner Kirche mehr angehörten.

BRD: Kirchen unumstritten

Im Westen war die Lage eine andere. Die Kirchen blieben in den 1950er Jahren unumstrittene Institutionen – auch deshalb, weil sie sich stets für die Einheit des Landes einsetzten. Sie waren immer gut besucht, und der Kirchenbau wurde vom Staat gefördert. Insbesondere die Heimatvertriebenen sahen in ihren neuen Kirchen ein Stück Heimat, wofür sie auch viel Geld spendeten.

Kultur in den 1950er Jahren

Nachholbedarf an Kultur

Trotz Hunger und Wohnungsnot regte sich in den Besatzungszonen nach dem Krieg rasch wieder kulturelles Leben. Museen zeigten Werke der klassischen Moderne, die von den Nationalsozialisten als „entartet“ verboten worden waren; neue deutsche und ausländische Filme liefen in den Kinos; Zeitungen und Zeitschriften erschienen wieder. Obwohl ein großer Teil der Theater und Konzertsäle zerstört war, wurde der Spielbetrieb unmittelbar nach dem Krieg wieder aufgenommen. Der Nachholbedarf war groß, da zahlreiche Stücke und Autoren des Auslands unter den Nationalsozialisten nicht gespielt werden durften. Auch Arbeiten deutscher Autoren, die im „Dritten Reich“ verfemt waren, kamen wieder auf die Bühnen, z.B. der „Hauptmann von Köpenick" von Carl Zuckmayer (1896-1977) und „Der jüngste Tag" von Ödön von Horváth (1901-1938). Viele Stücke des deutschen Nachkriegstheaters waren der Not und den Problemen der Zeit gewidmet, z.B. „Draußen vor der Tür" von Wolfgang Borchert (1921-1947) oder Carl Zuckmayers „Des Teufels General". In den Trümmern der Nachkriegszeit war ein regelrechter „Kultur-Boom" festzustellen, der sich in den 1950er Jahren fortsetzte.

Aufblühen des Musiklebens

Am schnellsten erholte sich das Musikleben von den Nachwirkungen des Krieges. Schon wenige Tage nach der Kapitulation wurden erste Konzerte veranstaltet. Der Jazz, unter den Nationalsozialisten als „Negermusik" verfemt, feierte vor allem in den Großstädten ein überzeugendes Comeback. Er wurde insbesondere vom Soldatensender der US-Streitkräfte, dem AFN, verbreitet und von vielen Jugendlichen im Westen gehört. Auch die Jugend der DDR war an dieser Musik interessiert, konnte diese jedoch nicht problemlos empfangen, weil in der DDR Störsender errichtet wurden.

Bildende Kunst

In der bildenden Kunst gewannen im Westen internationale Einflüsse an Bedeutung und prägten zunehmend den Kunstgeschmack. In der SBZ/DDR beeinflusste die sowjetische Militärregierung über den „Kulturbund" sowie über die „Gesellschaft für deutsch-sowjetische Freundschaft" die Kunst-Szene und verlangte Werke im Sinne der Stilrichtung des „sozialistischen Realismus". Darunter verstand man eine wirklichkeitsgetreue und positive Darstellung von Helden des Sozialismus.

Der Film wird zum Leitmedium

Der Film wurde ein wichtiges Medium zur Thematisierung von Krieg und NS-Verbrechen. Erste deutsche Nachkriegsproduktionen wie Wolfgang Staudtes (1906-1984) „Die Mörder sind unter uns" (1946) stellten die Frage nach der Schuld der Deutschen in Nationalsozialismus und Zweitem Weltkrieg. Die sogenannten Trümmerfilme versuchten, Heimkehrerschicksale oder die Lebensumstände im Trümmer-Alltag zu erfassen. Mehr als diese „Problemfilme“ schätzte das Publikum jedoch Unterhaltungsfilme, besonders den Heimatfilm, z.B. die anspruchslos-kitschigen „Sissi-Filme“, die das Leben der österreichischen Kaiserin Elisabeth zum Thema hatten. Anspruchsvollere Zuschauer sahen gern Produktionen des Auslands wie die von Charakterrollen geprägten Filme des französischen Schauspielers Jean Gabin („Wenn es Nacht wird in Paris“, 1953).

Wiederanfänge der Presse

Die Wiederanfänge der Presse gestalteten sich angesichts des Papier- und Maschinenmangels schwierig. Bücher, Zeitungen, Zeitschriften, auch Schallplatten und Veranstaltungen mussten von der jeweils zuständigen Besatzungsmacht genehmigt werden. Die Berichterstattung wurde kontrolliert. Eine Zulassung (Lizenz) der Besatzungsmächte war Voraussetzung, um eine Zeitung herausgeben zu können. In der SBZ wie auch später in der DDR gab es eine mehr oder weniger offene Zensur, die das Presseamt beim Ministerpräsidenten für die Presse und die Hauptabteilung Verlage und Buchhandel beim Kulturministerium für Bücher ausübten. Offiziell wurde den Autoren oftmals auch Papierknappheit als Begründung für das Nichterscheinen eines Buches angegeben, um den wahren Grund zu verschleiern.

Neuorganisation des Rundfunks

Die Besatzungsmächte organisierten den Rundfunk in seinen Grundzügen neu. Das Rundfunkmonopol des Staates, von den Nationalsozialisten zu Propagandazwecken missbraucht, wurde gebrochen. Um eine Machtkonzentration zu vermeiden, wurden im Westen mehrere öffentlich-rechtliche Rundfunkanstalten geschaffen, in deren Aufsichtsgremien bis heute gesellschaftliche Gruppen und politische Parteien vertreten sind. Es war die Absicht, den staatlichen Einfluss in diesen Einrichtungen möglichst gering zu halten. Im Unterschied dazu wurden in der SBZ/DDR alle Sender staatlich zentral gelenkt und kontrolliert.

Aufbruch in der Literatur

Die Literatur, die damals größere Bedeutung hatte als heute, weil das Fernsehen noch keine Rolle spielte, war ebenfalls von amerikanischen Autoren beeinflusst. Deren Short Stories stellten für Deutsche eine neue Literaturgattung dar und waren sehr beliebt, z.B. Bücher von William Faulkner (1897-1962) und Truman Capote (1924-1984). Daneben fanden auch französische und englische Autoren in Westdeutschland ihre Leser, wie Jean-Paul Sartre (1905-1980) und Simone de Beauvoir (1908-1986), John James Osborne (1929-1994) und Samuel Beckett (1906-1994). Die deutsche Literatur dieser Zeit zeigte insbesondere in der Lyrik viele Unsicherheiten. Manche Autoren konnten sich eine deutsche „Literatur nach Auschwitz" – eine Formulierung des Philosophen Theodor W. Adorno (1903-1969) – nicht vorstellen, weil eine Ästhetisierung des grauenvollsten Verbrechens nicht möglich sei. Doch kleine Schriftstellergruppen bildeten sich – etwa die „Gruppe 47" mit Ingeborg Bachmann (1926-1973), Heinrich Böll (1917-1985), Günter Eich (1907-1972), Günter Grass (geb. 1927), Martin Walser (geb. 1927) u.a., auch andere Neuanfänge erregten Aufmerksamkeit: Besonders Bertolt Brecht (1898-1956), der aus dem Exil nach Ost-Berlin gegangen war, beeinflusste das Theater der folgenden Jahre stark. Die Romane von Thomas Mann (1875-1955) fanden eine große Verbreitung, insbesondere nach seinen Reden im Goethe-Jahr 1949 in Frankfurt und Weimar.

Besonderheiten im Osten

Im Osten war die Lage in dieser Hinsicht zwiespältig: Zum einen bemühte sich die SED-Führung, den Deutschen vor allem sowjetische Autoren nahe zu bringen – etwa Nikolai Ostrowskis (1904-1936) Buch „Wie der Stahl gehärtet wurde", in dem der Jugend das kommunistische Ideal gepriesen wird. Zum anderen nahm ein Teil der Verlage aus der Weimarer Zeit ihre Arbeit wieder auf und veröffentlichte klassische Literatur – z.B. von Goethe, Schiller und Lessing. Die Musik erreichte auch im Osten ein hohes Niveau, und es gab weltbekannte Orchester und Chöre, die nicht nur im östlichen, sondern auch im westlichen Ausland spielten, etwa das Leipziger Gewandhausorchester oder den Dresdner Kreuzchor. Eine Änderung trat ab 1951 ein, als die SED eine aktive „fortschrittliche“ Kulturpolitik forderte und eine Kampagne gegen den Formalismus und die „bürgerliche Dekadenz“ startete. Gegen Ende der 1950er Jahre verkündete die Parteiführung den „Bitterfelder Weg“. Danach sollte der Proletarier als Künstler gefördert werden, und bürgerliche Autoren wurden aufgefordert, in die Produktion zu gehen und die Arbeiter zum Mittelpunkt ihrer Werke zu machen. Eduard Claudius' (1911-1976) Betriebsroman „Menschen an unserer Seite“ entsprach diesen Vorstellungen. Bekannte Autoren, die in der DDR lebten, wie Anna Seghers (1900-1963) und Arnold Zweig (1887-1968), entzogen sich jedoch dieser Zielsetzung.

Trotz aller Teilungstendenzen war Deutschland in den 1950er Jahren kulturell noch ein ungeteiltes Land, was u.a. daran lag, dass Reisen noch in beide Richtungen möglich waren.

3.2 Erörterung wissenschaftlicher Kontroversen

Westintegration vor Wiedervereinigung oder Wiedervereinigung vor Westintegration?

Festlegung auf einen Weststaat?

Bei dieser Debatte, die die erste Phase der Geschichte der Bundesrepublik stark dominierte, waren die Fronten von Anfang an eindeutig: Auf der einen Seite standen Bundeskanzler Konrad Adenauer und die meisten CDU/CSU- und FDP-Anhänger, die die Westbindung der Bundesrepublik im Auge hatten und die Souveränität des westdeutschen Staates als Voraussetzung für die Wiedervereinigung anstrebten. Auf der anderen Seite standen der Oppositionsführer Kurt Schumacher, die SPD- und viele FDP-Anhänger, die zwar einen an den westlichen Menschenrechten ausgerichteten Staat wollten, doch keine Festlegung auf einen Weststaat; die Option für ein wiedervereinigtes Deutschland sollte offen bleiben: Sie strebten die Wiedervereinigung vor der Westintegration an. Die führenden Köpfe in der Diskussion über die Frage „Westintegration oder Wiedervereinigung“ waren Konrad Adenauer (1876-1967) und Kurt Schumacher (1895-1952). Vor allem sie trugen dazu bei, die westdeutsche Gesellschaft zu polarisieren.

Adenauer oder Schumacher?

Die heftigen Auseinandersetzungen nach 1949 spiegeln sich noch heute in der Wissenschaft wider. Klaus Gotto z.B. sieht wie viele Historiker in Adenauer einen visionären Politiker, der realistischerweise davon ausging, dass in den 50er Jahren nur die Einbindung in den militärisch starken Westen denkbar gewesen sei, um auf dieser Grundlage später die Einheit zu erreichen (Gotto, 1990). Auch Hans-Peter Schwarz sieht in Adenauer einen Visionär, der trotz seiner Konzentration auf die Westintegration schon damals die Einheit im Blick gehabt hätte (Schwarz, 1994, 991). Diese Befürworter von Adenauers Politik lehnten Schumacher ab, obwohl ihn viele Historiker wegen seiner „moralischen Orientierung“ schätzen. Sie werfen ihm vor, er und die SPD hätten mit ihrem Beharren auf einem entmilitarisierten, neutralen Deutschland keine „praktikable Alternative“, „keinen Blick für die neuen Verhältnisse in Europa“ gehabt (Judt 2006, S. 302). Kurt Sontheimer meint gar, es sei zu überlegen, ob die „ Wiedervereinigung und (...) Befreiung der osteuropäischen Staaten von der sowjetischen Herrschaft“ auf die damalige Politik Adenauers zurückzuführen sei. „Die Wiedervereinigung im Jahre 1990 ist ungefähr so erfolgt, wie Adenauer sie sich gedacht und gewünscht hatte“ (Sontheimer 1991, S. 163f.).

Dagegen wird eingewandt, dass zwischen den 1950er Jahren und 1990 viel Zeit vergangen sei und die Phase der sozialliberalen Entspannungspolitik starke Veränderungen gebracht hätte, sodass man Adenauers Politik nicht als Vorstufe für die Vereinigung von 1990 sehen könne (Kleßmann/Stöver 1995, S. 1633). Ludolf Herbst stellte deshalb sogar apodiktisch fest: „Adenauer betrieb gar keine konstruktive Wiedervereinigungspolitik" (Herbst, 1989, S. 125).

Ist die Wiederbewaffnung Westdeutschlands zu rechtfertigen?

West-integration durch Wieder-bewaffnung

Die Wiederbewaffnung Westdeutschlands war Teil von Adenauers Bemühungen um Integration in die westliche Welt und um mehr „Souveränität, Sicherheit und Mitsprache" (Recker, 2002, S. 42). Dabei spielte der Korea-Krieg von 1950 bis 1953 eine große Rolle. Er wird gerne als „Katalysator" für die Entwicklung der Bundesrepublik in dieser Zeit bezeichnet (Steininger 1997, S. 146). Als Folge dieses Krieges setzten international ein Rüstungswettlauf und eine Militarisierung der Politik ein, die es seit dem Zweiten Weltkrieg nicht mehr gegeben hatte. In Westeuropa nahmen die Bemühungen zu einem Zusammenschluss und zur militärischen Verteidigung zu, in die auch die noch unbewaffnete Bundesrepublik Deutschland einbezogen werden sollte. Eine mögliche Wiederbewaffnung und der erneute Aufbau einer Armee stießen hier zwar auf Widerstand, konnten letztlich aber nicht verhindert werden und vertieften die deutsche Spaltung.

Wieder-gewinnung der Ostgebiete?

Im Zuge dieser Entwicklung gab es Deutsche, vor allem viele Vertriebene, die auf Wiedergewinnung der DDR und der Gebiete östlich von Oder und Neiße hofften. Sie vertraten die „Politik der Stärke", des „Rollbacks", gegenüber der Sowjetunion und den Staaten Osteuropas, die vor allem vom US-amerikanischen Außenminister John F. Dulles (1888-1959) vertreten wurde. Adenauer stimmte Dulles oft zu, gehörte aber nicht zu denen, die an eine Rückgabe der Ostgebiete glaubten, auch wenn er davon sprach, dass „Recht eines Tages wieder Recht werde und dieses Land zurückkomme" (Lehmann 1979, S. 163). Den öffentlichen Äußerungen des Kanzlers standen damals nicht veröffentlichte gegenüber: Die Ostgebiete seien „weg (...)", alle derartige Fragen „längst gelöst" (Frohn 1996, 521f.). Aufgrund dieses Taktierens kann man Adenauer wohl als Realisten bezeichnen – der zu gegebener Zeit aber auch Gedanken ins Spiel brachte, die ihn seinen grundlegenden Zielen näherbrachten – der Wiederbewaffnung und der Westorientierung sowie dem Ausbau der Souveränität der Bundesrepublik Deutschland.

Die Stalinnote von 1952: Störmanöver oder ernsthaftes Angebot einer Wiedervereinigung?

Quellen-probleme

In Deutschland ist zwischen 1949 und 1989 in der Öffentlichkeit, also in den Parteien und Medien, nur ein einziges Mal über eine Wiedervereinigung ernsthaft diskutiert worden – nämlich im Jahr 1952. Die Anregung dafür kam aus Moskau durch eine Note Stalins vom 10. März 1952 mit dem Angebot, einen neutralen und bewaffneten gesamtdeutschen Staat in den Grenzen von 1945 zu schaffen. Hier steht die Forschung vor dem Problem, dass die grundlegenden Entscheidungen des sowjetischen Diktators anscheinend nicht schriftlich niedergelegt wurden (Staritz 1995, S. 274; vgl. auch die Kontroverse „Wer betrieb die Spaltung Deutschlands?" in Kapitel 2). Dies ist ein Grund dafür, dass bis heute darüber diskutiert wird, ob das Angebot Stalins für eine

Wiedervereinigung zu einem neutralen und bewaffneten deutschen Staat ernst zu nehmen war.

Stalinnote – reine Propaganda

Der Historiker Peter Ruggenthaler hält die Note für reine Propaganda (Ruggenthaler 2007). Stalin hätte damit den Prozess des Zusammenschlusses Westeuropas und der USA und damit auch die Westbindung der Bundesrepublik verhindern wollen. Nähme man die Stalin-Note ernst, fiele man auf die sowjetische Agitation herein. Frühere östliche Pläne hätten das bewiesen. So hatte z.B. DDR-Ministerpräsident Otto Grotewohl im November 1950 die Bildung eines gesamtdeutschen konstituierenden Rates vorgeschlagen, in dem die „Vertreter" beider Teile Deutschlands gleichberechtigt über eine Vereinigung verhandeln sollten, ohne dass klargelegt worden war, wie diese Vertreter zu ihrem Amt kommen sollten. Stets waren freie Wahlen von der DDR abgelehnt worden – aus Furcht vor einem schlechten Abschneiden der SED.

Keine Belege für Propaganda

Das sehen natürlich auch Adenauers Kritiker, unter denen sich nicht nur SPD-, sondern vor allem auch FDP-Anhänger und viele parteilich nicht Gebundene befanden. Sie erwarteten aber zumindest, dass mit der Sowjetunion über das Angebot Stalins verhandelt würde. Sie gingen davon aus, dass 1952 vielleicht doch eine andere Lösung möglich gewesen wäre als die eindeutige Westbindung der Bundesrepublik und die darauf folgende lange Zeit der Spaltung (Steininger 1986, S. 104; Steininger 2008, S. 168 ff.; Loth 1995, S. 1744-1765). Diese Kritik verstummt auch heute nicht, weil in den Moskauer Archiven keine eindeutigen Belege zu finden sind, die ein rein taktisches bzw. propagandistisches Vorgehen Stalins belegen.

Nur Machterhalt als Ziel?

Dem steht entgegen, dass die nach Stalins Tod 1953 eingeschlagene sowjetische Politik der „friedlichen Koexistenz" von Kapitalismus und Sozialismus unglaubwürdig war (so z.B. Nolte 1974, S. 493-495). Dies zeigte sich am Verhalten der Sowjetunion in zahlreichen Fällen, z.B. bei der Niederschlagung der Aufstände in Polen und Ungarn 1956. Dabei wurde deutlich, dass es den Moskauer Politikern letztendlich nur um den Machterhalt ging. So ist der Schluss naheliegend, dass diese Maxime der Sowjetunion auch 1952 gegolten hatte, zumal Stalin noch intensiver als seine Nachfolger auf die Stärkung des kommunistischen Lagers bedacht war (Hildermeier 1998, S. 739).

Schuld-zuweisung?

Nach der Wiedervereinigung 1990 stellte der Historiker Hermann Graml in der vom Bundestag bestellten Kommission „Aufarbeitung und Folgen der SED-Diktatur in Deutschland" fest, mit der Stalin-Note sei nur beabsichtigt gewesen, die „Schuld an der Verfestigung der deutschen Spaltung dem Westen an(zu)lasten" (Graml 1995, S. 1398). Dies entspricht Adenauers Haltung in den frühen 1950er Jahren, die von Wladimir Semjonow (1911-1992), dem langjährigen Deutschland-Experten der sowjetischen Regierung, 1995 bestätigt wurde. Dieser berichtete, Stalin habe die Note 1952 nur versandt, weil er wusste, dass die USA den vorgeschlagenen Friedensvertrag mit Deutschland ablehnen würden (Oldenburg 2004, S. 457 f.).

Adenauer – ein „Separatist"?

In Ostdeutschland meldete sich nach 1990 der Marxist und Regimekritiker Wolfgang Harich zu Wort. Er sah die Stalin-Note wiederum anders und behauptete, Bundeskanzler Adenauer sei ein „übler Separatist" gewesen (Harich 1993, S. 12). Offensichtlich vertritt Harich damit die gemeinsame Position von DDR-Historikern und offizieller DDR-Politik. Diese gingen bis 1989 davon aus, dass die Sowjetunion bis 1955 am Ziel eines gesamtdeutschen Staates festgehalten habe und der Ostblock 1948/49 durch die Gründung der BRD zur Gründung der DDR gezwungen worden sei (siehe Gespräch mit Politbüromitglied Kurt Hager in: Andert/Herzberg 1990, S. 155). Auch Harich wiederholte damit nur die offizielle DDR-Position der 1950er Jahre.

17. Juni 1953: Volksaufstand, Arbeiteraufstand oder Revolution?

Arbeiter- oder Volksaufstand?

Die Fakten belegen, dass neben den Arbeitern alle Schichten der Bevölkerung an Streik und Aufstand beteiligt waren, am wenigsten allerdings die Intellektuellen, die schon vor 1953 mit vielen Privilegien (Vergünstigungen z.B. bei der Wohnungs- und Auto-Zuweisung usw.) ausgestattet worden waren. Allerdings waren es Arbeiter und Angestellte aus 600 Produktionsbetrieben in 272 Orten, die die halbe Million Streikenden ausmachten. Aber auch Bauern nahmen teil, und Hausfrauen, Jugendliche und Rentner schlossen sich an. Es war also tatsächlich das ganze Land in Aufruhr (Weber, Hermann, 1999, S. 220). Die politischen Forderungen, die während der Unruhen auf Plakaten und in Forderungskatalogen an die Regierenden gestellt worden waren, wiesen darauf hin, dass der Aufstand wesentlich mehr war als eine Streikbewegung. Er war vielmehr eine „Lawine", die die Arbeiter von der Berliner Stalinallee ausgelöst haben, wie der spätere Dissident und Regimekritiker Robert Havemann 1970 feststellte (Havemann 1982, S. 147). Die Forderung nach Herabsetzung der Normen wurde rasch zu der nach Freiheit, nach Rücktritt der Regierung und nach freien Wahlen.

Aufstand oder „gescheiterte Revolution"?

Der Streit darüber, ob am 17. Juni nun ein Arbeiter- oder Volksaufstand stattgefunden hat, ist demnach „überzogen": „Es waren vor allem Arbeiter, die gegen die Diktatur, die sich als ‚Sozialismus' ausgab, aber nicht ihre Interessen vertrat, protestierte. Insofern war der Volksaufstand auch ein Arbeiteraufstand" (Weber, Herrmann, 1999, S. 220). In neuester Zeit denken Wissenschaftler darüber nach, ob man den 17. Juni sogar als „gescheiterte Revolution" sehen muss; denn beim Aufstand wurden politische und soziale Forderungen gestellt. Er war deshalb eine mächtige Freiheitsbewegung (Mitter 1994, S. 52, und Mitter in der FAZ 1995).

Nachwirkungen des Aufstands

Seit der „Wende" im Jahr 1989/90 wird verstärkt über den gesamtdeutschen Charakter der Forderungen der Aufständischen diskutiert (z.B. Wentker 2001 und dagegen Diederich 1991). Dabei gehen einige Historiker davon aus, dass die Forderung nach der deutschen Einheit eine wichtige Rolle gespielt habe (Fricke 1999 und Haupts 1992). Der Schriftsteller Erich Loest – ein DDR-Bürger – meint dagegen, sie sei nicht „das bestimmende Moment" gewesen, „niemand kämpfte für sie" (Loest 1984 und 1990, S. 209). Auf jeden Fall aber war der Aufstand ein Ereignis, das dem SED-Regime in der Folgezeit stets unausgesprochen präsent war. Kein Politiker des Ostblocks konnte mit Sicherheit davon ausgehen, dass es sich nicht wiederholen könnte. Dies zeigten die Aufstände in Polen und Ungarn 1956, insbesondere aber der „Prager Frühling" 1968 und die Ereignisse in Polen 1970/71 sowie schließlich die „Wende" von 1989/90 in der DDR. In allen Fällen spielten dabei die Arbeiter und Angestellten der Betriebe und oft genug auch andere Schichten, also insgesamt „das Volk", die entscheidende Rolle.

„Bonn ist nicht Weimar" oder Weimar als Maßstab für Bonn?

Endet Bonn wie Weimar?

Seit Bestehen der Bundesrepublik wird über die Frage diskutiert, ob dieser ein ähnliches Ende beschieden sein könnte wie der Weimarer Republik. Diese Auffassung wird mittlerweile nur noch wenig geäußert, so etwa von Hans-Ulrich Wehler in der „Zeit": „Wird Berlin doch noch Weimar?" (5.7.2007), wobei Berlin unterdessen Bonn ersetzt. Wehler befürchtet einen „Schrumpfungsprozess" der SPD zugunsten der Linkspartei und erinnert an den ähnlichen Vorgang zwischen SPD und KPD in der Zeit von 1920 bis 1932.

Vergleich der Verfassungen

Der Vergleich der beiden Verfassungen zeigt jedoch, dass der Parlamentarische Rat 1949 wichtige Artikel bewusst anders als 1918/19 formuliert hat, etwa die Rechtsstellung des Reichspräsidenten und des Reichskanzlers. Der Bundeskanzler erhält im Grundgesetz mehr Befugnisse als der Reichskanzler und ist nun nur sehr schwer aus dem Amt zu vertreiben (konstruktives Misstrauensvotum). Der Bundespräsident hingegen ist politisch vergleichsweise schwach. Das Parlament hat an Macht eingebüßt zugunsten der Ländervertretung, während es in Weimar bestimmenden Einfluss auf Kanzler und Regierung hatte: Es konnte letztendlich auch den Reichsrat überstimmen, während heute der Bundesrat eine deutlich größere Rolle spielt als sein Vorgänger. Der Wähler verlor an Macht: Volksabstimmungen auf Bundesebene sind heute nur noch bei der Veränderung von Ländergrenzen möglich. Das Wahlrecht war in Weimar in der Verfassung als reines Verhältniswahlrecht festgelegt, während es heute lediglich auf einem Gesetz beruht und geändert werden kann. Eine verheerende Folge dieser Weimarer Regelung war: Man konnte juristisch nichts gegen den Aufstieg der Hitler-Partei unternehmen, weil im Reichstag eine 2/3-Mehrheit für eine Verfassungsänderung nicht zu erreichen war. Heute ist es aufgrund Art. 21 GG (u.a. Parteienverbot) und Fünf-Prozent-Klausel möglich, extreme politische Strömungen zu kanalisieren und ggf. zu verbieten.

Die Bundesrepublik hatte den Vorteil, auf den Erfahrungen der Weimarer Republik aufbauen zu können. Sie konnte darüber hinaus eigene demokratische Traditionen entwickeln. Ein abermaliges Scheitern der Demokratie ist kaum vorstellbar (s. dazu Ullrich 2009).

4. Bau der Berliner Mauer

4.1 Darstellung

Der 13. August 1961

Schließung der Grenzen

Am 13. August 1961 wurde die Teilung Deutschlands, die 1945/46 eingesetzt hatte, vollendet. Die DDR-Führung ließ an diesem Tag alle Verkehrswege zwischen den Berliner Westsektoren und dem Ostsektor sowie dem umliegenden DDR-Bezirk Potsdam unterbrechen. Damit wurde der einzig noch relativ offene Fluchtweg in den Westen – die Grenzen zu den Westsektoren in Berlin – geschlossen. Bis zum 13. August 1961 waren Hunderttausende über diese bis dahin nur stichprobenartig kontrollierte innerstädtische Grenze aus der DDR in den Westen gelangt. In den Berliner Westsektoren hatte man seit 1950 viele provisorische Auffangstellen errichten müssen, sogar ein großes Flüchtlingslager im Stadtteil Marienfelde, von dem aus die Menschen in die Bundesrepublik ausgeflogen wurden.

Vom Provisorium zur dauerhaften Abriegelung

Dieser „Abstimmung mit den Füßen" konnte die DDR-Führung natürlich nicht tatenlos zusehen. Zuerst war die Mauer nur eine provisorische Absperrung mit Stacheldraht. In den nächsten Monaten wurde daraus „die Mauer" – eine unüberwindbare Grenze mitten durch Berlin, die die Westsektoren von den Ostsektoren trennte. In den 28 Jahren, die dieses Bauwerk existierte – und zwar oberirdisch und unterirdisch in der Kanalisation –, forderte es zahlreiche Menschenleben. Die genaue Zahl der Todesopfer ist nicht gesichert, die Angaben schwanken zwischen 152 und 254.

Selbstschuss-
anlagen
und Minen

Doch nicht nur die Grenze innerhalb Berlins wurde hermetisch abgeriegelt, sondern auch die 1378 km lange Grenze zwischen der Bundesrepublik und der DDR. Diese war schon seit 1952 geschlossen, und wer beim Fluchtversuch aufgegriffen wurde, kam wegen „versuchter Republikflucht“ ins Gefängnis. Diese Grenze erhielt nun zusätzliche Sicherungen – vor allem Selbstschussanlagen und Minen. Eine weitere Maßnahme war die Verschärfung der Bestimmungen für den seit 1952 bestehenden 5-km-Streifen vor der Zonengrenze: Nur besonders vertrauenswürdige Personen mit Sonderausweis durften wohnen bleiben, andere wurden zwangsweise ausgesiedelt.

Der
Schießbefehl

Besonders unmenschlich war der sog. Schießbefehl, worunter Anweisungen an die Grenzsoldaten der DDR zu verstehen sind, an der Grenze zur Bundesrepublik auf Flüchtlinge scharf zu schießen. Sie bestanden in unterschiedlicher Form von 1960 bis 1989; formal legalisiert wurden diese Anweisungen erst 1982. Die innerdeutsche Grenze kostete zwischen 1961 und 1989 insgesamt offiziell 772 Menschen das Leben; wie viele bei Fluchtversuchen schon vor Erreichen der Grenze umkamen, ist unbekannt.

Flucht und Fluchtmotive

Millionen von
Flüchtlingen

Von Jahresbeginn 1961 bis zum Mauerbau am 13. August flohen rd. 207 000 Menschen. Insgesamt zählten die westdeutschen Behörden zwischen 1949 und 1961 rd. 2,7 Mio. Flüchtlinge, die sich offiziell registrieren ließen. Dazu darf man pro Jahr Tausende zählen, die als „illegale Zuwanderer“ bezeichnet werden und deren genaue Zahl unbekannt ist, weil sie sich nicht bei den Flüchtlingsämtern meldeten. Als Deutsche besaßen auch DDR-Bürger in der Bundesrepublik ein Niederlassungsrecht wie jeder andere, sodass sie ohne Weiteres diese Ämter umgehen konnten.

Fluchtmotive

Die Fluchtmotive waren vielfältig: Protest gegen politische Indoktrinierung, gegen Bedrohung durch die Behörden und gegen die massive Werbung für den Eintritt in die NVA. Maßgeblich war auch die Unzufriedenheit mit der wirtschaftlichen Lage und mit der Enteignung der Privatbetriebe. Vor allem die 1959/60 durchgeführte Kollektivierung der Landwirtschaft nach sowjetischem Muster stieß auf Widerstand in der Bevölkerung. Durch sie sollten aus selbstständigen Bauern unselbstständige Landarbeiter in den LPG gemacht werden. Bei vielen Menschen kamen mehrere Gründe zusammen – politische wie wirtschaftliche. In der DDR-Wirtschaft war Planungssicherheit nicht mehr möglich. Monat für Monat verließen Zehntausende das Land und damit auch ihre Arbeitsplätze. Der ständige Flüchtlingsstrom in die Bundesrepublik war ein Beweis dafür, dass die Menschen westliche Lebensformen bevorzugten.

Reaktion von Bundesrepublik und Westmächten

„Mauer ist besser als Krieg“

Die Bundesrepublik und die Westmächte nahmen das Vorgehen der DDR am 13. August 1961 in Berlin ohne Gegenmaßnahmen hin. Die USA bekräftigten ihre Sicherheitsgarantien für die Westsektoren, vermieden aber jeden Hinweis auf eventuelle Maßnahmen gegenüber der Sowjetunion. Insgeheim waren viele westliche Politiker über den Bau der Mauer erleichtert. Jahrelang war Berlin ein internationaler Spannungsherd gewesen. Für den US-amerikanischen Präsidenten Kennedy und seine westlichen Kollegen war die Mauer besser als ein Krieg.

Hilfloses Warten

Die Bundesregierung reagierte auf den Mauerbau mit hilflosem Warten auf Gegenmaßnahmen der Westmächte.

Insgesamt waren die Reaktionen in der bundesrepublikanischen Öffentlichkeit von Enttäuschung und Hoffnungslosigkeit bestimmt. Die westdeutschen Politiker mussten erkennen, dass der amerikanische Bündnispartner den Mauerbau hinnahm, um einen Krieg zu vermeiden. Viele von ihnen hielten trotzdem am Ziel fest, einen einheitlichen Nationalstaat wiederherzustellen.

„Antifaschistischer Schutzwall“

Festschreibung des Status Quo

Die DDR-Propaganda bezeichnete die Mauer, wie auch die gesamte Grenzsicherung zur Bundesrepublik, als „antifaschistischen Schutzwall“, der die DDR vor „Abwanderung, Unterwanderung, Spionage, Sabotage, Schmuggel, Ausverkauf und Aggression aus dem Westen“ schützen sollte. Der Bau der Mauer und die Verstärkung der innerdeutschen Grenze löste für die DDR das Problem des stetig wachsenden Flüchtlingsstroms und schrieb den Status quo, also den zu dieser Zeit bestehenden Zustand, in der Deutschlandfrage fest. Zudem wurde Ost-Berlin, das juristisch dem Viermächtestatus unterstand, demonstrativ in die DDR einbezogen. Nach dem Mauerbau gab die SED die Wiedervereinigung Deutschlands auch als Ziel auf. In der Politik der SED verstärkte sich die Abschottung gegenüber der Bundesrepublik. So sollte der Einfluss westlicher Kultur, vor allem der Jugendmode und -musik, in der DDR verringert werden. Auch drängte die SED die evangelischen Kirchengemeinden in der DDR, die gemeinsame Kirchenorganisation mit der Kirche der Bundesrepublik in der Evangelischen Kirche in Deutschland (EKD) aufzugeben und sich von den westdeutschen Kirchen zu lösen. Diese Politik der Abschottung mündete schließlich in die neue Verfassung von 1968, in der die SED-Führung schließlich offiziell das Ziel der deutschen Einheit aufgab.

Folgen des Mauerbaus
... für die internationale Politik

Festschreibung des Viermächte-Status'

Der Bau der Berliner Mauer beendete „Berlins Karriere als internationaler Krisenherd“ (Judt, 2006, S. 287). Ab November 1961 spielte die Stadt keine bedeutende Rolle mehr in der internationalen Politik. Die Sowjetunion sagte zu, den Viermächtestatus künftig nicht mehr in Frage zu stellen: Soldaten beider Seiten konnten sich in Ost- wie auch in West-Berlin mehr oder weniger frei bewegen, die Straßen durch und die Luftkorridore über der DDR wurden von der Sowjetunion hingenommen. Die drei Westmächte akzeptierten die Anwesenheit aller zentralen Institutionen der DDR im Ostteil der Stadt, also der Volkskammer, der Regierung, des Staatsrates, der Obersten Gerichte und der Staatlichen Plankommission. Sowohl Amerikaner als auch Russen stellten sich auf ein längeres Engagement in Europa und insbesondere in Deutschland ein. Die Mauer bot für die ostdeutschen Kommunisten eine gewisse Sicherheit, um unter dem Schutz der Sowjetunion am sozialistischen Aufbau in der DDR weiter zu arbeiten. Für die Bundesrepublik bedeutete die Mauer, dass eine Wiedervereinigung in weite Ferne gerückt, wenn nicht sogar unmöglich geworden war. Zumindest konnte sie sich darauf verlassen, dass die Westmächte, insbesondere die USA, Westdeutschland und die Westsektoren Berlins gegen mögliche Übergriffe aus dem Osten energisch verteidigen würden. Beide deutsche Staaten hatten aber auch für die Hunderttausende Soldaten und für die Einrichtungen ihrer jeweiligen Schutzmächte auf Dauer die finanziellen Lasten zu tragen.

... für die Menschen in Deutschland

Die Teilung wird sichtbar

Die Mauer machte der gesamten Welt die deutsche Teilung dauerhaft sichtbar. Alle DDR-Bewohner durften zunächst nicht mehr in den Westen fahren; erst ab 1963/64 erlaubte man Rentnern West-Besuche. Die Unkenntnis über die gesellschaftlichen Verhältnisse im Westen war ein Grund dafür, dass sich viele DDR-Bürger im Laufe der Jahre ein zu positives Bild von der Bundesrepublik machten, das nicht zuletzt über das Fernsehen vermittelt wurde. Der Westen wurde von vielen idealisiert, vor allem in materieller Hinsicht, weil die sozialistische Planwirtschaft auch zu den besten Zeiten nicht dazu in der Lage war, alle Bedürfnisse der Bevölkerung zu befriedigen. Erst in den späten 1980er Jahren erlaubten die Behörden auf westlichen Druck hin auch Jüngeren, zu hohen Familienfesten oder Trauerfeiern in die Bundesrepublik zu reisen.

Kontakte werden erhalten

Als in den 1980er Jahren DDR-Bürger z.T. sogar ohne Visa in Staaten des Ostblocks reisen durften, traf man sich mit den Verwandten und Bekannten aus dem Westen, denen die Einreise in die DDR verweigert worden war, in der Tschechoslowakei oder in Ungarn. Vielen blieb aber nur der Postverkehr, um den Kontakt zu Verwandten und Bekannten in der DDR zu halten (es gab z.B. jährlich 25 Mio. Pakete in West-Ost-Richtung, umgekehrt 9-11 Mio.). Der Postverkehr wurde allerdings streng überwacht, und ein riesiger Apparat von Mitarbeitern der Post und des MfS sowie von Grenzsoldaten achtete darauf, dass keine unerwünschten Informationen über die Grenze kamen. Für die meisten DDR-Bürger war es weiterhin der Westen und nicht die osteuropäischen Staaten oder die Sowjetunion, mit dem sie die DDR-Verhältnisse verglichen.

Mindestumtausch, Visa und Aufenthaltsgenehmigungen

Die Menschen in der Bundesrepublik hatten in den 28 Jahren des Bestehens der Mauer und der hermetisch abgeriegelten innerdeutschen Grenze Schwierigkeiten, in den östlichen Teil Deutschlands zu reisen. Bis zum Grundvertrag 1972/73 stand es im Belieben der DDR-Sicherheitsbehörden, Reisen zu genehmigen oder abzulehnen. Hinzu kam ein sog. Mindestumtausch, inoffiziell „Zwangsumtausch" genannt. Darunter verstand man die von der Regierung der DDR verhängte Regelung, nach der Bürger des westlichen Auslands bei der Einreise in die DDR oder nach Ost-Berlin konvertierbare Währung in Mark der DDR, das Zahlungsmittel der DDR, umtauschen mussten (DM-West 1:1 in DM-Ost). Pro Aufenthaltstag und Person war eine vorgeschriebene Höhe von anfangs 5 bis zuletzt 25 DM zu wechseln. Die beim Aufenthalt eventuell nicht verbrauchte DDR-Währung durfte nicht ausgeführt oder in Devisen zurückgetauscht werden. Die Tagessätze bei diesem Mindestumtausch wurden ständig erhöht, sodass die Reisen von West nach Ost zunehmend behindert wurden. Darüber hinaus mussten Ein- und Ausreisevisa bezahlt werden. Aufenthaltsgenehmigungen wurden in der Regel für die gesamte DDR erteilt, häufig aber nur für eine bestimmte Stadt bzw. einen Bezirk oder Landkreis. West-Berliner konnten zwischen 1961 und 1963 nicht in die DDR einreisen, 1963–1966 wurden ihnen durch vier Passierscheinabkommen der Besuch des Ostteils der Stadt möglich. Den meisten Bundesbürgern, die keine Verwandten und Freunde im Osten hatten, blieb die DDR daher fremd. Auch im alltäglichen Sprachgebrauch wurde die Bundesrepublik immer mehr mit „Deutschland" gleichgesetzt.

Zunehmende Entfremdung

Wesentliche Folge des Mauerbaus war also, dass sich die Menschen in beiden deutschen Staaten auseinanderlebten. Dennoch hielten sie, wo es möglich war, weiterhin Kontakt zueinander; die Anzahl der Besuchsreisen nahm sogar trotz immer höheren Zwangsumtauschs im Laufe der Jahre zu. Der Brief- und Paketaustausch war groß. Jugendliche erhielten in den 1980er Jahren durch Studienreisen, die die Schulen organisierten, einen Eindruck von der DDR – zumindest bei den üblichen Berlin-Reisen, bei denen ein Ost-Berlin-Besuch obligatorisch war. Für die Mehrheit der Westbürger wurde die DDR allerdings zu einem fremden Land.

4.2 Erörterung wissenschaftlicher Kontroversen

War die Flucht aus der DDR der entscheidende Grund für den Bau der Mauer?

Die Frage zu stellen heißt bereits sie zu beantworten, denn die 3,3 Mio. Flüchtlinge zwischen 1949 und 1961 (bei einer Gesamtbevölkerung von durchschnittlich ca. 17 Mio.) waren ohne Zweifel ein entscheidender Grund für den Mauerbau. Kein Staat kann sich einen derartigen Menschenverlust leisten, ohne Schaden zu nehmen – besonders nicht den Verlust von Hunderttausenden von Jugendlichen, die knapp die Hälfte der Flüchtlinge ausmachten (Ackermann 1998, S. 1).

Ausbeutung der DDR durch den Westen?

Einige Wissenschaftler und Politiker, vor allem aus der ehemaligen DDR und der Sowjetunion, sehen die Hauptursachen für die Massenflucht nicht in wirtschaftlichem Mangel oder verstärkter Unterdrückung durch das SED-Regime, sondern im wirtschaftlichen Übergewicht der BRD und damit in einer Ausbeutung der DDR durch den Westen. Vor allem der für die BRD günstige Umtauschkurs der D-Mark (in der Regel eine D-Mark gegen vier bis sechs Ost-Mark) sei hierfür ursächlich gewesen – so berichtete 1996 der Philosoph und evangelische Theologe Richard Schröder dem Bundestagsausschuss von der Auffassung der DDR-Regierung in dieser Frage (Schröder 1996, S. 829-832).

Verschwörungstheorien

In politischer Hinsicht werden von manchen SED-Anhängern bisweilen Verschwörungstheorien vertreten – etwa in der Art, dass der Westen Pläne für einen „Tag X", also für den Einmarsch in die DDR gehabt hätte (Prokop 1990, S. 164-171). Egon Krenz (geb. 1937), der Nachfolger Honeckers als SED-Generalsekretär 1989, schrieb in der

SED-Zeitung „Neues Deutschland" am 14. August 1961 und wiederholte dies sinngemäß auch nach der „Wende", die Mauer sei eine gemeinsame Aktion der Staaten des Warschauer Vertrags gewesen und damit Teil der Weltpolitik der Sowjetunion, denn die Grenzen der DDR nach Westen und eben auch nach West-Berlin seien die Außengrenze der Warschauer Vertragsstaaten gewesen (Ihme-Tuchel 2002, S. 51). Krenz streitet auch den Schießbefehl ab, so im „Tagesspiegel" vom 12.8.2007. Wolfgang Leonhard (geb. 1921), 1945 ehemals Mitglied der „Gruppe Ulbricht" und 1949 bereits aus der SBZ geflohen, hält alle Rechtfertigungen für einen Versuch, die Verantwortung für die Opfer von Mauer und Zonengrenze an eine abstrakte Institution abzuschieben, statt sich dazu zu bekennen (Leonhard 1993, S. 125-131).

Bedeutung der „Three Essentials"

Heinrich August Winkler verwies 2001 darauf, dass schon Präsident Kennedys „Three Essentials" vom 25. Juli 1961 (s. S. 75) offenbarten, dass die USA nicht in der DDR intervenieren, sondern nur ihre Rechte in West-Berlin und den freien Zugang dorthin verteidigen wollten. Dadurch hätten sich allerdings nur die West-, nicht aber die Ost-Berliner geschützt gefühlt, weshalb diese „Grundbedingungen" wie eine „erstaunliche Aufforderung" zum Mauerbau gewirkt hätten (Winkler 2001). Für Werner Müller stellten die offene Grenze und das Faktum von Westsektoren in Berlin ständig den Anspruch der DDR in Frage, ein demokratischer Staat zu sein. Sie verhinderten auch die wirtschaftliche und politische Konsolidierung der DDR, untergruben ihre Legitimationsbemühungen und machten ihre deutschlandpolitischen Initiativen weitgehend wirkungslos (Müller 1986, S. 3-18).

Mauerbau – „logische Entwicklung"?

Auch Rolf Steininger sieht im Mauerbau den Endpunkt einer logischen Entwicklung. Ganz nüchtern müsse man feststellen, dass so auf Kosten der Deutschen ein Dritter Weltkrieg vermieden wurde. Dass 1962 noch eine weitere Probe in Kuba folgen sollte – Stationierung sowjetischer

Raketen auf Kuba –, konnte man zum Zeitpunkt des Mauerbaus 1961 noch nicht wissen. Obwohl die Welt zu dieser Zeit am Rand eines neuen Weltkriegs stand, sei auch dieser Konflikt letztlich friedlich gelöst worden (Steininger 2001, S. 16).

Mauerbau: Bankrotterklärung der DDR oder zweite Staatsgründung?

DDR – „großes Konzentrationslager"?

Vielen Menschen in der Bundesrepublik verstanden den Mauerbau als Bankrotterklärung der DDR-Führung (vgl. auch Weber, Hermann, 1993, S. 198): Die DDR habe mit ihm zugegeben, dass ein freiheitliches System eine hohe Anziehungskraft habe und der Sozialismus, wie man ihn im Osten aufbaute, in Wahrheit nur in einem Gefängnis bzw. einem Käfig möglich sei (Werkentin 1995, S. 295). Der Literaturhistoriker Alfred Kantorowicz, der 1958 in die Bundesrepublik gegangen war, sprach im August 1961 sogar von einem „großen Konzentrationslager", zu dem die DDR durch die Mauer geworden sei (Kantorowicz 1961, S. 723). Schärfer lässt sich der Bankrott nicht formulieren. Dass dabei übertrieben wurde – nicht nur damals, sondern auch später –, steht allerdings außer Zweifel.

Existenzfrage für die DDR?

Für Werner Müller hingegen war der Bau der Mauer entlang der Sektorengrenzen von 1945 eine Existenzfrage für die DDR. Die aus der Sicht der SED erfolgreiche Abriegelung West-Berlins könne insofern durchaus als „zweite Staatsgründung" der DDR angesehen werden. Für ihn war das Jahr 1961 das Ende einer „Übergangsperiode", gleichsam der Abschluss der Konstituierungsphase des Staates. Der Bau der Berliner Mauer habe der DDR vor allem drei wesentliche Verbesserungen gebracht:

1. Wirtschaftliche Konsolidierung und vollständige Umformung des Wirtschaftssystems,

2. Legitimationsbildung und -sicherung für das politische System,
3. Außenwirkungen des „Modells DDR", d. h. die Versuche der DDR, auf dem Gebiet der Deutschlandpolitik einen Anhang, möglichst einen Massenanhang, in der Bundesrepublik zu gewinnen – verstand sich doch die DDR bei ihrer Gründung ebenfalls als der „eigentliche" deutsche Staat, als Kern oder Modell eines zukünftigen Gesamtdeutschlands (Müller 1986).

„Planungssicherheit"?

Der Bevölkerung der DDR brachte der Mauerbau eine gewisse „Planungssicherheit". Für die Jugendlichen war nun klar, dass sie Wehrdienst bei der NVA zu leisten hatten (Einführung der allgemeinen Wehrpflicht). Für die arbeitende Bevölkerung war klar, dass man die Arbeitsbedingungen in der DDR hinzunehmen hatte und man sich bemühen musste, diese zu verbessern, wollte man angenehmer leben. Viele passten ihre Karriereabsichten den Bedingungen in der DDR an. Diese Tendenz wurde durch neue Ansätze in der Wirtschaftspolitik der SED verstärkt, indem 1963 das „Neue Ökonomische System der Planung und Leitung der Volkswirtschaft" (NÖSPL, s. S. 107 f.) eingeführt wurde, wodurch die Betriebe mehr Eigenständigkeit erhielten. Dieses Experiment wurde allerdings schon 1967 wieder beendet und durch „Ökonomischen System des Sozialismus" (ÖSS) ersetzt. Dennoch arbeitete die DDR-Wirtschaft nun produktiver als vor 1961, vor allem weil dem Mangel an Facharbeitern als Folge der Fluchtbewegung durch den Mauerbau ein Ende gesetzt wurde (vgl. Prokop 1992, S. 161).

Rückzug ins Private?

Dem steht allerdings entgegen, dass eine gewisse Lähmung des gesellschaftlichen Lebens und ein Rückzug ins Private eintraten, wie Thomas Lindenberger registriert (Lindenberger 1997, S. 166). Auch konnte man erkennen, dass die SED nun Rücksichten fallen ließ, die vor dem Mauerbau wegen der Fluchtmöglichkeiten durchaus vorhanden waren – deutlich vor allem bei der Einschränkung der künstlerischen Freiheit. So wurde etwa der regimekritische Liedermacher und Lyriker Wolf Biermann (geb. 1936) heftig kritisiert und 1965 mit einem Auftrittsverbot belegt. Dies führte nicht nur zu einer Einschränkung des kulturellen und politischen Pluralismus, sondern auch zu einer erneuten Entfernung der SED von der Bevölkerung (Pollack 1998, S. 120). Wie bedeutsam diese negative Entwicklung für Staats- und Parteiführung war, wurde bei Biermanns Ausbürgerung 1976 deutlich. Diese Maßnahme erfolgte offiziell wegen „grober Verletzung der staatsbürgerlichen Pflichten", in Wahrheit wegen seiner stärker werdenden Kritik am SED-Regime. Die Ausbürgerung Biermanns führte zu einer Protestwelle der Künstler und Intellektuellen, die die SED in diesem Umfang nicht erwartet hatte.

„Heimlicher Gründungstag der DDR"?

Der 13. August 1961 führte also zu einer gewissen Normalisierung und war demnach ein zweiter, „heimlicher Gründungstag" der DDR (Staritz 1996 [2], S. 196). Er ist aber ohne die Vorgeschichte des Mauerbaus nicht denkbar, weil alle Strukturen der „späten" DDR in Politik und Wirtschaft ab 1961 auf jenen von vor 1961 aufbauten. Langfristig konnte er den Sturz des Regimes und die Selbstauflösung der DDR zwar verzögern, aber nicht verhindern.

5. Abgrenzung und Annäherung 1961-1989: Zwei Staaten – eine Nation oder zwei Nationen in zwei Staaten?

5.1 Darstellung

Die Deutsche Frage: Ist die Einheit verloren?

Zwei Nationen oder eine?

28 Jahre dauerte die deutsche Teilung nach dem Mauerbau. Die führenden Politiker der DDR bauten in dieser Zeit ein eigenstaatliches Selbstbewusstsein auf, das in die Auffassung mündete, es gäbe zwei Nationen in Deutschland. Die Bundesrepublik hingegen hielt an der Auffassung fest, dass es nur eine Nation gebe. Beide Staaten waren sich durchaus bewusst, dass der jeweils andere Staat für die eigene Existenz wichtig war. In der DDR blickten die Menschen nach Westen und verglichen die Lebenssituation in der Bundesrepublik mit der im eigenen Staat. Die Bundesbürger wiederum pflegten ihre verwandtschaftlichen Beziehungen in die DDR nicht nur durch viele Besuche, sondern auch durch einen regen Postverkehr. Die Bundesregierungen versuchten, die Beziehungen zum deutschen Nachbarn erträglicher zu gestalten. Die DDR-Regierung nutzte dies insofern aus, als sie sich Zugeständnisse an die Bundesrepublik gut bezahlen ließ, wodurch sie wiederum die eigene wirtschaftliche Situation verbessern konnte.

Größere Einschnitte gab es im Osten 1971, als Erich Honecker Walter Ulbricht als Generalsekretär der SED ablöste, im Westen nach der Großen Koalition 1966-69 mit der Sozialliberalen Koalition 1969-1982 und mit dem Amtsantritt Helmut Kohls und seiner christlich-liberalen Koalition im Jahr 1982. Durch die neue Ostpolitik der Sozialliberalen Koalition nach 1969 kam Bewegung in den festgefahrenen Ost-West-Konflikt. Eine Veränderung im Verhältnis beider Staaten wurde vor allem möglich, weil die Bundesrepublik die DDR als zweiten deutschen Staat akzeptierte. Doch auch die 1970er und 1980er Jahre standen im Zeichen des Ost-West-Konfliktes bzw. des Kalten Krieges, der eine Lösung der „deutschen Frage" unmöglich machte – bis durch die friedliche Revolution in der DDR 1989 überraschend eine „Wende" eintrat und nach dem Fall der Mauer am 9.11.1989 die deutsche Einheit wieder hergestellt werden konnte.

Bewegung im Ost-West-Konflikt

5.1.1 Die DDR nach dem Mauerbau

Das „Neue Ökonomische System der Planung und Leitung"

Die Mauer brachte der Führung der DDR mehr Möglichkeiten zum Ausbau des sozialistischen Systems, über die sie davor nicht verfügt hatte, weil ständig Arbeitskräfte durch Abwanderung in den Westen verloren gegangen waren. Der Ministerrat der DDR nutzte diese Situation im Juni 1963 und verkündete eine Reform des Wirtschaftssystems: das von Wirtschaftsfachleuten ausgearbeitete „Neue Ökonomische System der Planung und Leitung" (NÖSPL). Erstmals wurden materielle Anreize für die Arbeiter in die Zentralverwaltungswirtschaft (auch „Planwirtschaft") integriert. Es sah u.a. leistungsbezogene Zuschläge auf den Lohn vor und ermöglichte den Betrieben größere Flexibilität, indem sie eigenverantwortlich handeln und Gewinne selbst nutzen konnten. Das NÖSPL sah ferner

Reform des Wirtschaftssystems

vor, dass die Staatliche Plankommission jeweils für fünf bis sieben Jahre einen Perspektivplan aufstellt und mit den unteren Planungsstellen entsprechende Jahrespläne erarbeitet. Den Vereinigungen Volkseigener Betriebe (VVB) wurden bei der Leitung ihrer Industriezweige mehr Kompetenzen vor allem in Fragen der Beschaffung und Absatzgestaltung zugebilligt. Die Eigenverantwortung der Betriebe wurde auch dadurch gestärkt, dass Exporterlöse dem einzelnen Betrieb zugute kamen und der Ertrag der produzierten Güter neu und für die Betriebe günstiger berechnet wurde (Industriepreisreform vom 1.2.1964). Die Mitarbeiter der Betriebe wurden u.a. durch Prämien angeregt, mehr Eigeninitiative zu entwickeln. Die Reform führte zu einer deutlichen Verbesserung der wirtschaftlichen Lage. Schon 1964 stieg die Arbeitsproduktivität um sieben Prozent. Die DDR entwickelte sich so in Ansätzen zu einer „sozialistischen Leistungs- und Konsumgesellschaft", die im Vergleich mit anderen Ostblockländern einen hohen Standard erreichte.

Abbruch oder Reformen

Vor allem die Angst der SED um ihre ideologische Vorherrschaft führte jedoch bald zu einer Abschwächung des Reformansatzes. Bereits in der Ende 1965 verkündeten „Zweiten Etappe" der Reform, die zum „Ökonomischen System des Sozialismus" überleiten sollte, wurde die zentralistische Leitung durch die SED wieder gestärkt. 1970 wurden die Reformen endgültig abgebrochen, weil sie angeblich nicht effektiv genug waren und weil sie zu unerwünschter Selbstständigkeit der Betriebe geführt hatten. Nun galt wieder das sowjetische Vorbild des sozialistischen Aufbaus, wobei Wirtschaftswachstum und private Einkommen in ein richtiges Verhältnis zueinander gebracht werden sollten.

Von Ulbricht zu Honecker

Rücktritt Ulbrichts

Im Herbst 1970 hatten Planrückstände und Produktionsschwierigkeiten erhebliche wirtschaftliche Probleme zur Folge. Vor allem diese Umstände führten dazu, dass eine Reihe von Mitgliedern des SED-Politbüros mit der Amtsführung des Parteivorsitzenden Walter Ulbricht unzufrieden waren. Im Mai 1971 veranlasste das SED-Politbüro schließlich in Absprache mit dem sowjetischen Parteivorsitzenden Leonid Breschnew (1907-1982) Ulbricht, „aus gesundheitlichen Gründen" von der Funktion des Ersten Sekretärs des ZK der SED zurückzutreten. Er wurde zwar Ehrenvorsitzender der Partei und blieb bis zu seinem Tod 1973 Vorsitzender des Staatsrats; mit dem Verlust des Parteivorsitzes war ihm jedoch jegliche politische Macht genommen.

Neuer Parteivorsitzender wurde Erich Honecker, der seit 1965 zunehmend an Einfluss gewonnen hatte, in Konkurrenz zu Ulbricht getreten war und vor allem das Vertrauen der sowjetischen Führung hatte.

Wirtschafts- und Sozialpolitik

Hatte man zu Ulbrichts Zeiten das NÖSPL zeitweise erfolgreich durchgesetzt, propagierte das SED-Politbüro ab 1971 als neue „Hauptaufgabe" die Verwirklichung der „Einheit von Wirtschafts- und Sozialpolitik".

Stabilisierung der DDR-Wirtschaft

Unter Honecker stabilisierte sich die DDR-Wirtschaft zunächst. Das statistische durchschnittliche Arbeitseinkommen war von 310 Mark der DDR im Jahr 1949 auf 846 Mark im Jahr 1973 bei stabilen Preisen und trotz häufigen Mangels an Waren gestiegen. Arbeitslosigkeit gab es in der DDR auch während internationaler Krisen wie der Ölkrise um 1975 nicht. Honecker trieb vor allem den Wohnungsbau voran: Überall entstanden große Wohnanlagen mit modernem Komfort, sodass der unter Ulbricht kaum bekämpfte Mangel an Wohnraum behoben werden konnte. Diese Wohnungen in den Plattenbausiedlungen waren damals bei den Bürgern sehr begehrt. Dies hatte jedoch Folgen vor allem für die alten Innenstädte, weil in ihnen die Bauten verfielen und die vorgeschriebenen geringen Mieten kaum Renovierungen erlaubten.

Zwar erhöhte sich in den 1970er und 80er Jahren der Lebensstandard, was man nicht nur an der wachsenden Zahl der Autos, sondern auch der Fernseher und Waschmaschinen usw. ablesen konnte. Dennoch waren weiterhin viele Waren nicht vorhanden: So musste man etwa auf Neuwagen mehr als zehn Jahre warten.

Honecker – Hoffnungsträger einer Liberalisierung

Da Honeckers Politik darauf abzielte, den staatlichen Betrieben mehr Freiräume zu lassen, galt er anfangs als Hoffnungsträger einer Liberalisierung. Zugleich ließ er aber in den 1970er Jahren alle Betriebe verstaatlichen. Dies geschah dadurch, dass sie gezwungen wurden, eine staatliche Mehrheitsbeteiligung zu akzeptieren. Kleinhandwerker gab es noch bis zum Ende der DDR, doch sie wurden zum Zusammenschluss in PGH – Produktionsgenossenschaften des Handwerks – ermuntert. Damit wurde ihnen deutlich gemacht, dass es auf Dauer in der DDR überhaupt keine Privatunternehmen mehr geben werde. 1973 wurden die letzten der insgesamt 11 000 Klein- und Mittelbetriebe verstaatlicht, die rein privat oder mit staatlicher Beteiligung geführt worden waren. 1989 gab es nur noch vereinzelt kleine Spezial-Privatunternehmen (z.B. im Modebereich und in der Forschung).

Der Reformschwung erlahmt

Der zu Beginn der Honecker-Ära durchaus vorhandene Reformschwung erlahmte auch deshalb, weil sich die Diskrepanzen zwischen politischer Unterdrückung und gewissen Freiräumen nicht dauerhaft überbrücken ließen. Als besonders ungünstig erwies sich die erste Ölkrise in den 1970er Jahren, weil die DDR-Wirtschaft dadurch immer stärker vom sowjetischen Erdöl abhängig wurde. Zwar gab die Sowjetunion die Ölpreiserhöhungen nur verzögert weiter, kürzte aber wegen extremer eigener wirtschaftlicher Probleme 1981/82 die Liefermengen erheblich, ohne die Ölpreise zu senken. Dadurch fehlten der DDR-Wirtschaft dringend benötigte Devisen für Investitionen. Diese sollten durch den 1966 gegründeten Bereich „Kommerzielle Koordinierung“ (KoKo) mit verdeckten und – nach westlichen Vorstellungen – z.T. kriminellen Geschäften erwirtschaftet werden, um dadurch die Zahlungsfähigkeit der DDR zu sichern. Bei der KoKo handelte es sich um eine 1966 im Ministerium für Außenhandel installierte Abteilung, die von Alexander Schalck-Golodkowski (geb. 1932) geleitet wurde. Mithilfe dieser Devisen konnten auch von 1977 bis 1990 etwa 15 Mrd. DDR-Mark in den Aufbau einer eigenen Mikroelektronikindustrie investiert werden.

Verstärkte Sozialpolitik

Besonderen Ehrgeiz entwickelte die Staatsführung seit 1972 in der Sozialpolitik. Honecker ließ vor allem die Krankenversorgung ausbauen – hauptsächlich durch den Zusammenschluss verschiedener Fachärzte in Polikliniken. Ferner wurden Kindergeld und Geburtsbeihilfen erhöht, der Schwangerschaftsurlaub von 18 auf 26 Wochen verlängert, die 40-Stunden-Woche für Mütter mit zwei und mehr Kindern eingeführt und die Kinderbetreuung in Krippen und Schulhorten ausgebaut, damit auch Frauen arbeiten gehen konnten. Die Doppelbelastung für viele Frauen durch Familie und Beruf wurde dadurch allerdings eher verstärkt. Da der Staat in den 1970er Jahren in sozialpolitischer Hinsicht viel für seine Bürger geleistet hat, wird die DDR dieser Zeit auch als „Wohlstandsdiktatur“ bezeichnet.

Diese Sozialpolitik belastete allerdings das wirtschaftliche Wachstum, weil die Sozialausgaben aufgrund der immer noch geringen Arbeitsproduktivität ständig stärker

Sozial-ausgaben belasten Wachstum

stiegen als das Nationaleinkommen. Das hatte u.a. zur Folge, dass die DDR-Produkte international immer weniger wettbewerbsfähig waren. Die Sowjetunion, die die Ostblockländer stets unterstützt hatte, war wegen der hohen Rüstungskosten im Rahmen des Ost-West-Konflikts nicht mehr in der Lage zu helfen. Ab 1982 vergab sie keine Kredite mehr und verkürzte bzw. verteuerte Erdöllieferungen. Nun veranlasste die SED-Regierung – wie nach der „Wende" festgestellt werden konnte – die Fälschung von Zahlungsbilanzen und die Geheimhaltung von Wirtschaftsfakten, damit für den Westen Kreditwürdigkeit vorgetäuscht werden konnte. Die DDR lebte bis zu ihrem Ende im Jahr 1990 hauptsächlich von westlichen Krediten, beispielsweise von einem Kredit über eine Milliarde DM von der Bayerischen Landesbank aus dem Jahr 1983, der vom damaligen bayerischen Ministerpräsident Franz Josef Strauß in die Wege geleitet worden war (s.u. S. 128, 189).

Niedergang der Exportwirtschaft

Die geringe Arbeitsproduktivität, die zu hohen Produktions- und Sozialkosten führte, und die Auswirkungen der Währungsunion vom 1.7.1990 kurz vor der Wiedervereinigung brachten die Exportwirtschaft der DDR 1990 schließlich fast zum Erliegen. Der Grund für den großen Verlust an Arbeitsplätzen ist allerdings auch im Verlust der Absatzmärkte in Osteuropa zu suchen. Dort war unterdessen ein freier Markt entstanden, auf dem ab 1990 nur mit frei konvertierbaren Währungen bezahlt werden konnte und nicht mehr durch Tauschhandel, wie er im RGW-Bereich üblich gewesen war.

Bildungspolitik

Polytechnische Erziehung

Die SED unter Honecker setzte die Bildungspolitik fort, in deren Rahmen schon 1960 die zehnklassige Polytechnische Oberschule (POS) für alle eingeführt worden war. Schüler konnten nun das Abitur auf der anschließenden zweiklassigen oder ab der Klasse 9 vierklassigen Erweiterten Polytechnischen Oberschule (EOS) erwerben. Außerdem bekam jede Schule einen Paten-Betrieb zugewiesen. Dabei handelte es sich um ein Kollektiv, meist von Industriearbeitern oder von LPG-Mitgliedern, das eine Patenschaft über Schulklassen übernahm. Der Sinn dieser Einrichtung bestand vor allem darin, den Schülern einen Einblick in die Arbeitswelt zu ermöglichen und ihnen bei der Herausbildung von Berufswünschen zu helfen. Darüber hinaus sollte die „Verbundenheit zur Arbeiterklasse" gestärkt und zur „Entwicklung einer sozialistischen Persönlichkeit" bei den Kindern beigetragen werden. Der Schulunterricht fand manchmal auch in den Betrieben statt. Diese polytechnische Erziehung wurde auch von vielen westdeutschen Pädagogen eine Zeitlang als positiv eingeschätzt. Darüber hinaus wurden Studentenheime gebaut, allerdings nur selten mit Einzelzimmern. Jeder Student erhielt ein Stipendium, wobei bei der Vergabe von Studienplätzen allerdings Kinder von Arbeitern und Genossenschaftsbauern denen aus dem Bürgertum weiterhin vorgezogen wurden. Kinder von Funktionären wurden den Arbeiterkindern gleichgestellt.

Wehrkundeunterricht

Im September 1978 hielt der Wehrkundeunterricht Einzug in die Lehrpläne der 9. und 10. Klassen der POS. Gegen Ende der 9. Klasse mussten die Jungen ins Wehrlager. Dort waren 12 Tage vormilitärischer Ausbildung zu je acht Stunden vorgesehen. Sie bestanden vorwiegend aus waffentechnischen Übungen sowie aus Exerzier- und Schießübungen, u.a. auf Zielscheiben mit menschlichen Umrissen. Ab Mai 1981 gab es solchen Unterricht auch in den 11. Klassen der „Erweiterten Oberschule" (EOS), also in der Oberstufe. Die „Gesellschaft für Sport und Technik" (GST) organisierte die Wehrlager und ermöglichte neben dem Unterricht z.B. den billigen Erwerb des Führerscheins. Diese militärische Ausrichtung von Schule und Gesellschaft wurde von den Kirchen der DDR offen kritisiert.

Bildende Kunst, Literatur und Sport

„Sozialistischer Realismus“

In der bildenden Kunst und in der Literatur förderte die SED den „Sozialistischen Realismus“. Diese Stilrichtung war 1932 vom Zentralkomitee der KPdSU als Richtlinie für die Produktion von Literatur, bildender Kunst und Musik in der Sowjetunion beschlossen und nach dem Krieg für das gesamte sozialistische System im Ostblock für verbindlich erklärt worden. Ab 1945 galt sie nach anfänglicher Zurückhaltung auch in SBZ und DDR als oberste kulturpolitische Leitlinie, die mittels Zensur und Fördermaßnahmen durchgesetzt wurde.

Der „positive Held“ als Revolutionär

Der „Sozialistische Realismus“ forderte vom Künstler eine wahrheitsgetreue, konkret-historische Darstellung der Wirklichkeit in ihrer revolutionären Entwicklung. Die Gegenstände und Bedingungen der Kunstproduktion und die angestrebte Wirkung waren in den Dienst der kommunistischen Ideologie zu stellen. Der positive Held als Revolutionär, treues Parteimitglied oder Verteidiger sozialistischer Errungenschaften rückte in den Mittelpunkt der Kunst. Insbesondere galt es, den „neuen Menschen“ im Sozialismus positiv darzustellen. Die offizielle sowjetische Literatur wurde in der DDR daher auch als vorbildlich angesehen.

Lösung vom starren Realismus

Die Folge dieser Kulturpolitik war, dass die Kunst in der DDR weitgehend zum Propagandainstrument wurde. Werke, die nicht der offiziellen Parteilinie entsprachen, blieben im Untergrund oder konnten nur im Westen erscheinen. Erst seit Ende der 1960er Jahre gelang in der Malerei der DDR die Lösung vom starren Realismus. Dies wird deutlich etwa in den Bildern von Willi Sitte (geb. 1921), Bernhard Heisig (geb. 1925) oder Werner Tübke (1929-2004) bzw. in den Plastiken von Wolfgang Mattheuer (1927-2004), deren Kunst auch im Westen Anklang fand. Insgesamt war die Kulturpolitik der SED Anfang der 1970er Jahre liberaler als unter Ulbricht. Vor allem die Schriftsteller hatten mehr Freiheiten. In vielen Romanen, etwa von Christa Wolf (geb. 1929), stand nun nicht mehr der Sozialismus im Vordergrund, sondern das Individuum in der sozialistischen Gesellschaft. Allerdings musste der Sozialismus anerkannt werden und in den Werken sichtbar sein.

Kunstförderung

Die Förderung von Theatern, berühmten Orchestern und Chören und deren auch vom Westen gelobte professionelle Nachwuchsarbeit war den staatlichen Behörden wichtig, um einen positiven Eindruck in der Welt zu erzielen. So sollte auf Auslandsreisen der hohe Standard der Kunst in der DDR dokumentiert und damit das Ansehen des Staates gefördert werden.

Die Ausweisung Wolf Biermanns

Das Liberalisierungsprogramm endete jedoch 1976 mit der Ausweisung Wolf Biermanns (geb. 1936, s. S. 105). Der Protest dagegen erschütterte die gesamte DDR und führte zu weiteren Ausbürgerungen und Emigrationen von ca. 100 DDR-Schriftstellern, so z.B. von Sarah Kirsch (geb. 1935), Günter Kunert (geb. 1929) und Reiner Kunze (geb. 1933), die in die Bundesrepublik übersiedelten. Robert Havemann (1910-1982) und Christa Wolf, beides SED-Mitglieder, schlossen sich dem Protest gegen die Ausweisung Biermanns an. Das Politbüro der Partei hatte damit nicht gerechnet und reagierte hektisch. So bekam Robert Havemann Berufsverbot und Hausarrest, d.h. ihm wurde verboten, sein Haus zu verlassen

Sportförderung

Anfang der 1970er Jahre begann die DDR-Führung auch, den Sport intensiv zu fördern, mit der Folge, dass die Sportler der DDR in vielen Sportarten eine im Vergleich zur Bevölkerung des Landes überproportionale

Zahl von Europa- und Weltrekorden aufstellte – vor allem beim Schwimmen, in den Eis- und Wintersportarten, im Radsport, in der Leichtathletik und beim Gewichtheben. Die DDR stieg sogar neben den USA und der Sowjetunion zur Sport-Weltmacht auf. Die Staatsführung förderte den Spitzensport vor allem deshalb, weil sie durch die Erfolge das Selbstbewusstsein der DDR-Einwohner stärken, internationales Prestige gewinnen und die Überlegenheit des Sozialismus demonstrieren wollte. Der große Erfolg der DDR-Sportler wurde mit systematischer Sportförderung erklärt, die alle Schulen und das Militär einbezog. Der politische Zweck der Sportförderung lag in der Absicht begründet, die politische Anerkennung der DDR in der westlichen Welt und bei neutralen Ländern durchzusetzen. Die bei Siegen häufig aufgezogene DDR-Flagge symbolisierte dies.

Nach dem Zusammenbruch der DDR wurden allerdings Details über flächendeckendes Doping bekannt. DDR-Leistungssportler wurden teilweise ohne ihr Wissen von Trainern und Sportärzten gedopt, was bei einigen Sportlern zu schweren Dauerschäden führte.

Innerdeutsche Beziehungen zwischen 1961 und 1969

Einschränkung der Kontakte

In der Zeit zwischen dem Mauerbau 1961 und dem Regierungsantritt der Sozialliberalen Koalition 1969 waren die Kontakte über die Grenze hinweg stark eingeschränkt. Allerdings funktionierte der innerdeutsche Handel im Rahmen eines Abkommens von 1951 weiter. Nur Rentnern erlaubte die DDR-Regierung ab 1963/4 West-Reisen; Westdeutsche hingegen erhielten nur in Ausnahmefällen Reisegenehmigungen in die DDR, und die wenigen Reisenden wurden genau überwacht. Im Westen entstand der Eindruck, dass der „eingemauerte Ulbricht-Staat“ nun vollends zu einer totalitären Diktatur geworden war. Dies schien die neue „sozialistische Verfassung“ von 1968, in der der SED-Führungsanspruch festgeschriebenen war, zu bestätigen.

Die „Hallstein-Doktrin“

Allerdings zeigte sich bereits unmittelbar nach dem Mauerbau 1961 deutlich, dass die Deutschlandpolitik der Bundesrepublik, die in den 1950er Jahren entwickelt worden war, wenig Erfolg hatte. Vor allem die Hallstein-Doktrin geriet zunehmend in die Kritik. Dabei handelte es sich um eine nach Walter Hallstein (1901-1982), Staatssekretär im Auswärtigen Amt von 1951 bis 1958, benannte Doktrin (Grundsatz), die bis in die 1960er Jahre die Außenpolitik der Bundesrepublik Deutschland prägte. Ihr lag der Alleinvertretungsanspruch der Bundesrepublik Deutschland für das gesamte deutsche Volk zugrunde. Nach ihr wurde die Aufnahme oder Unterhaltung diplomatischer Beziehungen durch dritte Staaten mit der DDR als unfreundlicher Akt betrachtet und in der Regel mit dem Abbruch beziehungsweise der Nichtaufnahme diplomatischer Beziehungen beantwortet. Eine Ausnahme bildeten von Anfang an die diplomatischen Beziehungen zur Sowjetunion. Gegenstück der Hallstein-Doktrin seitens der DDR war die so genannte Ulbricht-Doktrin (die freilich nur in angelsächsischen Ländern so genannt wurde): Nach ihr konnte es normale diplomatische Beziehungen zwischen der Deutschen Demokratischen Republik und der Bundesrepublik Deutschland nur dann geben, wenn beide Staaten die volle Souveränität des jeweils anderen Staates anerkannten.

„Wandel durch Annäherung“

Neue Impulse für eine andere Politik waren mit der SPD, insbesondere mit der Person Willy Brandts verbunden, der von 1957 bis 1966 Regierender Bürgermeister von West-Berlin war. West-Berlin verfügte ab Februar 1963 über eine sozialliberale Regierung, einen Senat, der aus einer Koalition aus SPD und FDP bestand. Dieser nahm schrittweise Verhandlungen mit Ost-Berlin auf und geriet dadurch in Gegensatz zu Bonn und zur Hallstein-Doktrin. Unter Brandt begann also ab 1963 eine aktive Verständigungspolitik mit der DDR, die von den USA unterstützt wurde. Diese Politik wurde vom Presseamtschef des Senats, Egon Bahr (geb. 1922), in einem Vortrag am 15. Juli 1963 in Tutzing mit dem Titel „Wandel durch Annäherung" versehen. Das Besondere daran war, dass sich Bahr darin ausdrücklich auf Kennedys Strategy of Peace berief. Er ging davon aus, dass die kommunistische Herrschaft nicht beseitigt, sondern verändert werden solle. Die Änderung des Ost-West-Verhältnisses, die die USA versuchen wollten, diene dabei der Überwindung des Status quo. Mit deutlichem Bezug auf die Praxis der Politik der Stärke in den 1950er Jahren hatte Bahr betont, dass eine Politik des Alles oder Nichts in Zukunft ausscheide, weil die Widersprüchlichkeit, die in dieser Politik lag, für viele Menschen nicht mehr verständlich war. Dass etwa Bundeskanzler Kiesinger (1904-1988) einerseits einen offiziellen Briefwechsel mit dem Vorsitzenden des Ministerrats der DDR, Willi Stoph (1914-1999), führte, andererseits aber ebenso offiziell die DDR nicht als Staat anerkannte, machte die Deutsche Frage für viele zum absurden Theater.

Die Passierscheinabkommen

Erste Erfolge der Annäherungspolitik des West-Berliner Senats brachte das Passierscheinabkommen vom 17. Dezember 1963. Mit ihm gelang es in Berlin erstmals, die Mauer durchlässiger zu machen. 28 Monate nach dem Mauerbau konnten West-Berliner über Weihnachten 1963 wieder ihre Verwandten im Ostteil der Stadt besuchen. Vom 19. Dezember bis zum 5. Januar gab es etwa 1,2 Millionen Besuche von insgesamt über 700 000 West-Berlinern. Insgesamt handelten Vertreter des West-Berliner Senats und der DDR von 1963 bis 1966 vier Passierscheinabkommen aus, die teilweise noch größere Besucherzahlen zur Folge hatten.

„Friedliche Koexistenz“

Diese Politik setzte natürlich eine gewisse Annäherungsbereitschaft auch aufseiten der DDR-Regierung voraus. Den Rahmen hierfür lieferte der sowjetische Staats- und Parteichef Chruschtschow mit seiner Politik der „friedlichen Koexistenz“. Sie war vor allem darauf angelegt, eine Lösung in der Deutschland-Frage nicht zu erzwingen, sondern durch Normalisierung der Verhältnisse sich entwickeln zu lassen. Diese Entspannungspolitik scheiterte allerdings schon 1958, als Chruschtschow mit dem Berlin-Ultimatum auf Drohungen setzte, ohne Erfolg zu haben. Schließlich musste er in Kuba 1962 dem Westen nachgeben und 1963 sogar einem Atomteststoppabkommen zustimmen. 1964 wurde Chruschtschow gestürzt, weil das Politbüro seine eigenmächtigen Entscheidungen nicht mehr akzeptieren wollte. Ob dabei seine misslungenen Annäherungsversuche an die Bundesrepublik eine Rolle gespielt haben, kann nur vermutet werden. Die SED unter Ulbricht knüpfte jedoch an Chruschtschow an. Sie verfolgte in dieser Zeit eine Politik der Konsolidierung durch Wirtschaftsreformen und der leichten Lockerung nach innen sowie der Kompromissbereitschaft nach außen – v.a. gegenüber der Bundesrepublik. Neben dem Passierscheinabkommen von 1963 ist als Beispiel vor allem der Versuch der DDR-Regierung aus dem Jahr 1964 zu nennen, Bundeskanzler Erhard zu einem gemeinsamen Atomwaffenverzicht beider deutscher Staaten zu bewegen. Außerdem schlug sie der Bundesrepublik vor, die „Süddeutsche Zeitung“ und „Die Zeit“ in der DDR zum Verkauf auszulegen, wenn mit dem „Neuen Deutschland“, dem Zentralorgan der SED, in der Bundesrepublik das Gleiche geschehe. Ferner schlug sie eine Amnestie für ehemalige DDR-Bürger vor, die vor dem Mauerbau die DDR verlassen hatten. Schließlich erlaubte die DDR-Regierung Rentnern, künftig vier Wochen im Jahr ihre Verwandten in der Bundesrepublik und Westberlin zu besuchen. 1964 öffnete sich die DDR für westdeutsche Journalisten, und Reisen durch das Land, Besichtigungen von Betrieben und Gespräche mit Offiziellen wurden organisiert.

Neue Distanzierung vom Westen

Niemals vor- und niemals nachher zeigte sich Ulbricht so verständigungsbereit. Die Jahre 1963/64 blieben in der DDR-Politik allerdings Episode. Gleich danach ging die DDR-Führung wieder auf Distanz zu Bonn. Schon sechs Wochen nach Chruschtschows Sturz (Oktober 1964) führte sie für Westbesucher einen Pflichtumtausch von 5 Mark pro Tag ein. Im März 1965 mussten die Synoden (Parlamente) der evangelischen Landeskirchen erstmals getrennt tagen und damit einer 1957 erstmalig erhobenen und seitdem mehrfach wiederholten Forderung der DDR-Regierung nach Trennung von den westdeutschen Kirchen folgen. Bis dahin hatte die EKD als Zusammenschluss der evangelischen Landeskirchen beider deutscher Staaten als gesamtdeutsche Organisation bestanden. Im Juni 1965 beschloss die DDR-Regierung, für 1968 keine gesamtdeutsche Olympia-Mannschaft mehr zu bilden. Das Selbstbewusstsein nahm mit der Beteiligung an der Niederwerfung des „Prager Frühlings“ zu (s. S. 137); der Ton gegenüber der Bundesrepublik wurde härter.

Neue DDR-Verfassung

In diesen Zusammenhang passte die Anregung Ulbrichts auf dem VII. Parteitag der SED 1967, eine von Grund auf neue Verfassung zu erarbeiten, die der gegenüber 1949 veränderten Realität Rechnung tragen sollte. Im Grunde ging es dabei darum, die Diskrepanzen zwischen der diktatorischen politischen Wirklichkeit und den freiheitlich-demokratischen Zügen der bestehenden Verfassung zu beseitigen.

Der aus 108 Artikeln bestehende Verfassungsentwurf erhielt die ausdrückliche Bezeichnung „sozialistisch“. Die Präambel enthielt Sätze gegen den „westdeutschen Monopolkapitalismus“ und den „Imperialismus unter

Führung der USA", worin sich sogleich der neue Charakter dieser Verfassung als unverhohlener Ausdruck der SED-Propaganda zeigte. Der erste Artikel schließlich galt der rechtlichen Absicherung des staatlichen Führungsanspruches der SED, indem von der Verwirklichung des Sozialismus durch die „Führung der Arbeiterklasse und ihrer marxistisch-leninistischen Partei" die Rede war. Die Bevölkerung der DDR nahm den Entwurf am 6. April 1968 mit der üblichen Zustimmung von annähernd 95 Prozent in dem einzigen Volksentscheid der DDR-Geschichte an. Drei Tage später trat die neue Verfassung offiziell in Kraft.

Die Verfassung von 1968 strebte die „Herstellung und Pflege normaler Beziehungen und die Zusammenarbeit der beiden deutschen Staaten" an. Der Versuch, eine gesamtdeutsche Verfassung zu etablieren, wurde somit fallen gelassen. Am Ziel einer Vereinigung wurde aber festgehalten.

Der Ausbau des Unterdrückungsapparates in der DDR

Das MfS

Das am 8.2.1950 gegründete „Ministerium für Staatssicherheit" (MfS) war der Inlands- und Auslandsgeheimdienst der DDR und zugleich Ermittlungsbehörde für politische Straftaten. Eine andere gebräuchliche Bezeichnung für das Ministerium war auch „Staatssicherheit", abgekürzt „Stasi". Das MfS war vor allem ein Unterdrückungs- und Überwachungsinstrument der SED gegen die Bevölkerung der DDR zur Sicherung ihrer Macht. Dabei setzte es neben massiver Überwachung und Einschüchterung auch Terror und Folter von Oppositionellen und Regimekritikern als Mittel ein.

Verfeinerung der Unterdrückung

Unter Honecker gab es auch im Sicherheitsbereich eine neue Linie. Waren unter Ulbricht Schauprozesse und Entführungen bis hin zu Todesurteilen von politischen

Gegnern üblich gewesen, gab es nach 1971 derartige Maßnahmen nur noch vereinzelt. Die politische Verfolgung nahm nun verfeinerte Formen an. Dies war auch deshalb erforderlich, weil die DDR im August 1975 die Schlussakte der KSZE in Helsinki unterzeichnet und sich damit zur Anerkennung der Menschenrechte verpflichtet hatte. Wegen der damit erforderlichen stärkeren internationalen Rücksichtnahme musste die Repression nun mehr als vor 1975 getarnt werden.

Das Personal des MfS

So ging das Regime zu Maßnahmen über, die Formen des individuellen Terrors annahmen und vor allem auf die „Zersetzung" der Persönlichkeit abzielten. Dies geschah vor allem in Form von Überwachung durch Freunde, Bekannte und Eheleute, die zugleich „inoffizielle Mitarbeiter" (IMs), also keine hauptamtlichen Mitarbeiter des MfS waren. Zu diesem Zweck wurde der Personalbestand des MfS ebenso wie sein Aufgabenfeld stark erweitert. Schätzungen gehen von bis zu 100 000 hauptamtlichen Mitarbeitern im Jahr 1989 aus. Hinzu kamen die „IMs", deren Zahl von etwa 100 000 im Jahr 1968 auf etwa 180 000 im Jahr 1975 stieg (Vollnhals 1994, S. 501).

Verstärkte Abgrenzung

Parallel zum Ausbau des MfS wurden die ideologische Erziehung im Bildungsbereich verstärkt, Kontaktverbote zu Ausländern (nach DDR-Auffassung also auch zu Westdeutschen) ausgesprochen, die Grenzen zu West-Berlin und Westdeutschland ausgebaut („Aktion moderne Grenze") und die Anzahl der Grenztruppen erhöht. Schließlich wurden die Kontrollen an den Grenzen verschärft.

Außenpolitik 1966 – 1980

Der KSZE-Prozess

Die Diplomatie der DDR arbeitete mit Hilfe der Sportförderung intensiv daran, international anerkannt zu werden. Doch dies gelang erst, als die Bundesrepublik zur Zeit der Großen Koalition von 1966–1969 begann, ihre starre Haltung gegenüber der DDR langsam aufzugeben, d.h. vor allem, die Hallsteindoktrin modifiziert anzuwenden: Handelsbeziehungen des Auslands konnten nun zu beiden deutschen Staaten aufgenommen werden, während sie früher nur zu einem von beiden akzeptiert wurden. Als die sozialliberale Ostpolitik dazu führte, dass westdeutsche Politiker ab 1970 in die DDR kamen (zuerst Willy Brandt 1970 nach Erfurt), feierten dies die DDR-Medien als Sieg der Diplomatie ihrer Regierung. Die Annäherung von Ost und West mündete 1975 in die Konferenz für Sicherheit und Zusammenarbeit in Europa (KSZE, s. S. 122). Dadurch entstanden der DDR neue Probleme, weil sie mehr Freizügigkeit gewähren musste und viele DDR-Bürger ihre Ausreise zu Verwandten und Ehepartnern in den Westen verlangten.

Der Grundlagenvertrag

Dauerhafter Erfolg für ihre Außenpolitik ergab sich für die DDR aus den Verträgen der Bundesrepublik mit der Sowjetunion, Polen und der DDR 1970–1973 („Ostverträge" der Sozialliberalen Koalition): So konnten nun zu 132 Staaten diplomatische Beziehungen aufgenommen werden, während es bis 1970 nur 19 Staaten gewesen waren. Die neue Ostpolitik der Sozialliberalen Koalition in Bonn führte dazu, dass mit dem Grundlagenvertrag von 1972/73 eine De-facto-Anerkennung der DDR durch die Bundesrepublik erfolgte (s. S. 141 f.). 1973 konnten beide Staaten der UNO beitreten. Allerdings musste die DDR-Führung nun auch gesicherte Reisemöglichkeiten für Westdeutsche akzeptieren. Weil man glaubte, dem Einfluss der nun zahlreichen westdeutschen Besucher härter entgegentreten zu müssen, nahmen Repression und ideologische Gängelung der DDR-Bevölkerung wieder zu. Dies führte u.a. erneut zu einer engen Bindung an die Sowjetunion. Vor allem aber verschärfte sich die Abgrenzungspolitik vom kapitalistischen Westen nach dem Wechsel von Ulbricht zu Honecker: So wurde immer mehr Bürgern untersagt, in die Bundesrepublik zu reisen, selbst nicht zu Verwandten.

Verfassungsänderung und „NATO-Doppelbeschluss"

Zum 25. Jahrestag der DDR, am 7. Oktober 1973 wurde die Verfassung von 1968 „präzisiert und vervollkommnet", d.h. sie wurde verstärkt darauf angelegt, den gesellschaftlichen und politischen Status quo zu sichern.

Erneute Verfassungsänderung

Eine wesentliche Neuerung war, dass die Legislaturperiode der Volkskammer, des Parlamentes, von vier auf fünf Jahre verlängert wurde. Ferner wurde die Verbundenheit mit der Sowjetunion in einem eigenen Artikel erwähnt und die Abhängigkeit der DDR von der Sowjetunion damit deutlich hervorgehoben. Sämtliche Hinweise auf die Einheit Deutschlands bzw. auf die „deutsche Nation" wurden getilgt, da man angesichts der weltpolitischen Situation die Aussicht auf eine gesamtdeutsche „demokratische Republik" fallengelassen hatte. Das Ziel der Vereinigung wurde jetzt offiziell aufgegeben.

Gibt es eine „sozialistische deutsche Nation"?

Der Begriff „sozialistische deutsche Nation" wurde durch die Formulierung „sozialistischer Staat der Arbeiter und Bauern" ersetzt. Dies war zunächst nicht populär, zeigte aber doch ihre Wirkung, insbesondere beim Sport, wenn bei internationalen Wettbewerben deutsche Mannschaften gegeneinander antraten. Die DDR setzte die Anerkennung ihres Olympischen Komitees durch, indem ihre 1959 geschaffene Flagge mit den Symbolen für Proletariat (Hammer), Intelligenz (Zirkel) und Genossenschaftsbauern (Ährenkranz), im Westen lange als „Spalterflagge" verboten, auf Grund vieler sportlicher Siege gezeigt werden musste, insbesondere bei den Olympischen Spielen in München 1972. Der politische Erfolg gab Honecker zunächst recht: Langsam entwickelte sich ein eigenständiges DDR-Bewusstsein – trotz des glanzvollen Bildes, das das West-Fernsehen von der Bundesrepublik lieferte.

Der NATO-Doppelbeschluss

Eine weitere Verschlechterung der Ost-West-Beziehungen brachte das Jahr 1979, in dem der Westen den sog. NATO-Doppelbeschluss fasste. Er reagierte damit auf die Aufstellung sowjetischer Raketen seit 1976, die gegen Westeuropa gerichtet waren.

Der „Doppelbeschluss" der NATO vom 12. Dezember 1979 bestand aus zwei Teilen:

- Er bot dem Warschauer Pakt Verhandlungen über eine beiderseitige Begrenzung sowjetischer und US-amerikanischer atomarer Mittelstreckenraketen an. Dabei waren ein Teil der britischen und die französischen Atomraketen aus dem Verhandlungsangebot ausgeschlossen.
- Er kündigte zugleich die Aufstellung einer neuen Generation US-amerikanischer Raketen, der Pershing II und Marschflugkörper (Cruise Missiles), in Westeuropa an für den Fall, dass die Verhandlungen zu keiner Einigung führen würden.

Nach dem Scheitern der Verhandlungen wurden die Raketen 1983 in Westeuropa aufgestellt.

Die Friedensbewegung

Der Kalte Krieg entbrannte nun aufs Neue, und gegen die Gefahr eines neuen „heißen" Krieges, der unweigerlich ein Atomkrieg sein würde, entstand eine breite Friedensbewegung. Zwischen 1981 und 1983 fanden in vielen Ländern Westeuropas zahlreiche Großdemonstrationen mit bis zu 500 000 Teilnehmern statt, die sich vor allem gegen die Stationierung neuer Raketen in Europa und damit gegen eine neue Kriegsgefahr richteten.

Die Friedensbewegung in der DDR arbeitete eng mit der evangelischen Kirche zusammen. Sog. Montagsgebete für den Frieden wurden zu Kristallisationspunkten der

Friedensbewegung und evangelische Kirche

Bewegung und bewirkten ihre starke Verbreiterung. Trotz der Verfolgung in den 1950er Jahren hatten die Kirchen, besonders die evangelische, stets eine besondere Rolle gespielt, weil sie die einzige nichtstaatliche Organisation mit demokratischen Strukturen war - und dies, obwohl der atheistische Staat versuchte hatte, ihren Einfluss in der Bevölkerung zurückzudrängen. Dies zeigte sich vor allem daran, dass ihre Anhänger immer wieder Nachteile im alltäglichen, vor allem beruflichen Leben zu erleiden hatten. Dennoch blieb die „Kirche im Sozialismus" ein letzter Freiraum, den auch Nichtchristen in Anspruch nahmen.

„Schwerter zu Pflugscharen"

Aufnäher mit dem Symbol „Schwerter zu Pflugscharen", aber auch Proteste gegen die starke Verschmutzung der Umwelt, die die DDR-Betriebe verursachten, verstand die SED als Angriff auf ihre Politik und verfolgte unnachsichtig deren Initiatoren in Schulen und Betrieben. So verbot man etwa vielen Schülern, das Abitur abzulegen. Auch versuchte man - mit wenig Erfolg - westliche Pop-Musik zu diskreditieren. Viele Jugendliche entzogen sich immer häufiger dem nach dem Mauerbau eingeführten Militärdienst. Dies war allerdings nur teilweise möglich, denn man musste zumindest „Bausoldat" in der Nationalen Volksarmee (NVA) werden, d.h. einen waffenlosen Dienst in den Baueinheiten der Nationalen Volksarmee der DDR leisten. So wuchs langsam eine oppositionelle Bewegung heran, die vom MfS bespitzelt wurde. Sie bildete den Kern der Opposition, die schließlich 1989 die „Wende" trug.

Der Zusammenbruch der DDR

Weitere Annäherungsversuche und Systemkrise

Trotz der Verschärfung der politischen Beziehungen zwischen USA und Sowjetunion in den 1980er Jahren gab es weitere Annäherungsversuche zwischen den beiden deutschen Staaten. Die DDR genoss über den innerdeutschen Handel eine ganze Reihe materieller Vorteile wie etwa die Transitpauschale für die Durchfahrt nach West-

Berlin, Postgebühren und Straßenbenutzungsgebühren für Einreisende in die DDR oder durch den Freikauf von Häftlingen. Dabei handelte es sich vor allem um Personen, die nach DDR-Gesetzen illegal versucht hatten, in den Westen zu gelange. Hatte die erste Ölkrise (s. S. 110 f.) der DDR-Wirtschaft Stagnation gebracht, so verursachte die zweite 1979/80 in Verbindung mit der abnehmenden Produktivität der Wirtschaft trotz aller Privilegien den Sturz in die Systemkrise der 1980er Jahre.

Schwächen der Planwirtschaft

In der DDR wie auch in anderen Staaten des Ostblocks wurden die Schwächen der Zentralverwaltungswirtschaft immer deutlicher. Die Produktivität je Beschäftigten war weniger als halb so hoch wie in der Bundesrepublik, bei Einbeziehung der Dienstleistungen lag sie sogar nur bei etwa 30 Prozent des Westniveaus. Nur wenige Produkte waren international wettbewerbsfähig, die Verbraucher klagten ständig über den Mangel an Waren, während gleichzeitig für den Export in den Westen produziert wurde, um Devisen zu bekommen. Die mit der zentralen Planung verbundene Tonnenideologie führte zwar zu Produktionssteigerungen von bestimmten Gütern, diese wurden jedoch häufig nicht gebraucht und waren oft von schlechter Qualität. Die starren Planvorgaben, durch die selbst der Verbrauch geplant wurde, ohne konkret zu wissen, was benötigt wurde, machten es unmöglich, dass sich die Produktion an der Nachfrage orientieren konnte. So war das Wirtschaftssystem der DDR und das der anderen Ostblockstaaten nicht in der Lage, die Bedürfnisse der Bevölkerung zu befriedigen. Zudem litt die DDR-Wirtschaft unter einem Mangel an Investitionsmitteln. Dieser Mangel und der verfehlte Einsatz der wenigen vorhandenen Investitionsmittel führten dazu, dass die Wirtschaft mit einem veralteten Maschinenpark arbeiten musste. Dies hatte nicht nur wirtschaftliche Inneffizienz, sondern auch zunehmende Umweltkatastrophen zur Folge, die der Bevölkerung schwer zu schaffen machten:

Schaumberge auf den Flüssen, Schwefelgeruch in weiten Teilen des Landes, Verkehrslärm und Gestank der Zweitaktmotoren (Wartburg und Trabant).

Der „Milliardenkredit"

Nach dem Umbruch von 1989 wurde bekannt, dass der DDR seit 1982 die Zahlungsunfähigkeit gedroht hatte. Diese wurde zwar durch die überraschende Vermittlung eines Milliardenkredites durch den bayerischen Ministerpräsidenten Franz-Josef Strauß vermieden (s. S. 189), aber die wirtschaftliche Krise blieb bestehen und konnte auch bis zur „Wende" nicht mehr beseitigt werden. Im Westen entstand eine Diskussion darüber, ob dieses Geld nicht dazu beitrage, die SED-Diktatur zu unterstützen oder – wie ein Vorwurf nach der „Wende" 1989/90 lautete – dass Kredite dazu beigetragen hätten, ein dem Untergang geweihtes Regime zu längerer Lebensdauer zu verhelfen.

Vorbild Polen

Wesentlichen Einfluss auf die Entwicklung in der DDR in den 1980er Jahren hatten die Vorgänge in Polen ab 1980. Dort führte die Gründung der Gewerkschaft Solidarność unter Lech Wałesa (geb. 1943) zu einem gesellschaftlich-politischen Umschwung im Land. Dieser verursachte die Ereignisse von 1980 bis 1989, die wiederum in die ersten freien Wahlen im Ostblock im Juni 1989 mündeten, wodurch das kommunistische Regime durch eine demokratische Regierungsform ersetzt wurde. Die Umwälzungen in Polen hatten vor allem deshalb Vorbildcharakter für die Opposition in der DDR, weil sie im Wesentlichen unblutig und gewaltlos verliefen.

„Perestroika" und „Glasnost"

Hinzu kamen die Ereignisse in der Sowjetunion: Ab Mitte 1986 begann dort ein Prozess, der vom neuen Staats- und Parteichef Gorbatschow (geb. 1931) eingeleitet wurde und zum Umbau und zur Modernisierung des gesellschaftlichen, politischen und wirtschaftlichen Systems der Sowjetunion führte („Perestroika"). Zentraler Bestandteil der Perestroika war, dass ab 1987 Betrieben eingeräumt wurde, selbstständig Entscheidungen zu treffen. Damit wurden in die Wirtschaft der Sowjetunion erste Elemente der Marktwirtschaft eingeführt. Dieser wirtschaftliche Umgestaltungsprozess wurde begleitet von der Herstellung der Meinungs- und Pressefreiheit unter dem Schlagwort „Glasnost“ (Offenheit). Zudem war die Sowjetunion aus wirtschaftlichen Gründen nicht mehr in der Lage, ihren Herrschaftsbereich abzusichern und musste daher auf die militärische Abrüstung setzen. Mit Perestroika und Glasnost waren ab 1987 die Liberalisierung der Wirtschaft und die Demokratisierung des Staates in der Sowjetunion eingeleitet. Die Einparteienherrschaft der KPdSU wurde 1990 beendet, und 1991 kam es zur Auflösung der Sowjetunion.

Die Öffnung des „Eisernen Vorhangs“

Am 18. April 1989 begannen die Ungarn, den Grenzzaun zu Österreich abzubauen, am 2. Mai gaben sie dies offiziell bekannt. Als sich der Zaun am 11. September auch für DDR-Bürger öffnete, entstand zum ersten Mal seit dem Mauerbau vom 13. August 1961 ein „Loch“ im „Eisernen Vorhang“, durch das die Flucht in den Westen ohne Lebensgefahr möglich war. Von da an war es nur noch ein kleiner Schritt bis zur Maueröffnung am 9. November desselben Jahres und zum Beitritt der DDR zur Bundesrepublik am 3. Oktober 1990.

5.1.2 Die Bundesrepublik nach dem Mauerbau

Aufschwung und Krise in den 1960er Jahren

Auch der westdeutsche Staat erfuhr in den Jahren nach dem Mauerbau große Veränderungen. Die Einwohnerzahl war durch die Einwanderungswellen der Flüchtlinge aus

Wirtschaftliche und gesellschaftliche Veränderungen

den deutschen Ostgebieten und der DDR von 1945 bis 1961 von 43 auf 56 Millionen gewachsen und erreichte 1989 schließlich 63,7 Millionen. Die Wirtschaft boomte bis 1965 und warb nach dem Ausfall der DDR-Flüchtlinge durch den Mauerbau verstärkt Arbeitskräfte an – vor allem aus Italien, Spanien, Portugal und später aus der Türkei. Die Gesellschaftsstruktur veränderte sich rasch; insbesondere nahm der Anteil der in der Landwirtschaft Beschäftigten drastisch ab: Waren 1945 noch 25 Prozent in diesem Sektor tätig gewesen, betrug diese Zahl Mitte der 1960er Jahre nur noch fünf Prozent. Der Anteil der Arbeiterschaft nahm zugunsten der Angestellten deutlich ab.

Bedeutung des Autos

Ein weiteres Merkmal für die gesellschaftlichen Veränderungen war das Auto. Schon in den 1950er Jahren stieg der Anteil des Individualverkehrs am gesamten Personenverkehr von 33,1 auf 63 Prozent; der Trend setzte sich in den 1960er Jahren ungebrochen fort. 1961 wurde das fünfmillionste Exemplar des VW-„Käfers" seit 1945 gebaut.

Entstehung von „Trabantensiedlungen"

Aus der wachsenden Motorisierung ergaben sich Konsequenzen für fast jeden Bereich des Alltagslebens. Das Auto ermöglichte ein Wohnen in den Randgebieten der Städte; die Zahl der Berufspendler stieg, und die Entfernung von der Wohnung zum Arbeitsplatz nahm zu. So entstanden öde Vorstadt- und Trabantensiedlungen; die Stadtkerne wurden „autogerechter", d.h. Häuser und Grünflächen mussten breiteren Straßen und Parkplätzen weichen. Äußerlich unterschieden sich die beiden deutschen Staaten zu dieser Zeit vor allem durch die Fahrzeugdichte, den Straßenbau und die Bautätigkeit. Mit der wachsenden Motorisierung stiegen auch deren soziale Kosten, vor allem in Form von verstopften Innenstädten, steigenden Umweltbelastungen und Verkehrstoten.

Massentourismus

Ferner entstand in den 1960er Jahren der Massentourismus, weil der Urlaub nun in großem Stil mit dem Auto für Auslandsreisen genutzt werden konnte, vor allem nach

Österreich und Italien. Doch je mehr die Ziele erreicht wurden, desto weniger entsprachen sie den Träumen, und immer weitere Ziele wurden erschlossen. Die DDR-Bürger konnten über die Urlaubspostkarten der westlichen Verwandten nur staunen, durften sie in der Regel nur im Lande selbst verreisen. Das sollte sich erst 1971/1972 ändern, als sie zumindest in die Nachbarländer ohne Visum fahren durften. Neben dem Auto wurde vor allem das Fernsehen in West und Ost in den 1960er Jahren zur dominierenden Erscheinung. Es wurde zum Leitmedium und begann den Alltag zu beherrschen.

Erster Konjunktur-einbruch

Nach einer langen Zeit anhaltenden westlichen Wirtschaftswachstums und der Vollbeschäftigung, die Anfang der 1950er Jahre begonnen hatte, kam es in der Bundesrepublik 1966/67 zum ersten Mal zu einem tiefen Konjunktureinbruch mit Produktionsrückgängen und Arbeitslosigkeit (s. S. 132).

Adenauer, Erhard und Kiesinger

Die Kanzler-schaft Erhards

Nach 1961 ging es in Bonn vor allem um die Frage, wer den mittlerweile 84jährigen Konrad Adenauer als Bundeskanzler ablösen könnte. Nach dessen Rücktritt am 15. Oktober 1963 wurde der frühere Wirtschaftsminister Ludwig Erhard am darauf folgenden Tag zum Bundeskanzler gewählt. Er stellte sich jedoch als ein Kanzler heraus, der nur wenig bewegte. Zwar gelang ihm 1965 der bis dahin zweitgrößte Wahlsieg in der Geschichte der Union bei Bundestagswahlen. Doch schon bei der Regierungsbildung konnte er sich in der CDU/CSU nicht mehr durchsetzen. In den folgenden Monaten verfiel seine Autorität zusehends, und das von ihm vorgegebene Leitbild einer „formierten Gesellschaft", die die Gemeinschaft auf Kosten des Individuums betonte, blieb blass und fand kaum Zustimmung. Als sich 1965/66 erste wirtschaftliche

Krisenzeichen einstellten, waren viele Politiker, insbesondere aus der FDP, nicht mehr bereit, weiterzumachen wie bisher. Am 27. Oktober 1966 zog die FDP nach einer Auseinandersetzung über den Bundeshaushalt ihre vier Minister aus der Regierung Erhard zurück. Obwohl Erhard noch immer Bundeskanzler und auch CDU-Parteivorsitzender war, beschloss die CDU/CSU-Bundestagsfraktion, einen neuen Kanzlerkandidaten zu bestimmen, der die Regierungskrise überwinden sollte. Sie wählte Kurt Georg Kiesinger (CDU) (1904-1988), der eine große Koalition mit der SPD zustande brachte. Erhard trat am 1. Dezember 1966 zurück; im Mai 1967 legte er auch den CDU-Vorsitz nieder.

Wirtschafts- und gesellschaftspolitische Reformen

Mit Kiesinger als Kanzler, Willy Brandt (SPD) als Vizekanzler und Außenminister, Karl Schiller (SPD) (1911-1994) als Wirtschafts- und Franz Josef Strauß (CSU) als Finanzminister gelang es der Regierung relativ rasch, die erste Wirtschaftskrise der Bundesrepublik in den Griff zu bekommen: 1968 betrug das Wachstum des Bruttosozialproduktes wieder 7,1 Prozent, nachdem es im Jahr 1967 ein „Minuswachstum" von -0,2 Prozent gegeben hatte. Die zeitweilige Arbeitslosigkeit von bis zu 600 000 (2,1 Prozent Arbeitslosenquote) wurde beseitigt. Das „Gesetz zur Förderung der Stabilität und des Wachstums der Wirtschaft" von 1967 schrieb den staatlichen Einrichtungen vor, sich konjunkturgerecht zu verhalten. Die neue Finanzverfassung stärkte die Rechte der Länder, und das Strafrecht wurde 1969 liberalisiert, z.B. durch die Reform des § 175. Darin wurde das Totalverbot der Homosexualität aufgehoben, und nur noch die qualifizierten Fälle (Sex mit Unter-21-Jährigen, homosexuelle Prostitution und Ausnutzung eines Dienst-, Arbeits- oder Unterordnungsverhältnisses) blieben Straftatbestände (s. auch S. 138).

Notstandsgesetze

Die Notstandsgesetze (s. S. 134) lösten viele verbliebene Souveränitätseinschränkungen durch die Siegermächte ab, sodass im angenommenen Ausnahmefall nicht mehr die Besatzungsmächte, sondern deutsche, parlamentarisch kontrollierte Gremien Entscheidungsbefugnis hatten.

Die „Außerparlamentarische Opposition"

Die „Spiegel-Affäre"

Am 26. Oktober 1962 durchsuchte die Polizei auf Anordnung der Bundesanwaltschaft in einer nächtlichen Aktion die Redaktionsräume des Nachrichtenmagazins „Spiegel" in Hamburg und Bonn. Mehrere leitende Redakteure wurden wegen Verdachts auf Landesverrat festgenommen. Der Herausgeber Rudolf Augstein stellte sich zwei Tage später selbst der Polizei. In Spanien wurde der stellvertretende Chefredakteur und Militärexperte des Blattes, Conrad Ahlers (1922-1980), an seinem Urlaubsort verhaftet. Anlass der Polizeiaktion war ein „Spiegel"-Artikel Ahlers' über ein NATO-Manöver. Darin berichtete er über atomare Planungen der Bundeswehr – Grundlage für den Vorwurf des Landesverrats. Bald konzentrierte sich das Interesse aber vor allem auf die Begleitumstände der Aktion und auf Verteidigungsminister Franz Josef Strauß. Dieser musste schließlich zugeben, persönlich für die Festnahme von Ahlers in Spanien gesorgt zu haben. Für große Teile der Öffentlichkeit war das Vorgehen des Ministers Ausdruck einer erheblichen Einschränkung der Meinungs- und Pressefreiheit. Strauß wurde vorgeworfen, mit falschen Verdächtigungen wegen Veröffentlichung angeblicher Militärgeheimnisse den „Spiegel" mundtot machen zu wollen. So mancher sah das demokratische System durch diesen Übergriff in Gefahr. Die Affäre führte zu einer schweren Regierungskrise und zur Neubildung der Bundesregierung im November 1962, diesmal ohne Strauß.

Die Bewegung gegen die Notstandsgesetze

Diese sog. Spiegel-Affäre fand in der Bevölkerung zunächst wenig Widerhall, rief aber in der Studentenschaft heftigen Protest hervor. Die Vorgänge waren eine Ursache für die Anfänge einer studentischen Opposition gegen die CDU-geführte Bundesregierung. Zu einer breiten Bewegung und damit zur „Außerparlamentarischen Bewegung" (APO) wurde sie jedoch als Opposition gegen die Große Koalition ab 1966. Die nahezu fehlende Opposition im Deutschen Bundestag und das verbreitete Gefühl, durch keine der im Bundestag befindlichen Parteien angemessen vertreten zu werden, begünstigten das Erstarken außerparlamentarischer Kräfte. Entscheidend war jedoch die von der Regierung der Großen Koalition geplante Notstandsgesetzgebung. Nach deren Vorstellungen sollte eine Notstandsverfassung in das Grundgesetz eingefügt werden, die die Handlungsfähigkeit des Staates in Krisensituationen (Naturkatastrophe, Aufstand, Krieg) sichern sollte. Ein Missbrauch der Notstandsregelungen wie in der Weimarer Republik sollte allerdings verhindert werden. Die Westmächte hatten am 27. Mai 1968 erklärt, bei einer Verabschiedung der Notstandsgesetze auf ihre Vorbehaltsrechte zu verzichten. Vor der Abstimmung im Bundestag im Mai 1968 gab es heftige Auseinandersetzungen mit den Gegnern der Gesetze, vor allem mit der FDP, mit Studentengruppen, dem Kuratorium „Notstand der Demokratie" und den Gewerkschaften. Zehntausende demonstrierten in Bonn gegen die neuen Gesetze, die als nicht hinnehmbare Eingriffsmöglichkeit der Staatsorgane in die Grundrechte abgelehnt wurden und als Vorläufer eines neuen 1933 gesehen wurden. Die Notstandsgesetze wurden dennoch am 30. Mai 1968 von der Bundestagsmehrheit der Abgeordneten von CDU/CSU und SPD mit der – wegen der Verfassungsänderung – notwendigen Zweidrittelmehrheit verabschiedet.

Der 2. Juni 1967

Zur Entstehung und Stärkung der APO führten jedoch noch andere Ereignisse und Umstände. Anlässlich eines Besuchs des Schahs von Persien (Iran), Reza Pahlewi, in Berlin am 2. Juni 1967 demonstrierten Studenten gegen die Diktatur im Iran, als deren Vertreter der Schah angesehen wurde. Dabei wurde der Student Benno Ohnesorg (1940-1967) von dem Polizisten Karl-Heinz Kurras (geb. 1927) erschossen, der, wie sich nach der Wende herausstellte, im Dienst des MfS stand. Entscheidend war jedoch der Vietnamkrieg, der 1965 mit dem militärischen Eintreten der USA für die westlich orientierte südvietnamesische Diktatur und gegen die kommunistischen Nordvietnamesen und den Vietcong (militärische Widerstandsorganisation in Südvietnam) begann. Dieser Krieg wurde von der Weltöffentlichkeit als grausam und sinnlos empfunden und löste in der ganzen Welt Empörung aus. Die USA schienen eher einen Krieg gegen das vietnamesische Volk zu führen als dieses vor dem Kommunismus zu „beschützen". Ein Beispiel hierfür ist das „Massaker von My Lai", bei dem im März 1968 US-Soldaten 503 Bewohner des Dorfes My Lai erschossen. Der Krieg endete 1975 mit der Niederlage der US-amerikanischen Truppen.

Kampf für Hochschulreformen

Ein weiterer Grund für die Entstehung der APO war der mangelhafte und sozial ungerechte Zustand des Bildungs-, insbesondere des Hochschulwesens in den 1960er Jahren („Unter den Talaren Muff von tausend Jahren"): In Protest gegen diese Verhältnisse erkämpften Studenten in Deutschland, Frankreich und den USA eine Öffnung und Demokratisierung der Hochschulen. Die Hochschulreform in Deutschland von 1967 strebte umfassende und gleiche Bildungschancen für alle Bevölkerungsgruppen an. Das Studium sollte nun gebührenfrei sein. Bildung wurde als hohes Gut für die Gesellschaft gesehen, nicht nur in Hinblick auf wirtschaftlichen Erfolg.

Generationen-konflikt und antiautoritärer Kampf

Mit dem Studentenprotest wurde auch ein Generationenkonflikt ausgetragen, der damals weltweit stattfand. In Deutschland kam hinzu, dass viele Schüler und Studenten die Elterngeneration kritisierten, weil sie den Nationalsozialismus an die Macht gebracht und nach 1945 dessen Untaten verschwiegen und verdrängt hätten (s. S. 150-152). Zudem lehnten sie sich gegen „überholte Werte“ wie Fleiß und Ordnung und eine verklemmte Sexualmoral auf. Der Kampf richtete sich vor allem gegen das „Establishment“, also gegen die führenden Personen in Politik und Wirtschaft. Alle Autoritäten wurden angezweifelt, sozialistische und kommunistische Idole verehrt – wie der lateinamerikanische Revolutionär Ernesto „Che“ Guevara (1928-1967), der chinesische Diktator Mao Tse-tung (1893-1976) oder der nordvietnamesische Führer Ho Chi Minh (1890-1969). Es wurden Internationale Verbindungen hergestellt mit der US-Bürgerbewegung nach dem Mord an Martin Luther King (1929-1968) im Jahr 1968 und mit der französischen Bewegung, die im Mai 1968 weite Teile der Bevölkerung erfasste, was kurz darauf zum Rücktritt von Präsident Charles de Gaulle (1890-1970) führte. Bald beschränkten sich Protest und Opposition in der Bundesrepublik nicht mehr auf einzelne Politikfelder, in denen die Studentenbewegung in die gesellschaftliche Diskussion eingriff. Sie weitete ihre Kritik aus und forderte grundsätzliche gesellschaftliche Veränderungen in einem sozialistisch-revolutionären Sinn.

Das Attentat auf Rudi Dutschke

Ein Attentat des Hilfsarbeiters Josef Bachmann (1944-1970) auf den Studentenführer Rudi Dutschke (1940-1979) am 11. April 1968 in West-Berlin war schließlich der Auslöser einer allgemeinen Welle der Empörung. Dutschke trug schwere Hirnverletzungen davon, an denen er im Dezember 1979 schließlich verstarb. Viele Studenten machten die Springer-Presse für das Attentat verantwortlich, da diese zuvor monatelang gegen Dutschke und die demonstrierenden Studenten agitiert hatte. So hatte die „Bild-Zeitung“ etwa am Tag vor dem Attentat zum „Ergreifen“ der studentischen „Rädelsführer“ aufgerufen. Bei Protestkundgebungen, die auf das Attentat folgten, kam es zu den bis dahin schwersten Ausschreitungen, bei denen auch das Gebäude des Springer-Verlags angegriffen und Auslieferungsfahrzeuge für seine Zeitungen angezündet wurden.

Die APO und der „Prager Frühling“

Ein Ereignis in einem Ostblockstaat beeinflusste die APO ebenfalls: Nach der Wahl von Alexander Dubček (1921-1992) zum Chef der Kommunistischen Partei im Januar 1968 wurden in der ČSSR grundlegende Reformen eingeleitet. Die Wirtschaftsreformen betonten das individuelle Eigentumsrecht und die Selbstständigkeit von Betrieben; Gewerkschaften und Kulturorganisationen erhielten mehr Autonomie. Mit den politischen Reformen wurden die Zensur aufgehoben, Meinungs- und Informationsfreiheit eingeführt und eine Aufarbeitung der stalinistischen Vergangenheit angestrebt. Der Führungsanspruch der kommunistischen Partei blieb jedoch unangetastet. Die tschechoslowakische Parteiführung strebte einen „Sozialismus mit menschlichem Antlitz“ an. In diesem Vorgang, der auch als „Prager Frühling“ bezeichnet wird, sahen viele Reformkommunisten einen „dritten Weg“ zwischen Sozialismus und Kapitalismus und einen Beleg dafür, dass individuelle Freiheiten auch im Sozialismus gewährt werden könnten. Dieser Bewegung wurde im August 1968 ein gewaltsames Ende gesetzt: Truppen der Warschauer-Pakt-Staaten marschierten unter Führung der Sowjetunion in die Tschechoslowakei ein und ersetzten die neue Parteiführung durch Kader, die sich der Politik der Sowjetunion verpflichtet fühlten. Die westdeutsche Studentenbewegung protestierte gegen diesen Truppeneinmarsch, nicht jedoch konkret gegen die Beteiligung der DDR an der Aktion. Ihre Kritik an der Sowjetunion und den osteuropäischen Staaten richtete sich auch nicht gegen das sozialistische System selbst, sondern lediglich gegen dessen „bürokratischen Erstarrung“ und wurde nicht mit der Kritik am „Imperialismus“ der USA gleichgesetzt.

Nachwirkungen der „68er-Bewegung“

Die „68er-Bewegung“, wie heute diese Gruppen zusammengefasst werden, hat der weiteren Entwicklung der Bundesrepublik Deutschland viele Anstöße gegeben. Es entstand ein freieres gesellschaftliches Klima, in dem bisher tabuisierte Fragen offen angesprochen wurden. Hervorzuheben sind hier die Benachteiligung der Frauen und das Verbot der Homosexualität. So wurden 1974 mit der Reform des § 218 StGB der Schwangerschaftsabbruch liberalisiert und 1973 mit einer weiteren Reform des § 175 das Verbot der Homosexualität generell aufgehoben. Nur der Sex mit Minderjährigen unter 18 Jahren blieb als Straftatbestand zurück. Sexuelle Kontakte zwischen Frauen fanden im Strafgesetz keine Erwähnung. Den Bildungseinrichtungen wurde fortan wesentlich mehr Aufmerksamkeit als früher geschenkt, und etwa mit dem „Zweiten Bildungsweg“ wurde auch Kindern aus ärmeren Schichten eine höhere Bildung ermöglicht.

Gewaltfrage und „Rote Armee Fraktion“

Studentische Kreise diskutierten lange über die Frage, inwieweit Gewalt gegen den kapitalistischen Staat und die Gesellschaft richtig, ob nur „Gewalt gegen Sachen“ oder auch „Gewalt gegen Personen“ erlaubt sei. Anfang der 1970er Jahre griff als Folge davon eine radikale Gruppe der Studentenbewegung zu terroristischen Methoden, um das kapitalistische System und den Staat, der es schützte, zu zerstören. Sie hatte auch Kontakt zu Terrorgruppen in anderen Ländern, insbesondere im Nahen Osten. Sie nannte sich selbst „Rote Armee Fraktion“ (RAF) und brachte dadurch zum Ausdruck, dass sie sich selbst der APO zugehörig fühlte. Angeführt wurde die Gruppe von Andreas Baader (1943-1977) und Ulrike Meinhof (1934-1976). Sie schreckten nicht davor zurück, höchste Vertreter des „Systems“, das ihrer Auffassung nach von Kapitalismus und Imperialismus geprägt sei, zu ermorden, wie etwa den Arbeitgeber-Präsidenten Hanns-Martin Schleyer (1915-1977). Die Regierenden mussten sich mit dem Problem auseinandersetzen, wie sich der demokratische Staat dagegen wehren könne, ohne Grundrechte einzuschränken. Zudem stellte man nach 1990 fest, dass die DDR-Staatssicherheit einigen Terroristen zeitweise Unterschlupf gewährt hatte.

Neue Soziale Bewegungen

Nach 1969 spielte die APO in der Bundesrepublik Deutschland in der bisherigen Form keine nennenswerte Rolle mehr, wenngleich es auch weiterhin außerparlamentarische Aktivitäten gab. So griffen seit den 1970er Jahren neue soziale Bewegungen zumindest einzelne Politik- und Gesellschaftsbereiche auf, die teilweise auch schon durch die Studentenbewegung thematisiert worden waren. Neu hinzu kamen die Themen Umweltschutz (Ökologie, Ökobewegung) und Atomenergie (Atomkraftgegner), in denen sich auch viele ehemalige APO-Aktivisten wiederfanden. Schließlich ging aus der APO eine neue Partei, die „Grünen", hervor, die 1980 gegründet wurde.

Die Sozialliberale Koalition – die Ära Brandt

Modernisierung und soziale Sicherung

Bei den Bundestagswahlen 1969 erhielt die SPD 224 Sitze (CDU/CSU 242). Es gelang ihr, die FDP (30 Sitze) zur Bildung einer Koalition, der „sozialliberalen Koalition", zu gewinnen, weil es mit ihr viele Gemeinsamkeiten in der Innen- und Außenpolitik gab. Der schon als Regierender Bürgermeister von West-Berlin höchst populäre neue Bundeskanzler Willy Brandt war Vertreter einer neuen Generation: Er hatte im Unterschied zu seinen Amtsvorgängern zum aktiven Widerstand gegen Hitler gehört, sodass ihm vom Ausland ein gewisser Vertrauensvorschuss gewährt wurde. Die neue Regierung strebte eine Modernisierung der Gesellschaft unter Beibehaltung der sozialen Sicherungssysteme an. Die Innenpolitik der Koalition stand unter dem Motto: „Wir wollen mehr Demokratie wagen!", das Brandt in seiner Regierungserklärung verkündet hatte.

Reform-
vorhaben

Dieses Programm enthielt eine Reihe von Reformvorhaben: mehr Chancengleichheit im Bildungswesen, Herabsetzung des Wahl- und Mündigkeitsalters, Gleichstellung der Frau im Ehe- und Familienrecht, Strafrechts- und Strafvollzugsreform, Ausbau der sozialen Sicherheit, Monopolkontrolle und Ausweitung der betrieblichen Mitbestimmung. Manche dieser Vorhaben knüpften direkt an Reformen der Großen Koalition an – so die Strafrechtsreform. Andere waren – wie Sozialreform, Ausweitung der Mitbestimmung und Bildungsreform – seit Jahren in der öffentlichen Diskussion.

Der
„Radikalen-
erlass"

Im Gegensatz zur Reformpolitik standen die „Grundsätze zur Frage der verfassungsfeindlichen Kräfte im öffentlichen Dienst". Dieser sog. Radikalenerlass war ein Beschluss der Regierungschefs der Bundesländer und Bundeskanzlers Willy Brandt vom 28. Januar 1972 auf Vorschlag der Innenministerkonferenz. Nach ihm sollte die Anstellung im öffentlichen Dienst abgelehnt werden oder die Entlassung aus ihm erfolgen, wenn Zweifel am Eintreten des Betroffenen für die freiheitlich-demokratische Grundordnung bestehen, auch wenn er sich weder strafbar gemacht hatte noch einer verbotenen Partei angehörte. Da davon Betroffene ihren Beruf vielfach nur im öffentlichen Dienst ausüben können, bezeichneten Gegner des Radikalenerlasses diesen oft als „Berufsverbot". In der Anfangszeit des Radikalenerlasses erfolgte sogar eine Regelanfrage beim Bundesamt für Verfassungsschutz, wenn jemand sich für eine Stelle im öffentlichen Dienst bewarb.

„Gesinnungs-
schnüffelei"

Dieser Erlass führte zu einer jahrelangen Kontroverse über staatliche „Gesinnungsschnüffelei". Die Regelanfrage wurde nach heftigen Protesten im Laufe der 70er und 80er Jahre eingestellt, zuletzt in Bayern 1991. Bis zur Abschaffung der Regelanfrage wurden bundesweit insgesamt 1,4 Millionen Personen überprüft. Ca. 1100 davon wurde der Eintritt in den bzw. das Verbleiben im öffentlichen Dienst verwehrt, 130 wurden entlassen. Anstelle der Regelanfrage wird heute eine sogenannte Bedarfsanfrage beim Verfassungsschutz durchgeführt, wenn sich konkrete Anzeichen einer Gegnerschaft zur verfassungsmäßigen Ordnung ergeben. Dies ist sehr selten der Fall und führt noch seltener zu Konsequenzen.

Durchbruch in der Ostpolitik

In der Deutschlandpolitik hatte sich die FDP vor 1969 an die These „Wandel durch Annäherung“ (Egon Bahr, SPD, s. S. 117 f.) angenähert und wie die SPD eine neue Deutschland- und Ostpolitik gefordert. Schon die Große Koalition hatte erste Schritte unternommen und Gewaltverzichtsverträge mit verschiedenen Ostblockstaaten vorgeschlagen. Doch erst die Politik der von Willy Brandt und Walter Scheel (geb. 1919) geleiteten Regierung brachte den Durchbruch, weil sie davon ausging, dass es in Deutschland zwei Staaten gab. Vor allem in Osteuropa brachte man Brandt mehr Vertrauen entgegen als einer von der CDU geführten Bundesregierung.

Die Ostverträge

Erster Schritt der neuen Ostpolitik war das Erfurter Treffen Willy Brandts mit dem Regierungschef der DDR Willi Stoph (1914-1999) im März 1970. Darauf folgten Gewaltverzichtsverträge mit der Sowjetunion (Moskauer Vertrag, August 1970) und Polen (Warschauer Vertrag, Dezember 1970), das Viermächte-Abkommen über Berlin (September 1971), der Grundlagenvertrag mit der DDR (Dezember 1972) und der Gewaltverzichtsvertrag mit der Tschechoslowakei (Dezember 1973). Die wichtigste Vereinbarung zwischen der BRD und der DDR war der Grundlagenvertrag (s. S. 123), der im Dezember 1972 unterzeichnet wurde und im Mai 1973 in Kraft trat. Mit ihm sollten die Beziehungen zwischen den beiden deutschen Staaten auf der Basis von Gleichberechtigung und gutnachbarlicher Zusammenarbeit grundlegend geregelt werden. Die DDR sah in diesem Vertrag ein Abkommen zwischen zwei nach dem Völkerrecht souveränen Staaten. Sie verknüpfte mit dem Vertrag vor allem die Ziele der Anerkennung ihrer staatlichen Souveränität und internationalen Gleichberechtigung. Die Bundesrepublik hingegen ging davon aus, dass es sich bei den beiden Vertragspartnern um zwei Staaten, aber um eine Nation handele. Damit sollte deutlich werden, dass man am Ziel der Wiedervereinigung festhielt, dieses aber nur über die Anerkennung der Realitäten für erreichbar hielt. In dem im Grundlagenvertrag erzielten Ergebnis konnten sich letztlich beide Seiten wiederfinden.

Der „Brief zur deutschen Einheit“

Die Festlegungen zur „deutsche Frage“ sind vor allem im „Brief zur deutschen Einheit“ festgeschrieben, durch den der Grundlagenvertrag ergänzt wurde. Er war von Egon Bahr unterschrieben und an Michael Kohl, den DDR-Unterhändler, adressiert. Bahr stellte darin ausdrücklich fest, dass der Vertrag „nicht im Widerspruch zu dem Ziel der Bundesrepublik Deutschland steht, auf einen Zustand des Friedens in Europa hinzuwirken, in dem das deutsche Volk in freier Selbstbestimmung seine Einheit wiedererlangt.“ Mit dem Brief dokumentierte die sozialliberale Bundesregierung, dass sie trotz der Normalisierung der Beziehungen zur DDR am Wiedervereinigungsgebot des Grundgesetzes festhielt. Damit hatte sie das diplomatische Mittel gefunden, durch das die Beziehungen zu den osteuropäischen Staaten verbessert werden konnten.

„Ständige Vertretungen“

Mit den Vertragswerken der Jahre 1970-1973 („Ostverträge“) waren die juristischen Grundlagen für mehr Freizügigkeit und Friedfertigkeit zwischen den Staaten, insbesondere zwischen den beiden deutschen Staaten, gelegt. Zwischen der BRD und der DDR wurden „Ständige Vertretungen“, also botschaftsähnliche Einrichtungen, ausgetauscht.

Erleichterungen

Die Ostverträge brachten den Menschen in beiden Staaten bedeutende Erleichterungen: So wurde Westdeutschen das Recht zugesichert, pro Jahr einen Monat lang ihre Verwandten in der DDR besuchen zu können – sogar mit dem Privat-PKW, was zuvor undenkbar war. Der Bundesrepublik war es nun möglich, Straßenerneuerungen für den Transitverkehr durch die DDR nach West-Berlin zu finanzieren. Der Post- und Telefonverkehr wurde deutlich verbessert; die scharfen Kontrollen durch die DDR blieben aber bestehen. Der Höhepunkt der Reisetätigkeit von West nach Ost wurde 1986 erreicht, als 7 Mio. Menschen in die DDR einreisten – und Devisen mitbrachten, die einkalkuliert waren. Auch die Zahl der Rentnerreisen von Ost nach West stieg in diesem Jahr auf 1,8 Mio. Hinzu kamen 244 000 Westreisen jüngerer DDR-Bürger.

Anerkennung der „Oder-Neiße Grenze"

Die sozialliberale Bundesregierung musste, um diese Erleichterungen zu erreichen, bis an die Grenze ihres außenpolitischen Selbstverständnisses gehen. Gegen den Widerstand vieler CDU- und CSU-Anhänger und vor allem der Vertriebenenverbände erkannte sie die Oder-Neiße-Linie als Westgrenze Polens und die Grenzen der Sowjetunion bis zur endgültigen Regelung in einem Friedensvertrag faktisch an. Damit war die endgültige Abtrennung der ehemaligen deutschen Ostgebiete verbunden. Die vorausgehenden Bundesregierungen hatten sich auf das Potsdamer Protokoll von 1945 bezogen, in dem nur vorläufige Grenzen festgelegt und endgültige Grenzen einer Friedensvertragsregelung vorbehalten waren.

Brandts Kniefall

Das Symbol für die neue Ostpolitik wurde der Kniefall Willy Brandts vom Dezember 1970 vor dem Denkmal im ehemaligen Warschauer Ghetto, das an den jüdischen Aufstand gegen die deutschen Besatzer vom April 1943 erinnert. Dies war eine Geste, mit der er für sein Land um Vergebung bat für die Verbrechen der Deutschen im Zweiten Weltkrieg

Die CDU/CSU-Opposition setzte der Ostpolitik der Koalition erbitterten Widerstand entgegen und wandte sich

Misstrauensvotum gegen Brandt

gegen jede Anerkennung der DDR und der Oder-Neiße-Grenze. Die Ostpolitik war auch der Grund dafür, dass die CDU mithilfe eines konstruktiven Misstrauensvotums Kanzler Brandt absetzen und durch Oppositionsführer Rainer Barzel (1924-2006) ersetzen wollte. Dieser Versuch scheiterte knapp, und Brandt und damit die sozialliberale Regierung blieben im Amt.

Die „Guillaume-Affäre"

Brandt scheiterte erst, als er Opfer einer Intrige des DDR-Geheimdienstes wurde: Dieser hatte einen Offizier des Geheimdienstes, Günter Guillaume (1927-1995), in die engere Umgebung des Kanzlers eingeschleust, der schließlich dessen persönlicher Referent geworden war. Guillaume wurde enttarnt und am 24. April 1974 unter Spionageverdacht verhaftet. Brandt übernahm für diese Affäre die Verantwortung und trat am 7. Mai 1974 als Bundeskanzler zurück.

Die Sozialliberale Koalition unter Bundeskanzler Schmidt

Wirtschaftspolitische Schwerpunkte

Der Nachfolger Brandts im Amt des Bundeskanzlers, Helmut Schmidt (geb. 1918), galt als Technokrat und Macher. Er führte die Koalition mit der FDP fort, die nun unter Führung Hans-Dietrich Genschers (geb. 1927) stand. In der Wirtschaftspolitik konzentrierte sich die Regierung Schmidt/Genscher erfolgreich auf die Bekämpfung der Arbeitslosigkeit und die Wiedererlangung der Geldwertstabilität. Damit gelang es der Regierung, Deutschland in den Jahren 1976 bis 1980 inmitten einer weltweiten Rezession zu einer Insel der Stabilität zu machen. Zwar konnte die Arbeitslosigkeit nicht entscheidend gesenkt werden, doch der Umstand, dass die Produktionszahlen insgesamt wieder nach oben wiesen, wurde als Erfolg gewertet.

Die Konjunkturprogramme, Subventionen und staatlichen Aufträge zur Belebung der Wirtschaft belasteten jedoch die staatlichen Finanzen, sodass die öffentliche Verschuldung von 1972 bis 1977 von 125 auf 420 Milliarden DM stieg. In der Reformpolitik musste sich die Regierung „auf das Wesentliche" konzentrieren, wie es Schmidt in seiner Regierungserklärung vom 17. Mai 1974 ausdrückte, und Reformen durften die Haushalte nicht zusätzlich belasten.

Verschuldung des Staatshaushalts

1976 verabschiedete der Bundestag ein Gesetz zum Schwangerschaftsabbruch, das eine soziale Indikation erlaubte. Ein Abbruch blieb danach straffrei, wenn dadurch schwerwiegende körperliche oder seelische Beeinträchtigungen oder eine sonstige Notlage der Frau abgewendet werden konnten. Die weitergehende Fristenregelung, die einen Abbruch der Schwangerschaft in den ersten drei Monaten generell erlaubte und die in der DDR seit 1972 galt, war vom Bundesverfassungsgericht abgelehnt worden.

Reform des Schwangerschaftsabbruchs

Das Mitbestimmungsgesetz von 1976 versuchte, die Rechte der Arbeitnehmer im Betrieb zu stärken. Es sollte nicht nur im Kohle- und Stahlbereich, sondern in allen großen Kapitalgesellschaften eine beinahe paritätische Mitbestimmung, also eine nahezu gleiche Stimmenzahl der Arbeitnehmer- und Kapitalvertreter in den Aufsichtsräten herstellen. 1977 klagten Unternehmerverbände gegen dieses Gesetz vor dem Bundesverfassungsgericht, wurden aber 1979 von ihm abgewiesen. Dieses Mitbestimmungsgesetz und auch das für die Hochschulen (1976) enttäuschten sowohl die Lohnabhängigen als auch die Studenten. Beide Gruppen erhielten nicht die volle Parität in den entsprechenden Entscheidungsgremien, blieben also bei Abstimmungen in der Minderheit.

Reform der Mitbestimmung

1977 trat die Reform des Ehe- und Familienrechts in Kraft. Es setzte das Zerrüttungsprinzip an die Stelle des Verschuldungsprinzips (was in der DDR seit 1965 galt)

Reform des Eherchts

und regelte Unterhalt und Versorgung nach sozialen Gesichtspunkten. Dieses Gesetz ermöglichte es vor allem Frauen, nicht mehr tragbare Beziehungen zu lösen, ohne ins soziale Abseits zu rutschen und ohne in langwierigen und kostspieligen Prozessen die Schuld für das Scheitern der Ehe zu klären.

Bekämpfung des Terrorismus

Ein weiterer Schwerpunkt der Regierung Schmidt/Genscher war die Bekämpfung des Terrorismus. In die Amtszeit Helmut Schmidts fiel eine Reihe grausamer Terroranschläge der Roten Armee Fraktion (RAF), die sich gegen führende Repräsentanten des Staates richteten. Im September 1977 entführte die RAF den Arbeitgeberpräsidenten Hanns-Martin Schleyer (1915–1977) und eine Verkehrsmaschine der Lufthansa, um insgesamt elf inhaftierte Terroristen freizupressen. Es gelang der GSG-9, einer zur Terrorismusbekämpfung gebildeten Sondereinheit des Bundesgrenzschutzes, die im Flugzeug entführten Geiseln in Mogadischu (Somalia) zu befreien. Hanns-Martin Schleyer wurde ermordet, wie zuvor schon der Vorstandsvorsitzende der Dresdner Bank, Jürgen Ponto (1923-1977), und der Generalbundesanwalt Siegfried Buback (1920-1977). Zur Bekämpfung des Terrorismus hatte die Bundesregierung – vor allem auf Druck der Opposition – mehrfach das Strafrecht verschärft (§ 80a und § 130a) .

Außenpolitische Erfolge

Außenpolitisch gelang es der Regierung Schmidt/Genscher in den 1970er Jahren, der Bundesrepublik Deutschland international mehr Gewicht zu verleihen. Die wechselhafte Außenpolitik der vor allem durch den Vietnamkrieg verunsicherten USA begünstigte diese Entwicklung. Eine Wirtschaftskrise in der westlichen Welt mit starker Zunahme der Arbeitslosigkeit (in der Bundesrepublik auf 1,8 Mio. im Jahr 1982) verlangte nach internationalen Reaktionen. Helmut Schmidt und Valéry Giscard d'Estaing (geb. 1926), französischer Präsident 1974-1981, initiierten daher erfolgreich die Weltwirtschaftsgipfel der sieben größten Industrienationen der Welt (G 7), die ihre Maßnahmen abstimmten.

G7, G8

Teilnehmer des ersten Treffens waren zunächst die Staats- und Regierungschefs aus Deutschland, Frankreich, Italien, Japan, Großbritannien und den USA. Seit der Aufnahme von Kanada wurden die Gipfel G7-, bzw. nach Aufnahme Russlands 1998 G8-Gipfel genannt. Themen des ersten Weltwirtschaftsgipfels waren drückende ökonomische Probleme der 1970er Jahre und die Auswirkungen der ersten großen Ölkrise (s. S. 110 f.).

Treffen Schmidt – Honecker

Schmidt setzte die innerdeutsche Politik Brandts fort und erreichte weitere Erleichterungen, z.B. für Reisen aus der DDR in den Westen. Spektakulär war vor allem das Treffen mit Erich Honecker 1981, bei dem Schmidt am Rande des offizellen Programms das von der Volkspolizei geräumte Güstrow besuchte, um den von den Nazis verfolgten und von ihm geschätzten Bildhauer Ernst Barlach (1870-1938) zu ehren. Sozialdemokraten begannen zu dieser Zeit sogar darüber nachzudenken, ob ein Dialog mit der SED möglich sei. Er wurde 1984 aufgenommen, jedoch nicht zu Ende geführt.

„Nachrüstung“

Nicht zuletzt auf Anregung von Schmidt fasste die NATO 1979 den sogenannten „Doppelbeschluss“ über die „Nachrüstung“ (s.o. S. 125). Dieser sah vor, dass diese Waffen vom Herbst 1983 an in Westeuropa aufgestellt würden, wenn es bis dahin nicht gelungen war, die Sowjetunion in Verhandlungen zum Abzug ihrer neuen Raketen aus Osteuropa zu bewegen.

Neue Protestbewegungen

Bürgerinitiativen

Die Enttäuschungen über das als unvollständig empfundene Reformwerk der Soziallberalen Koalition, der Ausbau der Atomenergie und der NATO-„Doppelbeschluss“ führten zu einer Entfremdung zwischen der kritischen Jugend und den

Regierungsparteien wie schon zu Zeiten der Großen Koalition. Es bildeten sich Bürgerinitiativen, die sich zunächst vor Ort gegen den Bau von Atomkraftwerken wandten. 1972 schlossen sich zahlreiche Initiativen zum Bundesverband Bürgerinitiativen Umweltschutz (BBU) zusammen, der bundesweite Demonstrationen 1976 in Brokdorf und 1977 in Gorleben, Grohnde und Kalkar organisierte.

Die Bürgerinitiativen griffen auch andere Themen der von der Regierung vernachlässigten Umweltpolitik auf. Wenn auch ihre Proteste nicht unmittelbar in die Gesetzgebungsarbeit der Regierung mündeten, so erreichten sie doch, dass sich das öffentliche Bewusstsein für den Schutz der Umwelt schärfte. Verschiedene Gruppen nahmen sogar Kontakt zu den kirchlichen Umweltgruppen in der DDR auf, weil sie wussten, dass Umweltschäden nicht durch Grenzen behindert werden (z.B. Versalzung der Werra, Verschmutzung der Elbe). Anfang der 1980er Jahre griffen die Protestbewegungen dann vor allem die Rüstungsfrage auf. Sie plädierten in zahlreichen Großdemonstrationen für entscheidende Schritte zur Abrüstung und wandten sich gegen den NATO-„Doppelbeschluss“ (s. S. 125).

Die Grünen

Aus diesen Bürgerbewegungen ging 1980 die Partei der „Grünen“ als neue politische Kraft hervor, die 1983 erstmals den Sprung in den Bundestag schaffte.

Das Ende der sozialliberalen Koalition

Streit über die Wirtschaftspolitik

Die Koalition zwischen SPD und FDP zerbrach 1982 vor allem, weil es ihr nicht gelang, ihre Differenzen in wesentlichen wirtschafts- und sozialpolitischen Fragen zu lösen. Vor allem die kostenintensive Konjunktur- und Beschäftigungsprogramme der Regierung Schmidt hatten zu einer steigenden Verschuldung des Staates geführt. Bei der FDP war es nach und nach zu einer Stärkung des wirtschaftsliberalen Flügels um Wirtschaftsminister Otto Graf Lambsdorff (geb. 1926) gekommen, der den

Grund für die Staatsverschuldung und die fehlende Wirtschaftsdynamik im Anwachsen der sozialstaatlichen Leistungen sah. Er verlangte deren Kürzung, die zwar von Bundeskanzler Schmidt, nicht aber von dessen Partei, der SPD, mitgetragen worden wäre. So vertieften sich die Meinungsverschiedenheiten zwischen SPD und FDP über die künftige Wirtschaftspolitik und wurden unüberbrückbar. Zudem schloss sich die SPD in weiten Teilen der Friedensbewegung an, die große Protestveranstaltungen gegen den Nachrüstungsbeschluss der NATO veranstaltete (s. S. 125). Helmut Schmidt, der wie die FDP den NATO-Doppelbeschluss unterstützte, verlor dadurch den Rückhalt in seiner eigenen Partei.

Die Ära Kohl

Die Regierung Kohl – Genscher

Nach dem Bruch der sozialliberalen Koalition am 17. September 1982 wurde am 1. Oktober 1982 das erste erfolgreiche konstruktive Misstrauensvotum gegen einen Bundeskanzler durchgeführt. Die Bundestagsmehrheit aus CDU/CSU und FDP stürzte Bundeskanzler Helmut Schmidt und wählte Helmut Kohl (geb. 1930) zu seinem Nachfolger, der bis 1998 Kanzler einer CDU/CSU/FDP-Regierung blieb. Er verfolgte in der Deutschlandpolitik die auf Verständigung mit der DDR angelegte Linie seiner sozialdemokratischen Vorgänger weiter. Es kam sogar zu einer Einladung von SED-Chef Honecker in Bonn (1987), die allerdings umstritten war. Kohl hat sich in den Jahren vor der Wiedervereinigung um die Haushaltspolitik bemüht, wobei er vor allem die Sozialausgaben senkte. Betriebe hingegen wurden steuerlich gefördert, um Arbeitsplätze zu schaffen. In der Außenwirtschaft konnten Exportüberschüsse erreicht werden. Dennoch nahmen Arbeitslosigkeit und Anzahl der Menschen mit geringem Einkommen zu. In der Europa-Politik suchten Kohl und Außenminister Hans-Dietrich Genscher (FDP) wie schon Schmidt den Gleichklang mit der französischen Regierung. Das „Eurokorps", ein gemeinsamer militärischer Verband, sowie Aktivitäten, die letztendlich zum EU-Vertrag von Maastricht von 1992 führten, sind Ausdruck dieser Bemühungen.

5.1.3 Aufarbeitung der NS-Vergangenheit in Bundesrepublik und DDR

Verschleppende Aufarbeitung im Westen

Schon die Studentenbewegung hatte sich daran gestört, dass in den 1950er-Jahren die Verbrechen der Nationalsozialisten in der Bundesrepublik nicht an den Pranger gestellt wurden und die Verantwortlichen nicht ihre gerechte Strafe fanden (s. S. 136). Die Justiz, die zu einem nicht geringen Teil aus der NS-Justiz hervorgegangen war, hatte in den 1950er- und auch noch in den 1960er-Jahren Verfahren verschleppt, verharmlost und im Sande verlaufen lassen und nur, wenn es gar nicht mehr anders ging, Prozesse geführt und Strafen ausgesprochen. Zudem gelangten ehemalige führende Nationalsozialisten in hohe Ämter in Politik und Justiz, z.B. Hans Globke und Theodor Oberländer (s. S. 77-80). Kurt Georg Kiesinger schließlich, NSDAP-Mitglied bis 1945, in der Nazizeit leitender Beamter im Reichspropagandaministerium von Joseph Goebbels, wurde sogar Bundeskanzler. Erst der Ulmer Einsatzgruppenprozess 1957/1958, der Eichmann-Prozess 1960 in Israel sowie die Auschwitz-Prozesse in Frankfurt/Main von 1963-1966, 1973-1976 und 1977-81 trugen das Thema der Judenvernichtung in die breite Öffentlichkeit, die Arbeit der Zentralen Verfolgungsbehörde in Ludwigsburg trug nun ihre Früchte; auch „kleinere" Verbrechen konnten jetzt geahndet werden. Der Einsatzgruppenprozess hatte sich gegen Gestapo-, SD- und Polizeiangehörige gerichtet, die an der Erschießung von Juden im litauisch-deutschen Grenzgebiet beteiligt waren. Als Eichmann-Prozess wird das Gerichtsverfahren gegen den wegen millionenfachen Mordes angeklagten ehemaligen SS-Obersturmbannführer Adolf Eichmann bezeichnet, das vor dem Jerusalemer Bezirksgericht stattfand. Bei den Auschwitzprozessen handelt es sich um die sechs Strafprozesse gegen Mitglieder der Lagermannschaft des nationalsozialistischen Vernichtungslagers Auschwitz vor dem Schwurgericht in Frankfurt am Main in den Jahren 1963-1965 (1. Auschwitzprozess) und 1965/1966 (2. Auschwitzprozess) sowie um Nachfolgeprozesse in den 1970er-Jahren.

Fernsehserie „Holocaust"

Die Ausstrahlung der US-Fernsehserie „Holocaust" 1979 im westdeutschen Fernsehen führte schließlich dazu, dass die NS-Vergangenheit in der Öffentlichkeit und im privaten Bereich breit diskutiert wurde und die Anzahl der Publikationen über die NS-Zeit rasch wuchs. Die Sensibilität in der Gesellschaft gegenüber rechtsradikalem Gedankengut nahm stark zu, was nicht bedeutete, dass es keine Rechtsradikalen mehr gegeben hätte. Im Gegenteil: Es konnte sich sogar eine neue rechtsextreme Partei, die NPD, etablieren. Sie wurde 1964 gegründet, war 1970 bereits in sieben Landtagen vertreten und verfehlte bei den Bundestagswahlen 1969 die Fünfprozent-Hürde nur knapp.

Die Aufarbeitung wird breiter

Doch unterdessen wurde in den Schulen und anderen Bildungseinrichtungen die NS-Zeit gründlich behandelt und viele Fahrten zu KZ-Gedenkstätten organisiert. Die Aufmerksamkeit galt zunehmend der lokalen NS-Politik, wobei auch das Verhalten der einfachen Bürger untersucht wurde, vor allem die verbreitete Verhaltensform des „Wegsehens". In Großstädten gab es Führungen zu den NS-Orten bzw. zu den Gräbern von NS-Opfern. Der Widerstand gegen den Nationalsozialismus in seiner ganzen Breite, auch der kommunistische, wurde nun erwähnt und kritisch bewertet – die antidemokratischen und antisemitischen Tendenzen des konservativen Widerstands eingeschlossen. Im letzten Jahrzehnt der deutschen Teilung durchlief die Bundesrepublik eine richtiggehende „förmliche historische Revolution“ (Sabrow 1997, S. 139).

Distanzierte Aufarbeitung in der DDR

Auch in der DDR wurde von den Prozessen im Westen berichtet, jedoch in einer distanzierten Weise: Man ging davon aus, dass im „Arbeiter- und Bauernstaat“ der Faschismus beseitigt sei und es im Gegensatz zum Westen keine Grundlage mehr für den Nationalsozialismus gebe, weil man nach 1945 alle Nazis aus öffentlichen Ämtern und der Wirtschaft entfernt habe. Nach der „Wende“ konnte allerdings aufgezeigt werden, dass in der DDR die NS-Vergangenheit weniger gründlich aufgearbeitet wurde als im Westen. Lokale Untersuchungen gab es nicht. Wenn sie die SED-Politik unterstützten, waren NS-Täter für die DDR sogar brauchbar, etwa als Stasi-Mitarbeiter. So belegte der Prozess gegen den Auschwitzer SS-Arzt Horst Fischer 1965, dass ein schwer Belasteter 20 Jahre lang in SBZ und DDR mehr oder weniger unbehelligt leben konnte. Er war zwar lange von der Stasi observiert worden, aber nur deshalb, weil man bei ihm eine Spionagetätigkeit für den Westen vermutete. Wegen seiner Tätigkeit als SS-Arzt wurde er erst kurz vor dem Verfahren überwacht. Im Zusammenhang mit dem Eichmann-Prozess 1961 nutzte die DDR die internationale Aufmerksamkeit, um die Bundesrepublik in ein schlechtes Licht zu rücken und sich selbst als antifaschistischen Staat moralisch über den westdeutschen zu stellen. Dies wurde etwa an der Kampagne der DDR gegen den Bundespräsidenten Heinrich Lübke (1894-1972) in den Jahren 1968/69 deutlich, der in den Verdacht geraten war, am Bau von KZs beteiligt gewesen zu sein. Die Aufarbeitung der NS-Zeit war also Teil der Ost-West-Auseinandersetzung geworden.

Einseitige Aufarbeitung

In der Bundesrepublik verhinderte lange Zeit das einseitige Gedenken an den konservativen und militärischen Widerstand (20. Juli 1944) die angemessene Würdigung anderer Teile des Widerstands – vor allem der Kommunisten. In der DDR wiederum wurde das ebenfalls einseitige Gedenken an den kommunistischen Widerstand benutzt, um der DDR eine antifaschistische Grundlage zu verschaffen und so ihre moralische Überlegenheit gegenüber der Bundesrepublik zu demonstrieren.

Die „Wehrmachtsausstellung"

Auch im vereinigten Deutschland gab und gibt es Schwierigkeiten bei der Aufarbeitung der NS-Verbrechen. So etwa bei dem Versuch des Hamburger „Instituts für Sozialforschung" Mitte der 1990er Jahre, mittels einer Ausstellung die Beteiligung der Wehrmacht an Holocaust und Vernichtungspolitik an der Ostfront nachzuweisen. Gegen diese Ausstellung gab es massive Proteste sowohl von ehemaligen Wehrmachtssoldaten als auch von rechts gerichteten Jugendlichen.

5.2 Erörterung wissenschaftlicher Kontroversen

Wer arbeitete die NS-Vergangenheit angemessener auf – die DDR oder die Bundesrepublik?

Verordneter Antifaschismus?

Viele Ostdeutsche, besonders ehemalige Repräsentanten der DDR, verteidigten die DDR als antifaschistischen Staat – so Kurt Hager (1912-1998), Politbüro-Mitglied 1959-1989, im Jahr 1995 (Gespräch in: Hering/Lützenkirchen 1995, S. 60). Auch Anhänger der PDS/Die Linke verweisen darauf, dass neben dem Marxismus-Leninismus der Antifaschismus von Staat und Partei die entscheidende Legitimation für die DDR war (Dieckmann 1998, S. 54). Bei vielen Menschen in der DDR fand die These vom Antifaschismus als Grundlage der DDR auch deshalb Zustimmung, weil in der SBZ/DDR nach 1945 alle Mitglieder von NS-Organisationen aus Verwaltung, Polizei, Schule usw. entfernt worden waren. Dass die Stasi allerdings NS-Täter nicht intensiv genug suchte und sogar einzelne NS-Täter in ihren Dienst stellte bzw. einige in der NVA hohe Posten innehatten, war nicht bekannt. So war auch der ostdeutsche Historiker Manfred Kossok der Meinung, dass „da kein Antifaschismus ‚verordnet' werden" musste (Kossok 1993, S. 25). Viele Studenten – auch im Westen – orientierten sich an bedeutenden Wissenschaftlern, wie dem Literaturwissenschaftler Hans Mayer (1907-2001) oder dem Philosophen Ernst Bloch (1885-1977), die in Leipzig lehrten und deren antifaschistische Positionen man übernahm. Man kann auch den Physiker und Philosophen Robert Havemann (1910-1982) hinzuzählen, der 1943 von den Nazis zum Tode verurteilt worden war und nur durch einen glücklichen Umstand mit dem Leben davonkam. Er beteiligte sich als kritischer Marxist intensiv am Aufbau des neuen Staates in der DDR (siehe z.B. Florath/Theuer 2007, S. 11 ff.). Viele Historiker sprachen sich entschieden gegen die im Westen entstandenen „Legende vom verordneten Antifaschismus" aus (Pätzold 1993, S. 111 ff.). Vielmehr sei die DDR ein „historisches Korrektiv oder ein Gegengewicht zur Bundesrepublik" gewesen (Badstübner 1993, S. 56).

Neuauflage der NS-Zeit?

Der ostdeutsche Historiker Stefan Wolle (geb. 1950) hingegen beschreibt, dass das SED-Regime von vielen DDR-Bürgern als Neuauflage der NS-Zeit empfunden wurde, und nennt als Merkmale hierfür: die „Große Wachablösung" mit preußischem Zeremoniell vor der Neuen Wache Unter den Linden, der „schroffe Befehlston und die strengen Blicke der Grenz- und Zollbeamten", die „Einschüchterung und Bedrohung" des Einzelnen, die „Massenmobilisierung, die Fahnen und Losungen auf den Straßen, (...) die Allgegenwart der Polizei und die Militarisierung der Gesellschaft" (Wolle 1998, S. 329f.). Er betont: „Der Vergleich zwischen NS-und SED-Staat lag einfach zu nahe", wobei „die Gleichsetzung mit der

Hitler-Diktatur (...) für die SED und ihre Anhängerschaft stets die schlimmste aller möglichen Verleumdungen (bedeutete)". Wolle betont den offiziell radikalen Bruch mit der Nazi-Vergangenheit, zeigt aber, dass mit der Antifaschismus-These „die Mitschuld breiter Bevölkerungskreise an den zur NS-Zeit begangenen Verbrechen weitgehend unter den Teppich gekehrt" worden sei (S. 332). Die „Faschismus-Keule" (S. 332) wurde geschwungen; man musste Lippenbekenntnisse abgeben, hinter denen man aber nicht stand. Die antiwestliche Ideologie des SED-Regimes ging so weit, dass es zusammen mit den anderen Ostblockstaaten Kontakte zum jüdischen Staat, zu Israel ablehnte. Israel war für die DDR Teil der kapitalistischen Welt und damit ein Feind des sozialistischen Lagers. Ein Schuldbekenntnis gegenüber den Juden kam daher für die DDR nicht infrage.

In der Geschichte der Bundesrepublik kann man in der Aufarbeitung des Nationalsozialismus eine Entwicklung erkennen:

„Reinigungseffekt" durch Entnazifizierung?

Vor der Gründung der Bundesrepublik gab es eine Phase der politischen Säuberung (Nürnberger Prozesse und Nachfolgeverfahren, Entnazifizierung), die anfänglich von den Westalliierten durchgeführt wurde, erst 1946/47 von deutschen Einrichtungen. In dieser Zeit ging es vor allem um die Entnazifizierung durch die „Befreiungsgesetze" und damit um das schwierige Unterfangen, mit Hilfe von juristischen Verfahren eine ideologische Gesinnung bekämpfen zu wollen – mit dem Ergebnis, dass der angestrebte „Effekt einer ‚Reinigung'" ausblieb (Hillgruber 1983, S. 22). Als Folge davon konstatiert Peter Steinbach eine „trügerische Ruhe" in den 1950er Jahren (Steinbach 1981, S. 48). Der Umstand, dass nach 1945 rechtsextreme Parteien bei Wahlen keine bedeutende Anhängerschaft fanden, verleitete den amerikanischen Hochkommissar McCloy 1951 in seinem „7. Bericht über Deutschland" zur der Einschätzung, dass sich der überwiegende Teil der westdeutschen Bevölkerung bemühe, „jegliche Bindungen an die Vergangenheit und an die Erinnerungen an die Nazi-Zeit zu lösen“ (Amt des amerikanischen Hochkommissars für Deutschland 1951, S. 136). Daher ist es nicht verwunderlich, dass beim Aufbau der Bundeswehr ab 1955 (wie auch beim Aufbau der Nationalen Volksarmee der DDR) Generäle und Offiziere der Wehrmacht eine entscheidende Rolle spielten – stets mit dem Argument, dass die fachliche Eignung wesentlich sei: so etwa Hans Speidel (1897–1984) und Alfred Heusinger (1897–1982) im Westen, Vincenz Müller (1894–1961) und Bernhard Bechler (1911-2002) im Osten.

1950er Jahre – gestörtes Kurzzeitgedächtnis?

Die 1950er Jahre waren im Westen geprägt vom „gestörten Kurzzeitgedächtnis“ und der „Suche nach nützlichen Legenden – von den Deutschen, die alle gegen Hitler gewesen waren“ (Judt 2006, S. 82). Norbert Frei bezeichnet diese Phase als „Bewältigung der frühen NS-Bewältigung“ (Frei 2009, S. 44), an die Wiedereinstellung von NS-Vertretern in den öffentlichen Dienst erinnernd.

Abwehr von Schuld und Scham?

Die Sozialpsychologen Alexander (1908-1982) und Margarete (geb. 1917) Mitscherlich hingegen machten als eine der ersten darauf aufmerksam, dass die meisten Deutschen eine intensive Abwehr von Schuld und Scham aufgebaut hätten und eine emotionale Bindung an die NS-Ideologie und Hitler verleugneten (Mitscherlich/Mitscherlich 1967). Ralph Giordano (geb. 1923), selbst von der Judenverfolgung durch die Nazis betroffen, erhob den Vorwurf, die Deutschen hätten eine „zweite Schuld“ auf sich genommen, womit er die zusätzliche Schuld der mangelnden Auseinandersetzung mit der NS-Zeit und der unterlassenen Verfolgung der Täter meinte (Giordano 1987). Nach dieser Auffassung wurde die Vergangenheit bis 1967 nur verdrängt, nicht bewältigt.

Vorbildlicher Umgang mit der NS-Zeit?

Dies wurde freilich von einigen Autoren bestritten. Der Historiker Kurt Sontheimer z.B. ist sogar der Meinung, dass „niemals sonst in der modernen Geschichte

(...) eine nachdiktatorische Gesellschaft so radikal mit der Vergangenheit gebrochen, die vorangegangenen Verbrechen anerkannt, Unrecht wieder gut zu machen versucht und die eigene Diktaturgeschichte erforscht (habe)" (Sontheimer 1999, S. 44). Die Verdrängung der Vergangenheit „sei eine Legende", und in den 1950er Jahren habe es nur eine Art „Heilschlaf" gegeben, wobei damals die Integration der Mitläufer und NS-Täter in die demokratische Gesellschaft im Vordergrund stand. In der wissenschaftlichen Geschichtsschreibung hoben viele Autoren die Fremdartigkeit der NS-Zeit im Ablauf der deutschen Geschichte seit dem Kaiserreich hervor, z.B. Gerhard Ritter (1888-1967) und Hans Rothfels (1891-1976). Das Kaiserreich eröffnete für sie „die gute, die bewahrenswerte Tradition der Deutschen". Dass die Sieger durch ihre Politik seit Teheran und Jalta das Reich gespalten hätten, sei ein großes Unrecht. „So erschien die deutsche Nation als Opfer der Siegermächte, namentlich der Sowjetunion, nachdem sie zuvor Opfer Hitlers gewesen war" (Wolfrum 2006, S. 175).

Freispruch für die Nazi-Justiz?

Jörg Friedrichs Untersuchungen gelangten 1983 zu einem anderen Ergebnis: Die Justiz habe alles getan, um die Nazi-Justiz freizusprechen (Friedrich 1983, S. 14, und Friedrich 2007, S. 178, sowie „richterliche Selbstamnestie": Friedrich 2007, S. 378 ff.). Er geht davon aus, dass bewusste Unterlassungen bei Ermittlungen gegen NS-Täter vorgenommen wurden und Fehlurteile gesprochen worden sind (Friedrich 1998, S. 642 ff.). Der Bundesgerichtshof habe 1995 zugegeben, dass die Urteile im Zusammenhang mit der Nazi-Justiz fehlgeschlagen seien. Friedrichs Schlussfolgerung: Zwei Generationen von Richtern hätten den Tatbestand der Massenvernichtung verkannt.

Entschädigungszahlungen an Israel

Trotz der erst 1965 aufgenommenen diplomatischen Beziehungen zu Israel erhielt das Land schon ab 1952 etwa 40 Prozent der Entschädigungsgelder nach dem Bundesentschädigungsgesetz von insgesamt 103,8

Mrd. DM (Wolfrum 2006, S. 177). Für nichtjüdische Opfergruppen wie Sinti und Roma, Zwangssterilisierte, Homosexuelle usw. waren keine Gelder vorgesehen. Die Zahlungen an osteuropäische Opfer, vor allem an ehemalige Zwangsarbeiter, erfolgten erst in den 1990er Jahren. Kurt Sontheimer geht insgesamt davon aus, dass die Bemühungen um Aufarbeitung der Vergangenheit die Masse der Bevölkerung in den frühen Jahren der Bundesrepublik nicht erreichte (Sontheimer 1991, S. 185).

„Banalität des Bösen"

Unbestritten in der wissenschaftlichen Literatur ist, dass die Auseinandersetzung der westdeutschen Gesellschaft mit der Zeit des Dritten Reiches, vor allem mit der Judenverfolgung, seit dem Ulmer Einsatzgruppen-Prozess 1958 in das öffentliche Bewusstsein drang. Im Zusammenhang mit dem Auschwitz-Prozess ab 1963 wurde nun die Frage diskutiert, wie „einfache Bürger" wie Kaufleute, Landwirte, Metzger usw. zu Tätern werden konnten (Reichel 2001, S. 162 ff.). Im Zusammenhang mit dem Eichmann-Prozess in Jerusalem ab 1960 diskutierte man über Hanna Arendts Wort von der „Banalität des Bösen" (Arendt 1987). Die Autorin versuchte, die Motive der Beteiligten und die Reaktion der Bevölkerung zu erfassen, und stieß damit auf große Resonanz.

Die „Zentrale Erfassungsstelle"

Wie schwierig der Umgang mit der NS-Vergangenheit trotzdem noch war, zeigte sich ausgerechnet an der Zentralen Erfassungsstelle von NS-Verbrechen in Ludwigsburg, die 1958 errichtet wurde und durch die insgesamt viele Täter aufgespürt werden konnten: Erwin Schüle, erster Leiter der Stelle, war, wie sich herausstellte, als NSDAP- und SA-Mitglied selbst belastet. Öffentlicher Druck führte 1965 dazu, dass er diese Funktion abgeben musste.

„Schlussstrich-Mentalität"

Hinzu kam, dass es unmittelbar nach dem Ende des „Dritten Reiches" in der Bevölkerung eine Mentalität gab, die die Verbrechen der Nazi-Zeit nicht mehr zur Diskussion stellen und einen „Schlussstrich" darunter ziehen wollte. Wie verbreitet sie war, zeigte sich an den Debatten über die Verjährung von Mord, die seit 1965 im Bundestag und in der Öffentlichkeit geführt wurden. Zahlreiche Politiker, so auch der damalige Bundesjustizminister Ewald Bucher (1914-1991) (FDP), traten dafür ein, die Verjährungsfrist für Mord beizubehalten, wohl wissend, dass damit viele NS-Täter nicht mehr bestraft werden konnten. Erst 1979 wurde die Verjährungsfrist für Mord vollständig aufgehoben, und damit konnten auch NS-Verbrechen weiterhin verfolgt werden.

Historikerstreit

Als eine der großen Auseinandersetzungen um die Bedeutung der NS-Vergangenheit ging der „Historikerstreit" in die Geschichte der Bundesrepublik ein. Der Historiker Ernst Nolte (geb. 1923) behauptete, der Nationalsozialismus und seine Verbrechen seien vor allem eine Reaktion auf den sowjetrussischen Bolschewismus gewesen, der von Hitler sozusagen nachgeahmt worden sei (Frankfurter Allgemeine Zeitung v. 6. Juni 1986). Man müsse die NS-Zeit neu bewerten, „indem man sie in den allgemeinen Zusammenhang der modernen Völkermorde einordne" (Judt 2006, S. 944). Nolte stritt damit ab, dass der Holocaust ein einzigartiges Verbrechen war, relativierte es und setzte es in seiner Bedeutung herab. Diese Gedankengänge stießen zunächst auf große Skepsis, später auf scharfen Widerstand. Der Philosoph Jürgen Habermas (geb. 1929) hielt an der Auffassung fest, dass der Holocaust einzigartig sei und sich jede Relativierung der deutschen Schuld verbiete (Judt 2006, S. 944). Die neokonservative Relativierung der Nazi-Verbrechen und damit der deutschen Schuld stieß bei den meisten Historikern auf Ablehnung, wenn auch Habermas' Konsequenz nicht überall Anklang fand. „Selbsthass" müsse nicht sein, meinte etwa der Schriftsteller Peter Schneider (geb. 1940).

„Historische Reife" durch Aufarbeitung?

Seit Ende der 1960er Jahre bis 1989 waren in der westdeutschen Gesellschaft die Kenntnisse über die NS-Vergangenheit, insbesondere über den Holocaust, stark gewachsen, und die damit verbundene Verantwortung wurde von den meisten Deutschen akzeptiert. Das Ansehen der Westdeutschen war nach Meinung von Wolfrum sogar „aus der Aufarbeitung der NS-Verbrechen und der deutschen Schmach" entstanden (Wolfrum 2006, S. 400). Bei den 40-Jahr-Feiern der Bundesrepublik 1989 spielte diese Frage allerdings keine Rolle. Da konzedierten viele Redner dem Staat „historische Reife und ein gewachsenes Selbstbewusstsein (...), die stolze Bejahung der rechts- und sozialstaatlichen Ordnung sowie der liberalen politischen Kultur" (Wolfrum 2006, S. 428).

Die Goldhagen-Debatte

Nach der Wiedervereinigung wurde die NS-Aufarbeitung zum Maßstab für die Aufarbeitung der SED-Diktatur. Man wollte die Fehler, die bei der Aufarbeitung des Nationalsozialismus seit 1945 gemacht wurden, vermeiden. Die neue Problematik verdrängte jedoch die alte nicht: Es gab in der Öffentlichkeit weiterhin Debatten über die NS-Vergangenheit – etwa die Auseinandersetzung über die Thesen des US-amerikanischen Politologen Daniel Jonah Goldhagen (geb. 1959) in den 1990er Jahren und die Kontroverse über die Beteiligung der Wehrmacht an Kriegsverbrechen. Goldhagen hatte die These vertreten, in Deutschland habe es seit Anfang des 19. Jahrhunderts einen weit verbreiteten „eliminatorischen" Antisemitismus gegeben, also eine Haltung, die die Herausdrängung der Juden aus der Gesellschaft gutheißt. Daraus habe sich in der NS-Zeit ein „exterminatorischer", also auf physische Vernichtung gerichteter Antisemitismus entwickelt. Diese These wurde in der Öffentlichkeit sehr emotional diskutiert und vor allem von den deutschen Universitätshistorikern mehrheitlich abgelehnt (Goldhagen 1996 und Schneider 1997): „Etablierte NS-Forscher waren über diese simplifizierende Neuauflage der Kollektivschuldthese entsetzt" (Wolfrum 2006, S. 498).

Die Wehrmachtswanderausstellung des Hamburger Instituts für Sozialforschung brachte 1995 Fotos, die die

Beteiligung der „normalen" Wehrmacht in Osteuropa an antisemitischen Aktionen zeigten. Weil acht der insgesamt etwa 800 Fotos falsch zugeordnet waren, wurde die Ausstellung insgesamt überarbeitet. Sie wurde in der Öffentlichkeit und sogar im Bundestag 1997 intensiv und kontrovers diskutiert. Eine Folge der Ausstellung war allerdings, dass sich das in der Forschung wohlbekannte, in der Gesellschaft aber verdrängte Faktum der Beteiligung des gewöhnlichen Offiziers und Soldaten an Verbrechen gegen Juden in Osteuropa „mit voller Wucht" Bahn brach (Wolfrum 2006, S. 499).

Verbrechen der Wehrmacht

Unterdessen hatte ein neuer Aspekt Eingang in die Diskussion gefunden, das „Zeitalter der Opferkonkurrenz", wie Norbert Frei es nennt (Frei 2009, S. 30). Er meint damit die Entdeckung der deutschen Opfer durch Flucht, Vertreibung und Bombenkrieg. So war die Haltung entstanden, dass sich viele Deutsche nun ebenfalls als Opfer der NS-Diktatur sahen und begannen, die Unterschiede zu anderen Opfergruppen wie Juden oder Sinti und Roma, z.T. auch zu Opfern der SED-Diktatur zu verwischen. Ein diffuses neues Geschichtsgefühl schien einzusetzen (Wolfrum 2005).

„Opferkonkurrenz"?

Bis in die jüngste Zeit hinein erfolgte die Vergangenheitsbewältigung auch in der Literatur. Sie setzte bereits mit Titeln wie „Das siebte Kreuz" von Anna Seghers (1900-1983) oder „Des Teufels General" von Carl Zuckmayer (1896-1977) ein, die noch in der Emigration geschrieben und gleich nach 1945 im besetzten Deutschland erfolgreich verbreitet wurden, und wird bis heute fortgesetzt. Zuletzt hat Peter Schneiders Roman „Vati" (1987) und Bernhard Schlinks (geb. 1944) Roman „Der Vorleser" (1995) den Stoff so bearbeitet, dass er gerade die jüngere Generation emotional erreicht. Jonathan Littell (geb. 1967), französischer Schriftsteller amerikanischer Herkunft, erregte 2006 mit seinem Tatsachenroman „Die Wohlgesinnten"

„Vergangenheitsbewältigung" in der Literatur

Aufsehen, weil er durch seine Hauptfigur den Holocaust aus der Perspektive der Täter darstellt.

Verdrängung und Aufarbeitung

In letzter Zeit suchen jüngere Historiker nach einem neuen Ansatz in der Erinnerungskultur. Edgar Wolfrum (geb. 1960) etwa stellt fest, dass der Gegensatz zwischen Verdrängung und Aufarbeitung nicht sinnvoll sei. Es ginge vielmehr darum, verschiedene Ebenen gleichzeitig zu beachten und sie nicht gegeneinander auszuspielen: die Strafverfolgung der NS-Verbrechen, die Entschädigung der Opfer, die Personalpolitik der Institutionen, die Erinnerungspolitik durch öffentliches Gedenken, die wissenschaftliche Erforschung „und auf der Ebene kollektiver Einstellungen die Deutungs- und Verhaltensmuster der Bevölkerung sowie populäre Geschichtsbilder" (Wolfrum 2006, S. 171). Dabei geht er davon aus, dass die Bilanz der Aufarbeitung nicht so schlecht sei, wie vielfach angenommen: So habe kein einflussreicher NS-Politiker politisch überlebt, nur die „mittlere Garnitur" (Wolfrum 2006, S. 172) fand in den 1950er Jahren schnell ihren Platz, wobei sie sich allerdings anpasste und die Bundesrepublik noch zwei Jahrzehnte lang mitgestaltete. Mahnmale, die an Orte der Nazi-Verbrechen erinnerten, seien gerade in den 1950er Jahren in großem Umfang errichtet worden, wobei allerdings die Trennschärfe zwischen Opfern und Tätern oft genug verwischt worden sei.

Epochenwende 1968?

Ende der „alten“ Bundesrepublik

1945 und 1989/90 sind für die deutsche Geschichte eindeutig Epochengrenzen, denn jeweils die Zeit davor und danach wurde durch völlig neue Strukturen geprägt: 1945 endete das „Dritte Reich“ und begann die Nachkriegszeit im besetzten Deutschland; 1989/90 ging die DDR unter, und es konnten die Umstände zur Wiedervereinigung genutzt werden. Doch 1968? Ging da für die „alte“ Bundesrepublik eine Epoche zuende, etwa die der Aufbaujahre, und begann eine neue Zeit, etwa die einer neuen Gesellschaftsordnung, ein sozialer und politischer Wandel nach der zuvor erstarrten Gesellschaft?

Motive und Kennzeichen der 68er-Bewegung waren:

Kennzeichen der 68er-Bewegung

- Die Große Koalition 1966-69 forderte Widerspruch heraus;
- der Vietnam-Krieg kulminierte 1968 mit My Lai in einem Massaker, das die Studenten weltweit empörte;
- die Bild-Zeitung wurde als Symbol des kapitalistischen Systems nach dem Mordanschlag auf den Studentenführer Rudi Dutschke gesehen;
- die Entwicklung der „Pille“ (seit 1960/61 auf dem deutschen Markt) hatte eine neue Sexualmoral zur Folge;
- provozierende Kleidung und Lebensformen („Kommunen“) sollten die Gesellschaft herausfordern und ihren angeblich „reaktionären Charakter“ belegen.

Die Bewertung dieser Bewegung in der wissenschaftlichen Literatur fällt zwiespältig aus:

Schwächung der Demokratie?

Einige Historiker vertreten die Auffassung, dass der Studentenprotest zur Schwächung der Demokratie und der Institutionen des Grundgesetzes geführt habe (Lübbe 2001, S. 129 ff.). Durch die „68er“ wurde eine Gewaltspirale in Gang gesetzt bis hin zum Terrorismus (z.B. Sontheimer

1999, S. 94ff.). Diese Spirale begann 1968, als Gudrun Ensslin, Andreas Baader und andere ein Frankfurter Kaufhaus in Brand steckten. Weitere Aktionen der Roten Armee Fraktion (RAF) folgten und erreichten ihren Höhepunkt 1977 im sog. Deutschen Herbst. So wird die Zeit und ihre politische Atmosphäre in Westdeutschland im September und Oktober 1977 bezeichnet.

„Werteverfall" oder „Vitalisierung"?

Den „68ern" wird auch die „Autoritätsschwäche innerhalb der Gesellschaft und ... (der) Werteverfall" angelastet (Wolfrum 2006, S. 269f.). Rudolf Morsey wirft der Bewegung vor, sie habe eine „andere Republik" gewollt; die Folge sei die „Neue Linke" mit „teilweise anarchistischen, teilweise aber auch totalitären Zielsetzungen" gewesen (Morsey 1995 , S. 107), die glücklicherweise gescheitert sei. Positiv wird die verstärkte Auseinandersetzung mit der NS-Zeit gesehen, ebenso der Durchbruch zu einer liberalen Sexualmoral und der Beginn einer Frauenbewegung. Folgen der 68er Bewegung waren auch die Entstehung von Bürgerinitiativen und die Förderung eines „echten Pluralismus" (Doering-Manteuffel/Kahlenberg 1989, S. 227). „Auf längere Zeit stiegen die Zustimmungsbereitschaft und die Demokratiezufriedenheit der Bundesbürger, und ihre aktive Beteiligung an der Gesellschaft nahm zu. Was jedoch im Rückblick als Verdienst der 68er erscheinen mochte, war nicht selten vor allem das Ergebnis der Kritik an ihnen" (Wolfrum 2006, S. 270). Pointiert lässt sich von einer „glücklich gescheiterten Umgründung der Republik" sprechen. Insgesamt sieht Edgar Wolfrum die Bewegung in positivem Licht: „Durch die Politisierung der Jugend gewann die Demokratie in der Bundesrepublik an Vitalität, vor allem aber gelang eine Integration in das demokratische Staatswesen, das damit seine Reformfähigkeit bewies" (Wolfrum 2006, S. 271). Der vor allem durch die Bewegung in Gang gesetzte Wertewandel – die Werte Gehorsam und Unterordnung verloren an Bedeutung – wurde zu einem „Kulturwandel“ mit erheblichem Nachhaltigkeitseffekt (Greiffenhagen/Greiffenhagen 1993, S. 225). Mit Willy Brandts Ankündigung, mehr Demokratie wagen zu wollen, setzte sich 1969 eine positive Stimmung zugunsten der Demokratie in der breiten Mitte der Bevölkerung, aber auch bei den gemäßigten Linken in der Bundesrepublik durch.

Wichtige Verstärkerfunktion?

Christoph Kleßmann relativiert den Einfluss der 68er-Bewegung: Es müsse gefragt werden, „was wirklich neu und umwälzend war und wo die APO nur latente Strömungen und schon spürbare Veränderungen bewusst gemacht (...) hat“ (Kleßmann 1988, S. 282). Die APO habe oftmals „nur eine – allerdings wichtige – Verstärkerfunktion ausgeübt.“ Das gilt z.B. für den Lebensstil und besonders für die Musik: Die Beatles mit ihrer Haartracht und Kleidung wurden „zum Symbol der Opposition gegen die Erwachsenenwelt, und in zahllosen Familien, Schulen und Betrieben entzündeten sich an den langen Haaren heftige Generationskonflikte“ (Kleßmann 1988, S. 283). Daraus ging eine „politisierte Form des musikalischen Protests“ hervor, repräsentiert vor allem durch Bob Dylan. Kleßmann kritisiert also die Überbewertung des Einflusses der APO auf ihre Zeit.

Zweite Lebensphase der BRD?

1968 kann durchaus als eine Epochengrenze für die westdeutsche Gesellschaft gesehen werden – gleich, ob man nun die positiven oder die negativen Wirkungen in den Vordergrund stellt. Die Überlegung, ob mit der Sozialliberalen Koalition und der Kanzlerschaft von Willy Brandt ab 1969 eine „zweite Lebensphase“ der Bundesrepublik erreicht wurde (so Sontheimer 1999, S. 87), widerspricht dem nicht.

6. Privates Leben 1961–1989

6.1 Darstellung

Worin bestanden die Unterschiede zwischen dem alltäglichen Leben in der Bundesrepublik und dem in der DDR, worin die Gemeinsamkeiten? Die Fragen lassen sich mit Hilfe der folgenden gesellschaftlichen Bereiche präzisieren.

Familie und Frauen

Neue Formen des Zusammenlebens im Westen

Nach Kriegsende kehrten viele Väter, Brüder und Söhne nicht oder erst spät nach Deutschland zurück, weil sie in Kämpfen getötet worden, in den Lagern verstorben oder lange in Gefangenschaft waren. Dennoch blieb die Familie, auch die unvollständige, unmittelbar nach dem Krieg in allen vier Besatzungszonen ein wichtiger Halt im alltäglichen Leben. Sie bot in dieser schwierigen Zeit nicht nur Geborgenheit, sondern ermöglichte auch gegenseitige Hilfe. Sie behielt diese Funktion bis in die 1960er Jahre hinein. Das änderte sich im Westen durch die „68er"-Generation, die neue Formen des Zusammenlebens erprobte: Dies geschah vor allem in Wohngemeinschaften (abgekürzt „WGs"), die anfangs „Kommunen" genannt wurden. Deren Bewohner praktizierten zudem eine neue sexuelle Freizügigkeit, die sich bewusst von den Moralvorstellungen ihrer Eltern absetzte und in anderen Schichten rasch Nachahmer fand. So begann eine „sexuelle Revolution", in der durch neuartige Aufklärungsmethoden – etwa durch die Filme von Oswalt Kolle (geb. 1928) – eine freizügige Einstellung verbreitet wurde, wie man sie bis dahin noch nicht gekannt hatte.

Entstehung der Frauenbewegung

Im Gefolge der 68er-Bewegung entstand auch die Frauenbewegung, die auf die vollständige Gleichberechtigung der Frau in allen Lebensbereichen, vor allem im Alltag, hinarbeitete. In der seit 1977 erscheinenden und von Alice Schwarzer (geb. 1942) herausgegebenen Zeitschrift „Emma“ hatte sie ihr wichtigstes Organ. Die in der 68er Zeit in studentischen Kreisen aufkommende „antiautoritäre Erziehung“ der Kinder wirkte ebenfalls in die Gesellschaft hinein und führte – trotz einiger Übertreibungen – insgesamt zu einer liberaleren Erziehung der Kinder und Jugendlichen.

Liberalere Gesetzgebung

Der Staat reagierte auf diese gesellschaftlichen Vorgänge mit einer liberaleren Gesetzgebung. So wurde etwa die Scheidung vereinfacht und das „Schuldprinzip“ 1977 durch das „Zerrüttungsprinzip“ ersetzt. Auch die Strafbarkeit von Homosexualität wurde zurückgenommen (s. auch S. 132).

DDR: andere Entwicklung als im Westen

Im Osten verlief die gesellschaftliche Entwicklung anders als im Westen. Hier galt die antiautoritäre Erziehung als typisch dekadente Erscheinung der kapitalistischen Gesellschaft. Die Jugend sollte den Vorbildern hervorragender Kommunisten oder Soldaten nacheifern. Dies tat sie aber kaum, sondern richtete sich mit Hilfe der Westsender in Radio und Fernsehen eher an der Bundesrepublik aus und folgte den dortigen Vorstellungen. Die Beatles waren in beiden Staaten beliebt, ebenso spätere Musikrichtungen. In den Familien änderte sich in der DDR die Rollenverteilung rascher als in der Bundesrepublik, weil in der DDR zumeist beide Elternteile arbeiteten und die Kinder in staatlichen Krippen, Kindergärten und Schulhorten betreut wurden. Allerdings fürchteten viele Eltern, dass der Staat einen zu großen ideologischen Einfluss auf die Entwicklung ihrer Kinder habe, denn schon in den 1960er Jahren gab es Lehrpläne mit ideologischen Vorgaben auch für Kindergärten und -horte.

Die materielle Unterstützung für Frauen war in der DDR besser als im Westen, sodass die DDR auf diesem Gebiet

Größere Frauenerwerbstätigkeit

einen Vorsprung vor dem Westen erreichte. Die Vereinbarkeit von Familie und Beruf war ein Ziel der SED-Politik, und für die Frauen in der DDR war die eigene Berufstätigkeit der Normalfall. Bis 1989 waren etwa 90 Prozent der Frauen erwerbstätig. Um Frauen zur Berufstätigkeit zu motivieren, gab es materielle Anreize sowie moralischen und ökonomischen Druck. Zu den Anreizen zählten die Öffnung fast aller Berufszweige für Frauen, die gesetzliche Festschreibung der gleichen Bezahlung der Geschlechter für gleiche Arbeit, Frauenqualifizierungsmaßnahmen, die Schaffung von Kinderkrippen-, Kindergarten- und Hortplätzen, die Einrichtung von Dienstleistungszentren sowie eine Reihe andere sozialer Vergünstigungen für Mütter.

Erhöhung des Lebensstandards

Das zweite Einkommen in der Familie trug dazu bei, den Lebensstandard zu erhöhen und Urlaubsreisen zu unternehmen, etwa nach Ungarn oder nach Bulgarien ans Schwarze Meer. Westliche Länder wie die Bundesrepublik waren den DDR-Bürgern bis zum Fall der Mauer als Urlaubsziele verschlossen.

Mehr Alleinstehende und mehr Ehescheidungen

Gemeinsam war beiden Teilen Deutschlands, dass in den Haushalten nur noch zwei Generationen zusammen lebten, die in der Regel aus 3-4 Personen bestanden. Die Anzahl der Alleinstehenden nahm stark zu, und im Vergleich zur Bundesrepublik gab es in der DDR mehr Ehescheidungen. Betrug im Westen 1950 der Anteil der Geschiedenen an der gesamten Wohnbevölkerung 1,2 Prozent, stieg er bis 1983 auf 2,3 Prozent, im Osten von 1,8 auf 5,0 Prozent. Scheidungsverfahren waren in der DDR einfacher als in der Bundesrepublik durchzuführen – ebenso wie Schwangerschaftsabbrüche.

Alte Menschen

Höherer Altenanteil

In der DDR wie in der Bundesrepublik nahm der Anteil alter Menschen an der Bevölkerung zu. In Ost und West lebten viele Alte in Altersheimen, die im Osten „Feierabendheime“ genannt wurden. Allerdings unterschied sich deren Ausstattung erheblich: Im Osten musste das Notwendigste reichen, und Einzelzimmer waren selten, während diese im Westen zur Regel wurden. Hier wie dort starben die meisten Menschen nicht mehr zu Hause, sondern in den Krankenhäusern, deren Ausstattung in der DDR zwar gut war, aber das westliche Niveau nicht erreichte.

Wirtschaft und Soziales

BRD: Soziale Marktwirtschaft

Wirtschaftlich entwickelte sich im Westen die freie Marktwirtschaft weiter zu einer sozialen Marktwirtschaft. Der andauernde, auch „Wirtschaftswunder“ genannte Aufschwung der westdeutschen Wirtschaft in den 1950er Jahren hatte eine wesentliche Ursache in der Währungsreform vom Juni 1948, mit der auch die zentrale Wirtschaftslenkung und die Preisadministration abgeschafft worden waren (s. S. 41 f.). Hinzu kamen die Marshallplan-Hilfe der USA und eine anschließende konsequent wirtschaftsfreundliche Gesetzgebung. Bedeutsam war, dass auch die Arbeitnehmer von dieser Entwicklung profitierten. Die Gewerkschaften hatten sich zwar Anfang der 1950er Jahre bei Lohnforderungen zurückgehalten, aber dennoch wesentliche Neuerungen durchgesetzt wie den Ausbau der Mitbestimmung in den Großbetrieben, die Lohnfortzahlung im Krankheitsfall, die Dynamisierung der Renten – also die Anbindung der Renten an die Lohn- und Gehaltsentwicklung – ab 1957 und die 40-Stunden-Woche ab 1967. Das Sozialhilfegesetz von 1961 – auch dies eine Neuerung – sicherte den Menschen, die in Not geraten waren und sich nicht mehr selbst versorgen konnten, einen einklagbaren Rechtsanspruch gegenüber dem Staat zu. Des Weiteren unterstützte der Staat ab 1961 die Bildung individuellen Vermögens. All diese Maßnahmen erhöhten die ökonomische Sicherheit für jeden, und man kann sagen, dass ab den 1970er Jahren in der Bundesrepublik kaum noch Armut existierte.

DDR: Einheit von Wirtschafts- und Sozialpolitik

Im Osten war diese Entwicklung ähnlich, spielte sich aber auf einem erheblich niedrigeren Niveau ab. Der arbeitsfreie Samstag wurde in der DDR später (1966) als im Westen erreicht (1959) – so wie auch die Lebensmittelmarken später als im Westen (1950) abgeschafft wurden, nämlich 1958. Die von Honecker proklamierte „Einheit von Wirtschafts- und Sozialpolitik" führte Anfang der 1970er Jahre zu einem gewissen Wirtschaftsaufschwung, sodass der allgemeine Wohlstand stieg. Löhne und Renten wurden erhöht, Kindergärten wurden ausgebaut, und 1976 wurde ein Babyjahr für das erste Kind eingeführt. Hohe Auslandsschulden und die Ölkrise 1973/74 brachten die DDR-Wirtschaft jedoch erneut in Schwierigkeiten, sodass der Lebensstandard stagnierte. Zudem rief der Vergleich mit dem westlichen Lebensstandard, der v.a. über das Fernsehen möglich war, Unmut hervor. Wenn man die Mittel dazu hatte, ließ sich allerdings der Mangel etwas ausgleichen – etwa mit „Westgeld" (D-Mark) von der Westverwandtschaft, mit dem man in den „Intershop"-Läden westliche Waren kaufen konnte, oder in „Delikat"-Läden, wo Waren besserer Qualität zu allerdings überhöhten Preisen erhältlich waren. Delikat-Läden bildeten eine seit 1976 bestehende Handelskette, die Lebensmittel des „gehobenen Bedarfs" anboten. Während der gesamten DDR-Zeit gab es jedoch außerhalb dieser Läden Engpässe, die nie behoben werden konnten, die allerdings auch nicht bedeuteten, dass jemand hungern musste.

Wohnungsbau

BRD: rege Bautätigkeit

In der Bundesrepublik waren bereits die ersten beiden Jahrzehnte durch eine rege Bautätigkeit geprägt. Die

Barackenlager der Flüchtlinge wurden langsam aufgelöst, und überall entstanden Neubaugebiete mit Einfamilienhäusern und Wohnungen, um die große Nachfrage zu befriedigen. Nach und nach wurde auch die Wohnraumbewirtschaftung aufgehoben, zuletzt in den Großstädten, sodass ein freier Wohnungsmarkt entstehen konnte. Der Komfort der Wohnungen nahm zu. Geheizt wurde in der Regel mit Steinkohle, bald auch mit einfachen Ölöfen und schließlich mit Öl-Zentralheizungen, die die Umwelt nicht so stark belasteten wie die Braunkohle-Heizungen im Osten. Die durchschnittliche Größe westlicher Wohnungen betrug in den 1980er-Jahren 84 m^2, die östlicher 64 m^2. Hinzu kam, dass die „Bausparidee“ weit verbreitet war. Sie besteht darin, dass besondere Kreditinstitute - die Bausparkassen - Einlagen von Bausparern entgegennehmen und diesen aus dem angesammelten Beträgen nach Eintritt der Zuteilungsreife ein Darlehen gewähren (Bauspardarlehen). Dieses ist gebunden an die Errichtung, Beschaffung, Erhaltung und Verbesserung von Wohnraum sowie an den Erwerb von Bauland.

DDR: Verfall der Altbausubstanz und Plattenbauten

Das äußere Bild der DDR blieb wesentlich ärmlicher als das der Bundesrepublik, vor allem weil die DDR-Führung mit ihrer Wohnungspolitik ideologischen Prinzipien folgte. Wohnungsmieten durften nicht erhöht werden, und der Hausbesitzer konnte keinen Gewinn aus seinem Eigentum erzielen, weil dies als kapitalistische Tätigkeit angesehen wurde. Die Mieten reichten in der Regel für Reparaturen nicht aus - und so verfielen vor allem Altbauten zunehmend. Wenn doch repariert wurde, wurde zumeist veraltetes Baumaterial verwendet, sodass auch reparierte Häuser bald wieder aussahen wie zuvor. Das große Wohnungsbauprogramm der 1970er Jahre verbesserte die Wohnsituation zwar - allerdings unter Vernachlässigung der Altbauten. Auch beseitigte dieser Bauboom die Wohnungsnot nur teilweise, sodass Paare früher heirateten als im Westen, um einen Anspruch auf eine Wohnung zu erlangen. Das durchschnittliche Heiratsalter in der DDR betrug für Männer 23,9 Jahre, für Frauen 21,8 (in der Bundesrepublik für Männer 26,9, für Frauen 24,1). War sogar ein Kind unterwegs, war etwa ab 1975 die Zuweisung einer „3-Raum-Wohnung“ denkbar.

Verkehr

BRD: mehr Autos und mehr Verkehr

In der Zeit nach dem Mauerbau nahm in der Bundesrepublik der Verkehr stark zu. Ein Grund hierfür war, dass viele Arbeitnehmer ihr Haus weit von der Arbeitsstelle entfernt errichtet hatten, weil dort die Bodenpreise nicht so stark stiegen wie in den Großstädten. Außerdem galt das Auto als Statussymbol, was bei der großen Bevölkerungszunahme in dieser Hinsicht ins Gewicht fiel: 1950 wohnten in Westdeutschland 50,0 Mio. Menschen, 1989 62,6 Mio.; in der DDR schrumpfte dagegen die Bevölkerung in derselben Zeit von 18,4 auf 16,5 Mio. Die Automobilproduktion hat sich von rd. 2,1 Mio. Fahrzeugen im Jahr 1960 auf rd. 4,9 Mio. im Jahr 1990 mehr als verdoppelt. Auch wurde das Autobahnnetz in Westdeutschland erheblich erweitert, nämlich von 2100 km im Jahr 1950 auf 8700 km im Jahr 1989. Im Osten hingegen konnten die meisten Straßen lediglich ausgebessert und nur wenige Autobahn-Kilometer neu gebaut werden. Der Ausbau der Straßen hat im Westen schon in den 1960er Jahren zu großem Bodenverbrauch und weitläufiger Bodenversiegelung geführt. Seit den 1970er Jahren waren auf westdeutschen Straßen trotz des gewaltigen Straßenbaus Staus an der Tagesordnung.

Sparen auf ein Auto

Die Denkweise der Menschen jedoch war in beiden Staaten ähnlich: In immer größerem Umfang sparte man für ein Auto, im Westen ab den 1970er Jahren sogar für den Zweitwagen. Im Osten wurde ebenso gespart, doch man musste Jahre warten, bis die Autowerke diesen Wunsch erfüllen konnten. Viele meldeten bereits bei der Geburt eines Kindes den Anspruch auf ein Auto an, damit der Sohn oder die Tochter im Alter von 18 Jahren den Wagen dann bekommen konnte. Im Westen beherrschte der „VW-Käfer“ jahrzehntelang die westlichen Straßen, im Osten übernahm diese Funktion zeitversetzt der „Trabant“.

Neue U- und S-Bahnsysteme im Westen

Weil der private PKW-Verkehr nicht so zunahm wie im Westen, wurden im Osten die öffentlichen Verkehrsmittel stärker genutzt als im Westen. Allerdings waren die entsprechenden Verkehrsnetze fast überall überfordert: Die Schienen waren stark abgefahren, und die alten Waggons mussten sehr lange halten. Im Westen hingegen schritt die Modernisierung der Verkehrsmittel rascher voran, insbesondere die Elektrifizierung der Bahn. Der Ausbau des West-Berliner U-Bahnnetzes, der Neubau der Münchner U-Bahn im Zusammenhang mit der Olympiade 1972, die Schaffung völlig neuer S-Bahn-Systeme in München, Frankfurt, Stuttgart und anderen Großräumen sollten dem öffentlichen Nahverkehr im Verhältnis zum Privatwagen ein größeres Gewicht verschaffen. Doch die relativ hohen Fahrpreise führten nur teilweise zum gewünschten Erfolg. Der hohe gesellschaftliche Stellenwert des Autos und die Möglichkeit, die gefahrenen Kilometer von der Steuer abzusetzen, waren stärker. In der DDR wurden die Preise für den „Öffentlichen Personen-Nahverkehr“ (ÖPNV) nicht erhöht, und Straßenbahnfahrten kosteten von 1945 bis 1989 20 Pfennige, in einigen Städten sogar nur 15 Pfennige.

Gesundheitssystem

Unterschiede zwischen Ost und West

Das Gesundheitswesen war im Osten von Anfang an zentralistisch organisiert, während im Westen bis heute eine Vielfalt von Krankenkassen ihre Dienste anbietet. Privatpatienten gab es in der DDR nur sehr wenige – so einige bedeutende Wissenschaftler mit Sonderverträgen, während diese im Westen oft anzutreffen waren. Das System in der DDR war einheitlich und überall gleich. Jeder hatte seinen Sozialversicherungsausweis, aus dem der Betrieb ersehen konnte, wie oft und wie lange jemand krank war. Einzelpraxen gab es nur wenige, zumeist versorgten Polikliniken die Patienten. Unter Poliklinik versteht man die Zusammenfassung verschiedener Fachärzte in einer „Großpraxis“

Kirchliche Einrichtungen

Neben den staatlichen Krankenhäusern gab es in der DDR und in der Bundesrepublik auch kirchliche Einrichtungen, denn die Krankenhäuser der Kirchen waren nach dem Krieg nicht enteignet worden. Die Pflege von Behinderten wurde im Osten fast ausschließlich von den kirchlichen Häusern geleistet. Die Gehälter im Gesundheitswesen unterschieden sich im Osten nur wenig von denen in anderen Bereichen, während Ärzte in der Bundesrepublik vergleichsweise sehr gut verdienten. Das war auch der Grund dafür, dass es hier an Nachwuchs nicht mangelte.

Freizeit und Urlaub

Organisierte und private Reisen

In der DDR hatten die Gewerkschaften eine andere Funktion als im Westen und waren nicht nur im Betrieb tätig. Der „Freie Deutsche Gewerkschaftsbund“ (FDGB) war auch für den Feriendienst zuständig. Dieser ermöglichte jedem Gewerkschaftsmitglied, also der großen Mehrheit der Bürger, einen billigen inländischen Ferienplatz mit Massenverpflegung zu sehr günstigen Bedingungen. Im Westen dominierten private Ferienreisen, die im Lauf der Zeit gewissen Moden unterlagen: Ende der 1950er und während der 1960er Jahre war Italien sehr beliebt. Es folgten Jugoslawien und später Spanien. Fernreisen, z.B. nach Thailand, wurden seit den 1980ern verstärkt unternommen. Besonders die Reisefreiheit wurde von den DDR-Bürgern, die seit dem Mauerbau 1961 vom Westen nahezu vollständig abgeschnitten waren, sehr vermisst. Sie mussten sich mit Reisen in die ČSSR oder nach Polen begnügen, wohin man zumeist ohne Visum reisen konnte. Für andere Ostblockländer benötigte man Visa. Ferienplätze am Schwarzen Meer oder am Plattensee waren begehrt, und die Schlangen vor den Reisebüros, wo diese gebucht werden konnten, waren lang.

Steigerung des Wohlstands

Waschmaschine, Musikanlagen und Fernseher - damals Zeichen von Wohlstand - konnten die Menschen in ganz Deutschland nach und nach anschaffen, im Osten nur jeweils ein paar Jahre später. Telefone allerdings waren im Osten Mangelware, und das entsprechende öffentliche Netz nur mäßig ausgebaut. Dies führte nach der Wende zu einer großen Investitionstätigkeit der Post mit modernsten Anlagen, sodass in dieser Hinsicht die neuen Bundesländer die alten schnell überholten.

Kirchen

DDR: Kirchen als ideologische Gegner

Das Verhältnis des SED-Regimes gegenüber der Religion sowie den Kirchen war von Anfang an schwierig und voller Spannungen. Die atheistische marxistisch-leninistische Staatsführung der DDR versuchte den Einfluss der Religion zu beseitigen. Die Kirchen waren für den Staat schon aus diesem Grund ideologische Gegner. Sie waren aber die einzigen von der Verfassung garantierten legalen nichtsozialistischen Organisationen mit innerer Autonomie. Dort waren (1985) zwischen 40 und 50 000 Menschen haupt- und nebenberuflich beschäftigt, darunter ca. 6000 Pfarrer und Priester. In der DDR, deren Bevölkerung ursprünglich mehrheitlich protestantisch geprägt war, ging der prozentuale Anteil von Mitgliedern der evangelischen Kirchen an der Gesamtbevölkerung von 80,5 Prozent im

Jahr 1950 auf etwa 25 Prozent 1989 zurück. Der Anteil der Katholiken sank im gleichen Zeitraum von 11,0 auf 5 Prozent. Christen waren gegen Ende der DDR eine Minderheit. Es gab nur wenige Gebiete wie beispielsweise das katholische Eichsfeld, die auch am Ende der DDR-Zeit stark christlich geprägt waren.

Konfirmation und Jugendweihe

Die Kirchen versuchten sich früh mit dem SED-Regime zu arrangieren. So akzeptierte die evangelische Kirche mit Einführung der Jugendweihe im Jahr 1955, dass Jugendliche sowohl an dieser als auch an der Konfirmation teilnehmen konnten. Die Jugendweihe ist eine festliche Feier, die den Übergang vom Jugend- ins Erwachsenenalter kennzeichnen sollte und mit einem Bekenntnis zum sozialistischen Staat verbunden war. In der DDR war sie als nichtkirchliche Alternative zur Konfirmation in den evangelischen Kirchen und zur Firmung der katholischen Kirche gedacht. Auch heute nehmen in den neuen Bundesländern die meisten Jugendlichen an den Jugendweihe-Feiern teil – freilich nicht mehr mit einem Bekenntnis zum Sozialismus.

Gesamtdeutsche Kirchenorganisation

Nach dem Mauerbau 1961 sahen sich die Kirchen vor neue Herausforderungen gestellt. Die evangelische Kirche z.B. war bis 1969 in der Evangelischen Kirche in Deutschland (EKD) gesamtdeutsch organisiert. Die katholische Kirche bestand sogar die ganze Zeit über auf ihren Diözesan-Grenzen, wie sie schon vor dem Krieg existiert hatten. Eine Diözese, auch Bistum genannt, ist ein territorial abgegrenzter kirchlicher Verwaltungsbezirk. Allerdings war die Bedeutung der katholischen Kirche in der DDR gering, weil es auf deren Gebiet schon vor dem Krieg nur sehr wenige Katholiken gab. Die evangelische Kirche passte sich den neuen Bedingungen an, versuchte aber, den gesamtdeutschen Anspruch so lange wie möglich aufrechtzuerhalten. Man organisierte sich 1969 neu: So wurde der „Bund der evangelischen Kirchen in der DDR" gegründet, und die Kirchen mussten die Kirchensteuer selbst eintreiben.

„Kirche im Sozialismus"

Mit der 1971 verkündeten These von der „Kirche im Sozialismus" signalisierte die Kirchenleitung, dass man keine Gegnerschaft zum atheistischen Staat wollte. Bischof Albrecht Schönherr (1911-2009), 1979–81 Vorsitzender des DDR-Kirchenbundes, formulierte den Grundsatz: „Wir wollen nicht neben, nicht gegen, sondern im Sozialismus sein." Man sprach von einer „begrenzten Partnerschaft" zwischen Staat und Kirche trotz ideologischen Gegensatzes. Im Gegenzug wurden vom SED-Regime kirchliche Zeitungen und Sendungen im Radio akzeptiert; im Lutherjahr 1983 (500. Geburtstag) arbeiteten Staat und Kirchen zusammen. Allerdings durfte in den Schulräumen kein Religionsunterricht („Christenlehre") stattfinden, und der Protest gegen manche staatliche Maßnahmen – etwa gegen den Wehrkundeunterricht – wurde schroff zurückgewiesen, indem die Kirchen hierfür als nicht zuständig bezeichnet wurden. Die Zusammenarbeit von Kirche und Staat in einigen Bereichen ging allerdings manchen Gläubigen zu weit und wurde als Anbiederung angesehen. Viele Kirchenmitglieder akzeptierten die These von der „Kirche im Sozialismus" nicht. Sie waren dafür, dass sich die Kirche von der atheistischen Umgebung abschottet. Dagegen waren die Befürworter der These der Auffassung, dass es die gesellschaftliche Realität erfordere, mit den staatlichen Behörden zusammenzuarbeiten. Sie gingen davon aus, dass zwischen atheistischem Staat und christlicher Kirche ein nicht zu überwindender Konflikt bestehe, mit dem aber sinnvoll umgegangen werden müsse. Die kirchliche Opposition gegen das Regime hatte ihren Höhepunkt in der Aktion des evangelischen Theologen Oskar Brüsewitz (1929-1976), der sich am 18.8.1976 in Zeitz aus Protest gegen die Unterdrückung der christlichen Erziehung in der DDR anzündete und an den dadurch erlittenen Verbrennungen starb.

DDR: Die evangelische Kirche als Vermittlerin

Die Politik der evangelischen Kirche der DDR war letztlich durchaus erfolgreich, weil kirchliche Stellen zwischen SED-Staat und der immer mehr aufbegehrenden Jugend als Vermittlerin auftreten und vielen Menschen in Not helfen konnten – z.B. wenn diese einen Ausreiseantrag gestellt hatten. Dies zeigte sich insbesondere in den späten 1980er Jahren vor der „Wende". Ohne die kirchlichen Freiräume, die seit 1945 zwar eingeschränkt wurden, aber dennoch im Kern bis 1989 erhalten blieben, ist die Entwicklung der Opposition, die an sich nicht kirchlich orientiert war, in der DDR nicht zu verstehen. Trotz der organisatorischen Trennung von den westdeutschen Kirchen, die der Staat mehr oder weniger erzwungen hatte, blieb die evangelische Kirche in der DDR die einzige Institution, die das „Bewusstsein der Zusammengehörigkeit" mit den Westdeutschen aufrecht erhielt: „Die Gestalt des Gottesdienstes war hüben und drüben dieselbe geblieben. Es wurden aus demselben Gesangbuch dieselben Lieder gesungen ... Dass man zusammengehört, ... (unterlag) im Bewusstsein der Gemeinden, nicht dem geringsten Zweifel", so 1995 Bischof Eduard Lohse (geb. 1924), 1979-1985 Ratsvorsitzender der EKD im Rückblick.

BRD: Große Bedeutung der Kirchen

Im Westen blieb nach 1945 die althergebrachte Stellung der Kirche bestehen, also auch der Einzug der Kirchensteuer durch den Staat. Die Kirchen waren nach dem Krieg und in den 1950er Jahren immer gut besucht. Man musste sogar viele Kirchen bauen und neue Gemeinden einrichten, weil die Bevölkerungszahl zugenommen hatte und weil die Siegermächte oftmals protestantische Flüchtlinge in katholische Orte eingewiesen hatten und umgekehrt. So sind beispielsweise im evangelischen Württemberg die alten Kirchen bis heute in der Regel evangelisch, die neuen in der Regel katholisch. Die evangelischen und katholischen Bischofskonferenzen äußerten sich immer wieder zur Politik und spielten z.B. im Versöhnungsprozess mit Polen eine wichtige Rolle, indem sie die Oder-Neiße-Grenze früher als die Politik anerkannten.

Prozess der Verweltlichung

Die Politik des Kirchenbundes der DDR erreichte, dass die Kirchen ein eigener gesellschaftlicher Faktor blieben. Doch hat diese Haltung nach 1990 nur in geringem Umfang zum Wiedereintritt von Menschen geführt, die aus politischen Gründen aus der Kirche ausgetreten waren. Die Mehrheit der Ostdeutschen blieb bei ihrer atheistischen Einstellung. Im Westen blieb der Einfluss der christlichen Kirchen weitgehend erhalten. Dies ist besonders an ihrer Rolle in den Schulen zu erkennen: Der Religionsunterricht blieb bestehen und ist bis heute verfassungsrechtlich abgesichert.

Doch auch die westdeutschen Kirchen konnten sich dem Prozess der Verweltlichung nicht entziehen. Vor allem die evangelische Kirche verlor viele Mitglieder, und die Kirchen leerten sich. Im Jahr 1987 lag im Westen der Anteil der Katholiken bei etwa 43 Prozent und der Protestanten bei knapp 42 Prozent.

Militär

Demokratische und undemokratische Wehrverfassung

In beiden Teilen Deutschlands gab es eine reguläre Armee. Die Bundeswehr der Bundesrepublik Deutschland wurde am 5. Mai 1955 gegründet, die Nationale Volksarmee (NVA) der DDR am 1. März 1956. In beiden Staaten gab es die allgemeine Wehrpflicht von 18 Monaten. Die inneren Bedingungen der NVA waren wesentlich härter als die in der Bundeswehr. „Schleifen“ und Schikanen gegenüber Schwächeren waren weit verbreitet, wurden aber in der Öffentlichkeit nicht bekannt – anders als in Westdeutschland, wo viele Übergriffe sogar vor Gericht verhandelt wurden. Dies war z.B. bei der Affäre von Nagold/Schwarzwald 1963 der Fall: Ein Gefreiter hatte einen Rekruten entwürdigend behandelt und wurde deshalb entlassen und nach einem öffentlichen Gerichtsverfahren mit einer hohen Strafe belegt – ein Vorgang, der in der DDR undenkbar war. Denn dort gab es keine demokratische Wehrverfassung, die auch die Rechte des einfachen Soldaten wahrt. Es gab keinen Wehrbeauftragten und auch kein Konzept wie die „Innere Führung", die der neu gegründeten Bundeswehr zugrunde lag. Diese ist dem Leitbild des „Staatsbürgers in Uniform" verpflichtet und möchte die Trennung zwischen Militär und Gesellschaft aufheben, die für frühere deutsche Armeen kennzeichnend war und sich als verhängnisvoll erwiesen hatte. Nach dieser Konzeption war es auch Aufgabe der Bundeswehrführung, die Spannungen zu mindern, die sich aus den individuellen Rechten des freien Bürgers einerseits und den militärischen Pflichten des Soldaten andererseits ergeben. In der NVA gab es diese Vorstellungen nicht, die Soldaten hatten ohne Widerspruch zu gehorchen.

„Bausoldaten"

Mit Einführung der Wehrpflicht wurden in der DDR vor allem auf Betreiben der Kirchen auch die sog. Baueinheiten der NVA gebildet. Dies war die einzige Möglichkeit, den Dienst an der Waffe zu verweigern, eine Möglichkeit, die es in keinem anderen sozialistischen Land gab. Auch diese Sonderform des Wehrdienstes betrug 18 Monate. Bausoldaten wurden in verschiedenen Bereichen eingesetzt. Während viele von ihnen vergleichsweise „zivile" Aufgaben in militärischen Einrichtungen als Gärtner, Krankenpfleger in Militärkrankenhäusern oder Küchenhelfer bekamen, wurden andere beim Bau von militärischen oder halbmilitärischen Einrichtungen eingesetzt. Die Verweigerung des Wehrdienstes mit der Waffe und die Entscheidung, Bausoldat zu werden, war im Osten eine ganz wichtige Lebensentscheidung, denn sie bedeutete, sich dem Staat zu entziehen, ihm also zu zeigen, dass man ihn ablehnte. Damit waren berufliche Nachteile verbunden.

Verweigerung des wehrdienstes aus „Gewissensgründen“

In der Bundesrepublik wurde eine entsprechende Regelung 1968 im Rahmen der „Notstandsverfassung“ (s. S. 134) im Grundgesetz verankert (Art. 12a): „Wer aus Gewissensgründen den Kriegsdienst mit der Waffe verweigert, kann zu einem Ersatzdienst verpflichtet werden. Die Dauer des Ersatzdienstes darf die Dauer des Wehrdienstes nicht übersteigen.“ Hier war eine wirkliche Verweigerung des Dienstes an der Waffe möglich, indem man sich einer Gesinnungsprüfung unterzog und Zivildienst leistete, also vorwiegend in sozialen Einrichtungen arbeitete. Auch der Wehrersatzdienst in der Bundesrepublik dauerte 18 Monate.

Ideologische Differenzen

Die „richtige“ Gesinnung

Im Jahr 1989 waren ca. 2,2 Mio. Menschen Mitglied in der SED, viele vermutlich nicht aus Überzeugung, sondern vor allem, um beruflich aufsteigen zu können. Daran wird ein wesentlicher Aspekt des DDR-Alltags deutlich, den man im Westen nicht kannte. Legte man in der Bundesrepublik vor allem Wert auf eine gute Ausbildung, um beruflichen Erfolg zu haben, so war im Osten dieser Erfolg an eine wichtige Voraussetzung geknüpft: an die „richtige“, d.h. an die marxistisch-leninistische Gesinnung. So lernten viele Menschen, eine angeblich „fortschrittliche“ Überzeugung vorzutäuschen, obwohl sie in Wirklichkeit anders dachten. Schon die Teilnahme an der Jugendweihe verlangte bereits von 14-Jährigen, sich ideologisch klar zu verhalten. Sich nach der Jugendweihe konfirmieren oder firmen zu lassen wurde als eine dem sozialistischen Staat gegenüber skeptische Einstellung interpretiert. Nahm man an der Jugendweihe nicht teil, was nur sehr selten geschah, gingen die Behörden von einer oppositionellen Haltung aus.

„Aktive gesellschaftliche Mitarbeit"

In der Schule war die aktive Mitarbeit bei den „Jungen Pionieren" (bis 14 Jahre) und in der FDJ selbstverständlich. Höchstens Kinder von Pfarrern oder Jugendliche, die Theologie studieren wollten, entzogen sich dieser Mitgliedschaft. Ohne in der FDJ zu sein war zwar eine Berufsausbildung möglich, jedoch oft nicht die erwünschte. Die gesellschaftliche Bewertung durch den „Pädagogischen Rat" in den Schulen (Lehrer, Direktor, Pionier- bzw. FDJ-Sekretär) spielte bei der Berufsausbildung, insbesondere für die Bewerbung auf einen Studienplatz, eine entscheidende Rolle.

Mitläufertum

Damit ist angedeutet, dass es viele Menschen in der DDR gab, die man als „Mitläufer" bezeichnen kann, die also im Inneren einen großen Abstand zur offiziellen Ideologie hatten, diesen aber nicht zugaben, um beruflich keine Nachteile hinnehmen zu müssen. Jugendliche wurden somit zu einer Art von Zweisprachigkeit erzogen. Sie mussten stets darauf achten, dass man außerhalb der eigenen Wohnung nicht gegen die offiziellen Sprachregeln verstieß, weil es überall Menschen gab, die der Stasi Zuträgerdienste leisteten.

Resümee

Unterschiedliche Gesellschaften

Zusammenfassend kann man sagen, dass nach 1945 in beiden Staaten der Wohlstand stieg, in der Bundesrepublik allerdings deutlicher als in der DDR. Ein großer Unterschied bestand in der Zusammensetzung der Gesellschaft: Der westlichen Gesellschaft, die vor allem durch große Unterschiede in Einkommen und Besitz und durch relativ große Gegensätze zwischen den Schichten gekennzeichnet war, stand eine egalitäre Gesellschaft in der DDR gegenüber, die insbesondere durch die Enteignungen des Privatbesitzes zustande gekommen war. In der Bundesrepublik gab es Ansätze zu einer „nivellierten Mittelstandsgesellschaft“ – stärker als in anderen westlichen Staaten. Dennoch konnten manche einflussreiche Familien aus der Zeit vor dem Zweiten Weltkrieg ihre beherrschende Stellung in der Gesellschaft behalten – so etwa die Großindustriellenfamilien Quandt, Flick und Krupp oder Großgrundbesitzer und einige Adelsfamilien. Im Unterschied zum Westen wurde in der DDR aufgrund des Führungsanspruchs der SED in allen Gesellschaftsbereichen großer Wert auf die „richtige“ Gesinnung gelegt – nämlich auf die marxistisch-leninistische Ideologie.

6.2 Erörterung wissenschaftlicher Kontroversen

Wie sollte sich die Kirche in der atheistischen DDR verhalten?

Politische Opposition in kirchlichen Einrichtungen zulassen?

Die Diskussion über diese Frage begleitete die Kirche die gesamte DDR-Geschichte und führte häufig zu politischem Engagement: So leistet die evangelische Kirche nach der KSZE 1976 Hilfestellungen für Menschen, die ihre Ausreise aus der DDR beantragt hatten. Diese verloren ihren Arbeitsplatz und konnten bis zum behördlich angesetzten Ausreisetermin in den Kirchen eine – wenn auch unterbezahlte – Stelle finden. Ende der 1980er Jahre spitzte sich die Diskussion zu. Nun ging es um die Frage, ob die Kirchenleitung das öffentliche Auftreten der politischen Opposition, die zum größten Teil nicht christlich orientiert war und über keine Treffpunkte verfügte, in Kirchen zulassen sollte.

Nach der „Wende“ wurde das gesamte Verhalten der Kirche in der Diktatur diskutiert. Christoph Demke (geb.

Taktisches oder grundsätzliches Verhalten?

1935, Bischof von Magdeburg 1983-97) sagte selbstkritisch dazu: „Wir haben uns eben auch theologisch überredet, etwas akzeptabel zu finden, was wir eigentlich nicht bejaht haben" (Greschat 2006, S. 528-530f.). Der Zwiespalt wird deutlich, und Greschat spiegelt die überwiegende Meinung in Kirchenkreisen wider. Dabei spielt die Bewertung der Selbstverbrennung des Pfarrers Oskar Brüsewitz am 18. August 1976 eine Rolle: Brüsewitz wollte mit dieser Aktion nicht nur gegen die SED-Herrschaft protestieren, sondern auch gegen die kirchliche Obrigkeit. Diese hatte ihn in seiner Arbeit gegen die Benachteiligung von Christen in der DDR nicht unterstützt. Man hatte versucht, Brüsewitz' Protesthandlung mit den überdurchschnittlich hohen Selbstmordzahlen in der DDR in Verbindung zu bringen (etwa 50 Prozent höher als in der Bundesrepublik (vgl. Grashoff 2006, S. 621). Damit lenkte man aber von Brüsewitz' Motiven ab. Der Staat stempelte den Pfarrer sogar als krank ab. Für andere wiederum war Brüsewitz ein Held im Widerstand gegen den Kommunismus (Grashoff 2006, S. 626), sie machten ihn also zum Märtyrer. Doch die meisten lehnten damals wie heute einen derartigen Protest ab, weil er eine „Sünde" sei und weil diese extreme Form des Widerstands „nicht aus dem Ausmaß der Unterdrückung durch die SED zu rechtfertigen war" (Grashoff 2006, S. 620).

Unterschiedliche Positionen

Es bestanden demnach sehr unterschiedliche Positionen in der Kirche wie auch in der Gesellschaft der DDR, wobei Widerstand oder Anpassung die entgegengesetzten Pole waren, die viele Zwischenmöglichkeiten zuließen. Die offizielle These von der „Kirche im Sozialismus" als Kompromiss konnte aber offensichtlich viele Gläubige nicht überzeugen. Die grundlegende Frage, wie sich Kirchen in einer atheistischen Diktatur verhalten sollen, kann nicht pauschal beantwortet werden, weil „eindeutige Kriterien bei der Behandlung und Beurteilung" hierfür immer noch fehlen (Greschat 2004, S. 162).

Die DDR zur Zeit von Honecker – eine Nischengesellschaft?

Nischengesellschaft – Abgrenzung vom Staat?

Günter Gaus (1929-2004), Journalist und von 1974-1980 Leiter der „Ständigen Vertretung der Bundesrepublik in der DDR", prägte 1983 den Begriff „Nischengesellschaft" in seinem Buch „Wo Deutschland liegt". Dort erwähnt er das „normale" Leben in der „mitteldeutschen Nischengesellschaft". Die DDR-Bürger würden in ihrer privaten Nische alles Politische beiseite lassen „und mit der Familie und unter Freunden die Topfblumen gießen, das Automobil waschen, Skat spielen, Gespräche führen, Feste feiern. Und überlegen, mit wessen Hilfe man Fehlendes besorgen, organisieren kann, damit die Nische noch wohnlicher wird" (Gaus 1983, S. 117 f.) Diese privaten Nischen lägen jedoch nicht außerhalb der DDR-Gesellschaft, sondern innerhalb. Gaus meint damit, dass man mit dem Begriff „Nischengesellschaft" nicht die Ablehnung des sozialistischen Systems der DDR verbinden dürfe, denn die Nischen seien keine „Widerstandsnester", sondern hätten „im Gegenteil (...) eine Ventilfunktion". Es handelte sich also nur um eine „Abgrenzung vom offiziellen Staat", wie Margarete Meggle ergänzt (Meggle 1995, S. 31). Meggle führt weiter aus: „Gerade daraus lässt sich das große Engagement der DDR-Bürger für ihren privaten Bereich erklären", und zwar gegen die sozialistische Ideologie, die ja Kollektiv und Gesellschaft über alles stellte.

„Sozialistische Geborgenheit"?

Allerdings wurden durchaus systemkonform die sozialistischen „Wohnbezirksausschüsse" und Hausgemeinschaften von der Bevölkerung unterstützt – jedoch nicht zur ideologischen Schulung, wie es der Staat wünschte, sondern zur besseren Bewältigung des Alltags. Dadurch wuchs auch, ohne dass die Menschen es merkten, das sozialistische Bewusstsein, indem man anerkannte, dass man aufeinander angewiesen war – in der Hausgemeinschaft und am Arbeitsplatz. Diesen Umstand meinen vermutlich viele DDR-Bürger, wenn sie noch heute davon sprechen, dass sie sich in der DDR „geborgener" als in der Bundesrepublik fühlten. Gleichzeitig wuchsen in diesen Nischen aber auch „Tendenzen zur Individualisierung" (Meggle 1995, S. 33), die Ansätze für eine Modernisierung der DDR-Gesellschaft in westlichem Sinne boten.

Zusammenfassend kann man sagen, dass die Privatheit der Nischen nur scheinbar unpolitisch war, weil sie im Grunde eine Reaktion auf den Staat waren, eine „Reaktion auf einen Staat mit totalitärem Anspruch" (Meggle 1995, S. 35).

Gesellschaft ohne Öffentlichkeit?

Richard Schröder (geb. 1943), Theologe und Philosoph und in der demokratischen Volkskammer 1990 SPD-Fraktionsvorsitzender, definiert die „Nischen" anders. Er meinte, Gaus habe wohl eher an eine „fidele Kleingartenkolonie" gedacht und das Hauptproblem, die Kommunikationsverbote, nicht berücksichtigt (Schröder, Richard, 2003). In einer Rede in der Humboldt-Universität Berlin im Oktober 1999 hatte Schröder einen weiter gehenden Nischenbegriff vorgestellt: Es habe sehr viele Nischen in der DDR gegeben, nicht nur die private des „kleinen Mannes", sondern z.B. auch die Kirchennische oder die Universitätsnische. Selbst der Funktionärswohnort, das durch Sperrmaßnahmen besonders geschützte Wandlitz, sei eine Nische gewesen (BerlinNews 1999). Das gemeinsame Merkmal war, dass die Bewohner der verschiedenen Nischen nichts voneinander wussten. „Die DDR war eine Nischengesellschaft auch in dem Sinne, dass sie eine Gesellschaft ohne Öffentlichkeit war." In den Medien wurde nichts aus diesen Nischen berichtet. Erst die westlichen Korrespondenten, die man nach der Schlussakte der KSZE 1975 zulassen musste, berichteten z.B. von den regionalen Kirchentagen, von oppositionellen Gruppen usw. Die Menschen in der DDR wussten nicht, warum man keinen privaten Kontakt zu den sowjetischen Soldaten aufnehmen konnte. (Ost-) Berlinern war zumeist nicht bekannt, dass unter dem Alexanderplatz eine West-Berliner U-Bahn-Linie verkehrte. Das Fotografieren im öffentlichen Raum wurde besonders ungern gesehen, denn überall waren militärische Geheimnisse zu vermuten. Die Eltern schwiegen und gaben ihre Erinnerungen den Kindern nicht weiter, weil sie fürchteten, diese könnten sich versprechen und Sanktionen auf sich ziehen. Informationen wurden in allen Lebensbereichen geheim gehalten, sodass keiner vom anderen Genaues wusste.

Geheimhaltung der DDR-Geschichte?

Auch die DDR-Geschichte war unbekannt. Man wusste nichts von den Verhaftungen nach dem Krieg, von der Weiterbenutzung der Konzentrationslager durch die sowjetische Besatzungsmacht, vom Kirchenkampf in den 1950er Jahren, vom Aufstand des 17. Juni 1953, von den Brutalitäten bei der Zwangkollektivierung usw. Auch die Kriminalstatistik wurde geheim gehalten. Und was passierte 1989? „Die Ostdeutschen lagen sich nach dem Fall der Mauer in den Armen, aber bald auch in den Haaren“ (Schröder, Richard, 2003). Denn jeder hatte eine andere DDR erlebt und voneinander nichts erfahren. „Diejenigen, die vor dem Mauerbau die DDR verlassen haben, haben ihre damaligen DDR-Erfahrungen mitgenommen. Sie sagen: Die DDR war ein verbrecherisches Regime. Die Dagebliebenen betrachten das als maßlose Übertreibung und widersprechen. Das empört die Flüchtlinge: ‚Ihr verharmlost die DDR‘“ (Schröder, Richard, 2003).

Eine Verständigung über „die“ DDR ist demnach auch heute nur schwer möglich, nicht nur zwischen Ost und West. Der Begriff „Nischengesellschaft“ kennt also zwei Dimensionen und ist dazu geeignet, die Auseinandersetzung über die Lebensverhältnisse in der DDR zu intensivieren.

7. Von der „Wende" zur Einheit

7.1 Darstellung

Die SED-Diktatur vor dem Ende

Die Lage im „Wende"-Jahr 1989

Das „Wende"-Jahr 1989 begann wie jedes Jahr davor: In der DDR wurde in Neujahrsansprachen die Eigenstaatlichkeit betont, der „real existierende Sozialismus" als großer Erfolg hervorgehoben und auf die Feiern zum 40jährigen Bestehen der DDR im Oktober desselben Jahres hingewiesen. Im Westen wurde in den Sylvesteransprachen formelhaft der „Wille zur Einheit in Freiheit" betont. Es schien alles seinen Gang zu gehen, niemand sah Anzeichen für dramatischen Ereignisse in den innerdeutschen Beziehungen oder wollte diese ernsthaft herbeiführen – auch nicht die Oppositionsgruppen in der DDR. Man ging davon aus, dass Veränderungen das stabile Ost-West-Verhältnis gefährden könnten. Die Beziehungen zwischen den Staaten funktionierten reibungslos. In den 1980er Jahren hatte es viele gegenseitige offizielle Besuche gegeben, sogar von westdeutschen Ministerpräsidenten in der DDR, aber auch von DDR-Politikern in der Bundesrepublik. Vor allem war Erich Honecker von Helmut Kohl in Bonn 1987 empfangen worden, was im Osten als großer diplomatischer Erfolg gefeiert wurde.

Die DDR mit ihren 16,7 Mio. Einwohnern war 1989 ein international anerkannter Staat, in dem es allerdings um die Wirtschaft schlecht bestellt war. Die Auslandsverschuldung hatte bereits Anfang der 1980er Jahre etwa 20 Milliarden D-Mark betragen, und die DDR lebte seitdem nur noch von der Substanz (s. S. 191 f.). 1983 konnten

Milliardenschulden und Selbstschussanlagen

die wirtschaftlichen Schwierigkeiten, insbesondere die Zahlungsprobleme der DDR nur durch einen Milliardenkredit behoben werden, der von der Bayerischen Landesbank gewährt wurde und von Bayerns Ministerpräsident Franz Josef Strauß eingefädelt worden war (s. auch S. 112). Die Rückzahlung der Kreditsumme in voller Höhe verbürgte die Bundesregierung. Im Gegenzug versprach die DDR, über tausend DDR-Bürger aus der Haft zu entlassen, die Anzahl der Minen und Selbstschussanlagen an der Grenze zu verringern und umfangreiche Erleichterungen im Reiseverkehr zu gestatten. Die Selbstschussanlagen wurden vom September 1983 an zum Teil abgebaut.

Wiedervereinigung – Lebenslüge der Nation?

Bekenntnis zur Einheit = „Lebenslüge der Nation"?

In der Bundesrepublik mit ihren 63,7 Mio. Einwohnern wurden diese Vorgänge in der Öffentlichkeit zwar zur Kenntnis genommen, aber nicht in ihrer Tragweite verstanden. Wenn Berichte von Toten an der innerdeutschen Grenze oder die Festnahmen von Bürgerrechtlern durch die Volkspolizei mittlerweile etwas Alltägliches waren, so waren dies die ökonomischen Probleme der DDR allemal. Die Bundesrepublik Deutschland war ein stabiler demokratischer Staat und seit Adenauer fest in den Westen eingebunden. Auch hier gab es ökonomische Probleme, die allerdings nicht so gravierend waren, dass sie die Volkswirtschaft untergraben hätten: So war die Arbeitslosenquote von 4,2 Prozent im Jahr 1974 auf 9,3 Prozent im Jahr 1985 gestiegen, und der Regierung Kohl gelang es nicht, die Arbeitslosigkeit einzudämmen. Außenpolitisch hat Kohl vor allem zur Stärkung der EG und zur stärkeren Integration der Bundesrepublik in den europäischen Einigungsprozess beigetragen. Die Wiedervereinigung Deutschlands schien allerdings auch unter seiner Kanzlerschaft in weite Ferne gerückt zu sein. Es gab mittlerweile viele Stimmen, die meinten, dass sie „längst zur Lebenslüge der Bundesrepublik geworden (sei). Niemand glaubt mehr daran, aber keiner wagt es laut zu sagen“: So gab der „Stern“ am 16. Juni 1987 die Ergebnisse einer Umfrage wieder und stellte die Frage: „Wollen wir sie [die Wiedervereinigung] überhaupt noch?“

Stimmungsumschwung in der DDR

Die Kommunalwahlen vom Mai 1989

Am 7. Mai 1989 fanden in der DDR die turnusmäßigen Kommunalwahlen statt. Bereits ab Frühsommer 1988 begannen verschiedene oppositionelle Gruppen, vor allem aus der evangelischen Kirche, sich auf diese vorzubereiten. Einige riefen dazu auf, sich an der Aufstellung von Wahlvorschlägen zu beteiligen, andere dazu, sie zu boykottieren oder bewusst mit „Nein“ zu stimmen. Außerdem gab es in vielen Orten der DDR Bestrebungen, die sicherstellen sollten, dass es am Wahltag in möglichst vielen Wahllokalen eine unabhängige und koordinierte Beobachtung der Stimmauszählungen gibt. Diese Bestrebungen hatten großen Erfolg. Als der Leiter der Zentralen Wahlkommission Egon Krenz das offizielle Wahlergebnis mit 98,85 Prozent Ja-Stimmen für die Einheitsliste bekanntgab, war aufgrund der unabhängigen Wahlbeobachtung klar, dass dieses Ergebnis auf Fälschungen beruhen musste. Eine Vielzahl von Eingaben und Protestaktionen gegen die Wahlfälschung in den nächsten Wochen führte zu massiven Auseinandersetzungen und zahlreichen Verhaftungen.

Die Ereignisse in Peking

Etwa zur selben Zeit demonstrierten chinesische Studenten auf dem „Platz des Himmlischen Friedens“ in Peking für Menschenrechte und Demokratie. Am 4. Juni 1989 beendete die chinesische Führung die Demonstrationen mit Hilfe der Armee, die unter Einsatz von Panzern ein

Massaker anrichtete, das nach westlichen Schätzungen zwischen 700 und 3000 Opfer forderte.

„Chinesische Lösung“?

Dieses außenpolitische Ereignis erlangte vor allem dadurch Bedeutung für die Stimmung in der DDR, dass die DDR-Staatsführung die chinesische Regierung ausdrücklich zur „Niederschlagung einer Konterrevolution“ beglückwünschte und die engen Bindungen zwischen den beiden Staaten beschwor. Dieses Verhalten der SED-Führung gab den bis dahin häufig diffusen Ängsten der DDR-Bürger vor der Staatsmacht ein konkretes Aussehen. Insbesondere im Herbst 1989 im Zuge der wachsenden Zahl der Demonstrierenden war die „chinesische Lösung“ eine stets präsente Drohung – aber die Bereitschaft, dagegen anzukämpfen, wuchs.

Aufmüpfigkeit im Osten

Die Stimmung in der Bevölkerung wurde für die SED immer kritischer. Das MfS arbeitete zwar mit seinen üblichen Methoden: Zensur, Abhörung, Zersetzung, Einschüchterung, Verhaftung. Doch so mancher DDR-Bürger ließ sich nicht mehr den Mund verbieten. Westliche Besucher registrierten eine Aufmüpfigkeit, wie sie bisher nicht festzustellen war. Manches SED-Mitglied wagte es kaum noch, das Parteiabzeichen offen am Revers zu tragen, weil es Anfeindungen befürchtete.

Die wirtschaftliche Lage spitzt sich zu

Sozialpolitik nicht finanzierbar?

Im Jahr 1989 hatte die Verschuldung der DDR ein Ausmaß angenommen, das für die SED-Führung nicht mehr beherrschbar war. Sie begann es deshalb zu ignorieren – trotz der Warnungen professioneller Ökonomen wie Gerhart Schürer, des Verantwortlichen der Regierung für die Plankommission, dem zentralen Wirtschaftsorgan der DDR. Dieser hatte seit 1982 die Einheit von Wirtschafts- und Sozialpolitik als nicht finanzierbar bezeichnet, weil sie als sozialpolitisches Programm zu umfangreich aufgebaut sei.

Er hatte vor der Zahlungsunfähigkeit gewarnt und davor, dass die DDR deutlich über ihre Verhältnisse lebt.

Folgen des wirtschaftlichen Mangels

Die Folgen des wirtschaftlichen Mangels waren überall im Lande sichtbar: die langen Schlangen vor den Obst- und Fleischwaren-Geschäften, der dauerhafte Devisenmangel, weil der Handel einseitig auf den Osten ausgerichtet war (allein mit der Sowjetunion zu 70 Prozent), verfallende Gebäude in den alten Innenstädten, veralteter Maschinenpark. Ein großes Problem war auch der nachlässige Umgang mit dem „Volkseigentum" in beinahe jedem Betrieb: Arbeiter nahmen aus ihren Betrieben mit, was sie privat brauchen konnten und was es nicht zu kaufen gab. Hinzu kamen die gravierenden Umweltmängel (verschmutzte Flüsse, rauchige, schwefelhaltige Luft). Auch war vielen DDR-Bürgern die gesundheitliche Schädigung der Uranbergleute und der Menschen bekannt, die in der Nähe des Abraums der Uranbergwerke im Erzgebirge und bei Ronneburg/Gera leben mussten.

Das Schicksal der Mikroelektronik

Ein wichtiger Faktor für den Niedergang der DDR-Wirtschaft war das Schicksal, das der Mikroelektronikindustrie beschieden war. Die Mikroelektronik war eines der Hauptentwicklungsgebiete der Industrie der DDR in den 80er Jahren. Mittels gewaltiger Investitionsvorhaben sollte sie „weltmarktfähig" aufgebaut werden. Davon versprach sich die SED-Führung Modernisierungseffekte und Produktionssteigerungen für die gesamte Industrie. Zudem sollten dadurch dringend benötigte Devisen ins Land gebracht werden. Es war allerdings aufgrund der begrenzten finanziellen und wissenschaftlichen Kapazitäten der DDR völlig illusorisch zu meinen, die Produkte der DDR-Mikroelektronikindustrie hätten sich auf dem Weltmarkt durchsetzen können – gegen Weltkonzerne wie Siemens, IBM oder Intel. Trotz massiver Investitionen kam die DDR-Mikroelektronik immer einen Schritt zu spät, sodass diese mit großen Erwartungen und großer finanzieller Förderung bedachte Industrie schließlich ein einziges Verlustgeschäft war.

Gegensatz von Wirklichkeit und Propaganda

Der Gegensatz zwischen Wirklichkeit und Propaganda in den Medien nahm groteske Züge an, die unermüdlich von der gewaltigen Steigerung der Arbeitsproduktivität schrieben, während viele Betriebe wegen völlig überalterter Produktionsanlagen nur noch wenig herstellen konnten.

„Wir wollen raus!", „Wir bleiben hier!"

Ausreisewelle

So war es kein Wunder, dass viele Bürger ihre Ausreise beantragten oder nach der Öffnung der ungarisch-österreichischen Grenze (s. S. 129) die DDR „illegal" verließen. Nachdem am 11. September Ungarn auch offiziell für DDR-Bürger die Grenze öffnete, war kein Halten mehr. Tausende verließen das Land; viele stürmten in die Botschaften der Bundesrepublik – besonders in Prag –, weil die DDR nun ihrerseits die Ausreise nach Ungarn durch Einstellung der Ausgabe von Visa verbot. Diese Menschen hinterließen in der DDR Lücken in fast allen Bereichen der Wirtschaft, sodass v.a. die Lebensmittel-, die Krankenhaus- und Wasserversorgung bedroht war und der ökonomische Zusammenbruch unmittelbar bevorstand. Jedes Montags-Friedensgebet in den Kirchen wurde zu einer Protestveranstaltung gegen das System. Die Volkspolizei griff zu gewaltsamen Mitteln, verhaftete viele Demonstranten und behandelte sie z.T. wie Schwerverbrecher. In Dresden versuchten Tausende, in den Hauptbahnhof zu gelangen, weil man dort die Züge mit den Flüchtlingen aus Prag erwartete, die auf dem Umweg über die DDR in die Bundesrepublik ausreisen durften. Dies hatte Bundesaußenminister Genscher mit den Regierungen in Ost-Berlin und Prag ausgehandelt, weil durch die vielen Flüchtlinge auf dem Gelände der Botschaft unhaltbare Zustände entstanden waren. Die

Menschen hofften in Dresden auf die Möglichkeit, auf diese Züge aufzuspringen – was bei der scharfen Bewachung der Eisenbahnstrecke unmöglich war – bzw. rechneten damit, mit weiteren Zügen in den Westen zu gelangen. Die Menschen waren so aufgebracht, dass sie sich in eine Auseinandersetzung mit der Volkspolizei einließen und sich eine regelrechte Straßenschlacht entwickelte: Pflastersteine wurden geworfen, LKWs umgestürzt und Teile des Bahnhofes in Brand gesetzt.

Bürger-kriegsähnliche Zustände

Das Land erlebte eine bürgerkriegsähnliche Situation, in fast allen Städten demonstrierte die unzufriedene Bevölkerung. In allen Großstädten der DDR wurden Wasserwerfer eingesetzt, um Demonstrationen zu verhindern. In dieser Zeit kam der Ruf „Keine Gewalt!" auf, der fortan alle Demonstrationen prägen sollte. Die Lage spitzte sich schließlich um den 7. Oktober 1989 zu – dem 40. Jahrestag der DDR-Gründung, zu dem auch sowjetische Gäste eingeladen waren. Die Menschen sahen Gorbatschow nun schon als Politiker, der auf ihrer Seite stand und von dem sie sich Hilfe erhofften. Die offiziellen Feierlichkeiten mit den bekannten Aufmärschen von Militär und FDJ waren von Protesten und Demonstrationen der Opposition begleitet, besonders stark in Berlin und Plauen.

Durchbruch in Leipzig

In Leipzig erreichte die Protestwelle einen Höhepunkt, weil dort die Montagsgebete in den Kirchen, insbesondere in der Nikolaikirche, schon lange zu Demonstrationen geworden waren – anfangs für die Ausreise, später für ein Hierbleiben („Wir wollen raus!" gegen „Wir bleiben hier!"). Die Volkspolizei sowie Stasi-Spitzel bewachten die Umgebung genau, Verhaftungen wurden regelmäßig vorgenommen. Die Pfarrer protestierten und erreichten, dass viele wieder freigelassen wurden. Diese berichteten allerdings von einer brutalen Behandlung durch Polizei und Stasi, was wieder die Wut schürte. Am Montag, dem 9. Oktober 1989, fand in Leipzig die bis dahin größte Demonstration statt. 70 000 Menschen sammelten sich auf den Ringstraßen der Stadt und demonstrierten gegen das SED-Regime. Die Demonstranten wussten nicht, wie die Staatsmacht reagieren und ob sie sogar wie in Peking auf sie schießen würde. Neben der Entschlossenheit der Demonstranten, die sich in dem Ruf „Wir sind das Volk!“ ausdrückte, war vor allem die Unentschlossenheit der DDR-Spitze dafür verantwortlich, dass es zu keinem Blutvergießen kam. Sie hatte eingesehen, dass sie in Moskau keinen Rückhalt mehr hatte, und dass deshalb nicht mit einer Zerschlagung der Demonstrationen durch sowjetische Truppen wie am 17. Juni 1953 zu rechnen war. Die SED-Führung tat daher nichts – und gab auf.

Die „Runden Tische“

Gründung neuer Gruppen

Im Herbst 1989 gründeten sich eine ganze Reihe neuer oppositioneller Bürgerbewegungen und Parteien, die sich in der Öffentlichkeit bewegten und eine Reform der Gesellschaft forderten: Die bekanntesten Gruppen waren das „Neue Forum“ (gegründet am 10.9.1989), „Demokratie jetzt“ (12.9.89), die „Sozialdemokratische Partei der DDR“ (SDP, 7.10.89) und „Demokratischer Aufbruch“ (16./17.12.89). Die Arbeit dieser Gruppen konzentrierte sich in der Forderung nach „Runden Tischen“.

Charakter der „Runden Tische“

Unter einem „Runden Tisch“ versteht man eine Konferenz zur Bewältigung von Krisen, in der Vertreter verschiedener Institutionen einen von allen Seiten anerkannten Kompromiss suchen. Die Tagungen finden meist öffentlich und regelmäßig statt. An ihm nehmen alle wichtigen Interessenvertreter auf freiwilliger Basis und gleichberechtigt teil, unabhängig davon, wie viele Anhänger sie vertreten. Dabei werden die offiziellen Entscheidungsstrukturen des Staates umgangen. Zum ersten Mal war ein „Runder Tisch“ in Polen in der Übergangsphase vom kommunistischen

Regime zur demokratischen Republik in den Jahren 1988 und 1989 eingerichtet worden. Teilnehmer waren dort Vertreter der regierenden Polnischen Vereinigten Arbeiterpartei, der oppositionellen Gewerkschaft Solidarność, der katholischen Kirche und anderer Gruppen.

Teilnehmer der „Runden Tische"

In der DDR hatte die Opposition in Dresden am 7. Oktober 1989 durchgesetzt, dass die Stadtverwaltung mit ihren Vertretern in einen Dialog eintrat. Leipzig folgte diesem Beispiel – und so bildeten sich schließlich überall „Runde Tische" auf unterschiedlichen Ebenen bis hin zur kommunalen. Diese „Runden Tische" arbeiteten in der Regel bis zu den Kommunalwahlen am 6. Mai 1990. An ihnen nahmen die alten Block-Parteien CDU, NDPD, LDPD, DBD Platz, aber auch die neuen Bewegungen wie das „Neue Forum", „Demokratie jetzt", die neugegründeten Sozialdemokratische Partei, Vertreter der sorbischen Minderheit usw. Die Gespräche wurden fast überall von Kirchenvertretern geleitet. Am 26.11.1989 einigten sich die oppositionellen Gruppen und die SED auf den 7.12.1989 als ersten Termin für das Treffen des Zentralen Runden Tisches, der DDR-weit wirkte. Die letzte Sitzung des Zentralen Runden Tisches fand am 12. März 1990 statt.

Die Regierung Modrow

In der DDR beeinflusste der Zentrale Runde Tisch in der Zeit vom Oktober 1989 bis zur Volkskammerwahl im März 1990 stark die Arbeit des Kabinetts Modrow. Hans Modrow (geb. 1928) war am 13. November zum Ministerpräsidenten der DDR gewählt worden. Er versuchte den Dialog mit den DDR-Bürgerrechtlern aufzunehmen, um den drohenden Untergang des Staates zu verhindern. Denn die meisten Bürgerrechtler wollten den DDR-Staat ebenfalls erhalten, allerdings als wirklich demokratisches Gemeinwesen. Am 5. Februar 1990 nahm Modrow Vertreter der neuen oppositionellen Gruppierungen des zentralen Runden Tisches als Minister ohne Geschäftsbereiche in die Regierung auf. Es entstand die kurzlebige „Regierung der nationalen Verantwortung", die bis zu den Volkskammerwahlen am 18. März 1990 im Amt war.

Massenkundgebung in Berlin

Am 4. November 1989 kam – aufgerufen durch den Künstlerverband – eine halbe Million Menschen auf dem Berliner Alexanderplatz zusammen, um ihren Anspruch auf demokratische Mitbestimmung zu dokumentieren. Die Redner forderten eine radikale Erneuerung der DDR-Gesellschaft und einen „Sozialismus mit menschlichem Antlitz", womit sie an den „Prager Frühling" von 1968 erinnerten (s. S. 137 f.). Die Schriftstellerin Christa Wolf spürte, dass die Menschen endlich einen „aufrechten Gang" gehen könnten; vom Ende der DDR und einer Wiedervereinigung sprach noch keiner. Die Teilnehmer der täglichen Demonstrationen in allen größeren Städten der DDR verlangten vor allem Reisefreiheit und die Aufgabe des Führungsanspruches der SED, der in der Verfassung festgeschrieben war. Am 1. Dezember 1989 kam die Volkskammer dieser Forderung nach.

9. November 1989: Der Fall der Mauer

Schabowskis Pressekonferenz

Günter Schabowski (geb. 1929), Mitglied des Politbüros der SED und zu dessen Sprecher geworden, verlas am Abend des 9. November im Rahmen einer Pressekonferenz vor den Vertretern der internationalen Medien in Ost-Berlin einen Beschluss des DDR-Ministerrates: „Privatreisen nach dem Ausland können ohne Vorliegen von Voraussetzungen – Reiseanlässe und Verwandtschaftsverhältnisse – beantragt werden. Die Genehmigungen werden kurzfristig erteilt. (...). Ständige Ausreisen können über alle Grenzübergangsstellen der DDR zur BRD beziehungsweise zu Berlin-West erfolgen." Die Journalisten erfassten jedoch die Bedeutung dieses Beschlusses nicht so recht. Daher fragte einer von ihnen nach, ab wann dieser Beschluss gelte, und erhielt von Schabowski die unsicher wirkende Erläuterung: „Ich glaube sofort, unverzüglich." Immer noch war den Zuhörern nicht klar, was diese Auskunft bedeutete, und die Pressekonferenz ging in Ruhe zu Ende. Die Nachricht verbreitete sich aber rasch – nicht zuletzt durch das westdeutsche Fernsehen. In Ost-Berlin gingen nun viele Menschen an die Übergangsstellen und wollten sehen, was diese Aussage konkret bedeutete. Dort erhielten sie die Auskunft, dass die neuen Beschlüsse nicht unverzüglich gelten sollten, sondern erst ab dem nächsten Tag. Die immer mehr werdenden Wartenden sahen nicht ein, dass sie bis Mitternacht ausharren sollten, drängten weiter vor und verlangten immer deutlicher die Öffnung der Grenze. Die Grenzpolizisten sahen sich einer Situation gegenüber, die sie nicht kannten und auf die sie nicht vorbereitet waren, weil sie keine genauen Anweisungen erhalten hatten. Da insbesondere am Grenzübergang Bornholmer Straße im Norden der Stadt die Masse der Wartenden immer größer wurde und nach vorne drückte, blieb den Soldaten schließlich nichts anderes mehr übrig, als die Schranken zu öffnen. Dies sprach sich wie ein Lauffeuer herum. Nun machten sich Zehntausende auf, um in den Westteil der Stadt zu gelangen. Die Mauer war gefallen. In West-Berlin und etwas später in den Grenzstädten fanden große Freudenfeste statt.

Die DDR wird demokratisch

Die SED-Führung hat die Bedeutung dieser Nacht nicht sofort verstanden und sah darin noch keine unmittelbare Gefährdung der DDR, wie aus einem Telegramm von Egon Krenz hervorgeht, das dieser am Morgen des 10. November an Michael Gorbatschow in Moskau absandte. Die unmittelbare Folge des Mauerfalls war allerdings, dass die DDR rasch ein demokratischer Staat wurde, der die Reisefreiheit garantierte und in dem die SED kaum noch eine Rolle spielte. Der Mauerfall zwang die Politiker gleichzeitig, Überlegungen über konkrete Schritte im Falle der nun wahrscheinlichen Vereinigung der beiden Staaten anzustellen. Dies galt nicht nur für die Deutschen in Ost und West, sondern auch für die vier Siegermächte des Zweiten Weltkrieges. Denn es darf nicht vergessen werden: Am 9. November waren die beiden Staaten nur begrenzt souverän, weil sich die vier Mächte entscheidende Rechte vorbehalten hatten, insbesondere die Rechte für „Deutschland als Ganzes". Im Falle eines Einigungsprozesses war klar, dass diese Rechte abgelöst werden mussten.

Wandel der SED

Der Rücktritt Honeckers

Die Ereignisse des Jahres zwangen das Politbüro der SED, auf die Volkserhebung zu reagieren und die Partei umzugestalten: Am 18. Oktober 1989 wurde Erich Honecker von Egon Krenz an der Spitze des Politbüros abgelöst, am 24. Oktober auch als Staatsratsvorsitzender. Am 3. Dezember trat das Politbüro des ZK der SED (einschließlich Egon Krenz) geschlossen zurück. Am 6. Dezember gab Krenz auch den Vorsitz des Staatsrates ab. Damit hatte die SED die Macht im Staat abgegeben. Hunderttausende verließen die Partei; sie hatte vor dem Oktober 1989 2,2 Mio. Mitglieder, im Januar 1990 nur noch 700 000.

Auflösung des MfS

Der neue Ministerpräsident Hans Modrow kümmerte sich vor allem um die Neuorganisation des MfS-Apparates, was den Zorn der Demonstranten hervorrief. Der Zentrale Runde Tisch hingegen forderte die Auflösung des MfS unter ziviler Kontrolle. Weil an die Öffentlichkeit drang, dass sich die MfS-Beschäftigten vor allem um die systematische Vernichtung der dort gelagerten Akten kümmerten, kam es im Januar zum Sturm auf die MfS-Bezirksstellen in der ganzen DDR, insbesondere auf die Zentrale in der Berliner Normannenstraße.

Umbenennung der SED

Die Partei registrierte, dass sie bei Strafe ihres eigenen Untergangs einen Neuanfang wagen musste. So erklärte die SED auf einem Sonderparteitag am 8./9. und 16./17. Dezember 1989 ihren Bruch mit der Vergangenheit und benannte sich in Sozialistische Einheitspartei Deutschlands – Partei des Demokratischen Sozialismus (SED-PDS) um. Gregor Gysi (geb. 1948) als neuer Vorsitzender hoffte auf einen „dritten Weg jenseits von stalinistischem Sozialismus und Herrschaft transnationaler Monopole". Doch das Ende der SED-Vorherrschaft konnten auch solche Formulierungen nicht mehr verhindern.

Neuordnung der Parteien und Volkskammerwahlen

Vorverlegung der Volkskammerwahl

Im Winter 1989/90 ging es vor allem um den Termin für die nächste Volkskammerwahl. Die Demonstranten forderten jeden Montag eine Beschleunigung des Demokratisierungsvorganges – eine Forderung, der sich auch die Parteien nicht entziehen konnten, die in der DDR mit der SED zusammengearbeitet hatten (spöttisch „Blockflöten" genannt). So musste auf Druck der Montag für Montag demonstrierenden Menschen die Volkskammerwahl vom 6. Mai auf den 18. März 1990 vorgezogen werden.

„Wendehälse"

Als erste Partei distanzierte sich die Liberaldemokratische Partei (LDPD) am 20. September 1989 von der SED mit dem Argument, dass man „Neues nicht blockieren" dürfe. Der Vorsitzende Manfred Gerlach (geb. 1928) wurde nach der Regierungsumbildung vom 6. Dezember 1989 bis zur Volkskammerwahl im März 1990 sogar Nachfolger von Honecker als Staatsratsvorsitzender. Das Volk sah in ihm allerdings einen „Wendehals" – wie die Schriftstellerin Christa Wolf am 4. November 1989 bei der Großkundgebung auf dem Alexanderplatz formuliert hatte. Darunter wurde eine Person verstanden, die rechtzeitig abgesprungen ist, um nicht für den Untergang verantwortlich gemacht zu werden. Vor der Wende hatte

Gerlach wie die anderen Parteivorsitzenden stets die SED-Linie vertreten.

Bewegung bei den Parteien

Die CDU forderte am 28. Oktober freie Wahlen, und im November nahm der neue Vorsitzende Lothar de Maizière (geb. 1940) Kontakt zu oppositionellen Gruppen auf – und auch zur westdeutschen CDU/CSU. Im neuen Programm forderte die Partei eine soziale Marktwirtschaft wie in der Bundesrepublik. Sogar die Demokratische Bauernpartei (DBD) und die Nationaldemokratische Partei (NDPD), die besonders enge Partner der SED waren, arbeiteten neue Programme aus. Später wechselten ihre Mitglieder zu anderen Parteien, insbesondere zu CDU und FDP. Die Massenorganisationen wie FDJ und FDGB usw. verloren wie die Parteien in diesen Monaten Hunderttausende Mitglieder, weil man in ihnen Hilfsorganisationen der alten SED sah und nichts mehr mit ihnen zu tun haben wollte.

Eigenständige DDR oder Wiedervereinigung?

Es wurde immer deutlicher, dass die DDR in sich zusammenbrach – nicht nur wirtschaftlich, sondern auch politisch. Mit dem Appell „Für unser Land" vom 26. November 1989 setzten sich viele Künstler für die Eigenständigkeit der DDR und für eine solidarische Gesellschaft ein, in der Frieden und soziale Gerechtigkeit, Freiheit des Einzelnen, Freizügigkeit aller und die Bewahrung der Umwelt garantiert sein sollten. Dem stand als Gegenpol die „Allianz für Deutschland" gegenüber, die die Einheit Deutschlands auf der Grundlage des Grundgesetzes sowie die sofortige Einführung der D-Mark verlangte. Die Mehrheiten in dieser Frage waren klar verteilt: So waren bei den Montagsdemonstrationen die Anhänger einer eigenständigen DDR eine kleine Minderheit. Auch der Verfassungsentwurf für eine eigenständige DDR, den der zentrale Runde Tisch schließlich am 4.4.1990 vorlegte, wurde in der Öffentlichkeit kaum registriert.

Wahlergebnisse

Das Ergebnis der Volkskammerwahl vom 18. März zeigte die tatsächlichen politischen Verhältnisse in den ersten wirklich freien Wahlen, die die Ostdeutschen seit 1932 erlebt hatten: 40,59 Prozent der Stimmen gingen an die CDU, 0,93 an den „Demokratischen Aufbruch", 6,27 an die Deutsche Soziale Union (DSU), die gemeinsam die „Allianz für Deutschland" ausmachten und insgesamt also etwa 48 Prozent der Stimmen erhielten. Dagegen war das Ergebnis für die SPD mit 21,76 Prozent enttäuschend. Dies lag vor allem daran, dass sie keine klare Linie aufgezeigt hatte, wie Deutschland schnell vereinigt werden sollte. Die liberalen Parteien erhielten 6,27 Prozent und waren ebenfalls für eine rasche Vereinigung. Die ehemaligen DDR-oppositionellen Gruppierungen erhielten zusammen enttäuschende 4,9 Prozent. Die SED/PDS erhielt 16,3 Prozent. Das Wahlergebnis brachte zum Ausdruck, dass nur eine rasche Vereinigung Deutschlands und nicht die Eigenständigkeit der DDR dem Willen der Bevölkerungsmehrheit entsprach.

Der Einigungsprozess

Kohls Zehn-Punkte-Plan

Bundeskanzler Helmut Kohl war vom Tempo der „Wende" in der DDR wie jedermann in Ost und West überrascht. Er formulierte nach der Maueröffnung einen Zehn-Punkte-Plan, der allerdings nicht von einer sofortigen Einheit ausging, sondern von einem längeren Prozess, an dessen Ende die Vereinigung stehen sollte. Noch war man also vorsichtig und musste insbesondere die Reaktionen der vier Großmächte abwarten, denn diese waren ja für Deutschland als Ganzes zuständig.

Skepsis bei den Siegermächten

Der sowjetische Staats- und Parteichef Michail Gorbatschow und die Staats- und Regierungschefs von Frankreich und Großbritannien, François Mitterand (1916-1996) und Margret Thatcher (geb. 1925), standen zu diesem Zeitpunkt der Wiedervereinigung Deutschlands sehr skeptisch gegenüber – anders als US-Präsident

George Bush (geb. 1924). Die DDR-Regierung unter Modrow schlug einen Stufenplan vor, an dessen Ende eine Konföderation zwischen den beiden Staaten stehen sollte, also keine Einheit.

Wahlergebnis und Wirtschafts-, Währungs- und Sozialunion

Das Wahlergebnis vom 18. März 1990 führte zum Durchbruch. Nun war keine Zwischenlösung mehr denkbar, ein eigenständiger Weg der DDR wurde jetzt auch von den ehemaligen Oppositionsgruppen wie dem Neuen Forum nicht mehr gefordert. Da die Klärung von wirtschaftlichen Fragen vordringlich war, kam es zunächst zu einer Währungs-, Wirtschafts- und Sozialunion zwischen beiden Staaten. Diese trat am 1. Juli 1990 aufgrund eines Staatsvertrages in Kraft, der am 18. Mai 1990 von den Finanzministern Theodor Waigel (geb. 1939) (BRD) und Walter Romberg (geb. 1928) (DDR) unterzeichnet wurde.

Umstrittene Umtauschkurse

Die Währungsunion war in erster Linie von politischen Überlegungen diktiert. Die Losungen der Demonstranten „Deutschland einig Vaterland“ und „Kommt die D-Mark, bleiben wir – kommt sie nicht, gehn wir zu ihr“ zeigten ihre Wirkung. Man musste schnell handeln, um eine noch stärkere Abwanderung zu verhindern. Daher kam es bald zur umstrittenen Einführung der D-Mark am 1. Juli 1990. Insbesondere Wirtschaftskreise kritisierten die Vorstellungen der beiden Regierungen, die von einem 1:1-Umtausch ausgingen. Sie meinten, die Stärke der DDR-Wirtschaft werde damit überschätzt und traten für einen 2:1-Umtausch ein. Das Ergebnis: Löhne und Renten und kleinere Sparguthaben wurden 1:1 umgetauscht, alles andere 2:1. Als besonders bedeutsam sollte sich der Beschluss herausstellen, das seit 1949 enteignete Privateigentum zurückzugeben, weil sonst endlose Prozesse zu erwarten gewesen seien. Die SPD hatte dagegen „Entschädigung statt Rückgabe“ gefordert, um nicht Tausende aus ihren Wohnungen vertreiben zu müssen.

Die „Treuhandanstalt"

Die Wirtschaftsunion legte in der DDR eine Reihe von Bestimmungen fest, die in der Bundesrepublik bereits Bestand hatten. So wurde die Zentralverwaltungswirtschaft durch die soziale Marktwirtschaft ersetzt und die bis dahin bestehenden Volkseigenen Betriebe der neu gegründeten Treuhandanstalt übergeben. Die Treuhandanstalt, kurz auch nur als „Treuhand" bezeichnet, war eine Anstalt in der Bundesrepublik Deutschland, deren Aufgabe es war, die Volkseigenen Betriebe der DDR nach den Grundsätzen der Marktwirtschaft zu privatisieren oder stillzulegen („abzuwickeln") und die „Effizienz und Wettbewerbsfähigkeit der Unternehmen zu sichern". In der Praxis wurden mit der Politik „Privatisierung vor Sanierung" viele Betriebe zerschlagen. Es kam zu massenhaftem Fördermittelmissbrauch, da in den Anfangsjahren keine Arbeitsplatzgarantien in den Privatisierungsverträgen enthalten waren. Unter Juristen spricht man bis heute von „Einigungskriminalität", weil Spekulanten illegale Geschäfte machten und manche Firma nur aufgekauft wurde, um mögliche Konkurrenzbetriebe zu vernichten.

Bildung eines freien Marktes

Nun konnte sich allerdings ein Markt bilden, der sich durch freie Preisbildung und Angebot und Nachfrage selbst regulierte. Es wurden außerdem gesetzliche Regelungen des bundesdeutschen Arbeits- und Wirtschaftsrechtes übernommen, wodurch die beiden deutschen Staaten immer mehr zusammenrückten.

Desaster für die Wirtschaft

Die schlagartige Einbeziehung der DDR in das Wirtschaftssystem der Bundesrepublik kam für die DDR allerdings einem Desaster für die Wirtschaft gleich. Durch die Öffnung des Marktes wurden die DDR-Kaufhallen mit Waren aus der Bundesrepublik überflutet – zu Lasten der heimischen Produkte. Die Industrie fand für ihre Güter keine Abnehmer mehr, auch nicht mehr bei den ehemaligen Kunden in Osteuropa, die z.T. selbst um ihre Existenz rangen oder gar aufgeben mussten. So ging die wirtschaftliche Tätigkeit nach der Währungsreform um mehr als die Hälfte zurück. Es kam zur Auflösung ganzer Kombinate und zu Arbeitslosigkeit. DDR-Betriebe und Immobilien wurden von der Treuhandanstalt oft zu Spottpreisen an westdeutsche Firmen, häufig an die Konkurrenz, verkauft. Die Betriebsleitungen in der DDR erwiesen sich außerdem als zu schwerfällig für diesen Prozess und international nicht wettbewerbsfähig. Von Seiten der Bundesrepublik musste eine Reihe von Subventionen gezahlt werden, die den DDR-Haushalt ausgleichen sollten.

Übernahme westdeutschen Rechts

Die Sozialunion umfasste eine Umstrukturierung der sozialen Gegebenheiten der DDR nach dem Vorbild der Bundesrepublik. Die bestehende einheitliche Sozialversicherung der DDR wurde in Renten-, Kranken-, Arbeitslosen- und Unfallversicherung aufgespalten. Für das Arbeitslosengeld und die Rentenkasse wurde eine Anschubfinanzierung notwendig. In der DDR wurde nun nach westdeutschem Arbeitsrecht gearbeitet, was Koalitionsfreiheit, Tarifautonomie sowie Veränderungen an Arbeitskampfrecht, Mitbestimmung und Kündigungsschutz beinhaltete.

Beitritt der DDR zur Bundesrepublik

Gleichzeitig wurde an der staatsrechtlichen Vereinigung gearbeitet. Schon zwei Monate nach der Wirtschaftsunion war der „Einigungsvertrag" fertig, der politische Elemente der BRD auf die DDR übertrug. So entstanden dort die fünf Länder wieder, wobei Grenzfragen geklärt werden mussten. Andere rechtliche Regelungen wie die des Schwangerschaftsabbruchs, die im Osten liberaler war als im Westen, mussten neu getroffen werden. Am 23. August 1990 beschloss schließlich die Volkskammer mit überwältigender Mehrheit den Beitritt der DDR zum Geltungsbereich des Grundgesetzes der Bundesrepublik Deutschland mit Wirkung vom 3. Oktober 1990.

Der Einigungsvertrag

Der Einigungsvertrag regelte den Beitritt zur Bundesrepublik und die Auflösung des DDR-Staates zum 3. Oktober 1990. Die wieder gegründeten Länder Ostdeutschlands wurden gleichberechtigte Länder der Bundesrepublik Deutschland. Der Vertrag wurde am 31. August 1990 unterzeichnet und beinhaltet folgende Punkte:

- Beitritt der DDR zum Geltungsbereich des deutschen Grundgesetzes, das in seiner Präambel die neuen Länder und deren Existenz sichert.
- Berlin soll zu einem Land vereinigt und Hauptstadt des vereinten Deutschlands werden.
- Die Bundesrepublik übernimmt das DDR-Vermögen und haftet für die Schulden.

Am 20. September 1990 stimmten die beiden deutschen Parlamente dem Einigungsvertrag zu: die Volkskammer mit 299 von 380 Stimmen, der Bundestag mit 442 von 492 Stimmen, und der Bundesrat einstimmig.

Der Zwei-plus-Vier-Vertrag

Der Einigungsvertrag konnte allerdings die Vorbehaltsrechte der vier Siegermächte nicht ablösen. Dazu bedurfte es des „Vertrages über die abschließende Regelung in Bezug auf Deutschland", kurz „Zwei-plus-Vier-Vertrag", vom 12. September 1990, der zwischen den zwei deutschen Regierungen und den vier Siegermächten verhandelt wurde. In ihm verzichteten die Besatzungsmächte auf ihr Vorbehaltsrecht in Bezug auf Deutschland und gewährten dem vereinigten Deutschland die volle Souveränität, auch über ganz Berlin, dem letzten Gebiet, das bis dahin den vier Mächten unterstanden hatte. Der Vertrag wird als eigentlicher Abschluss des Krieges gesehen, also als eine Art verspäteter Friedensvertrag.

NATO-Zugehörigkeit und Oder-Neiße-Grenze

Dabei ging es um z.T. schwierige Probleme, insbesondere um den Abzug der sowjetischen Truppen, für den die Bundesrepublik viel Geld ausgeben musste, etwa für den Bau von Wohnungen für die entlassenen Soldaten in der Sowjetunion, für den Unterhalt sowjetischer Friedhöfe und Denkmäler usw. In der Frage der NATO-Zugehörigkeit gelang es, die östliche Seite davon zu überzeugen, dass es sinnvoll ist, die deutsche Stärke durch die Bindung an den Vertrag zu neutralisieren, um eine zukünftige eigenmächtige deutsche Politik zu verhindern. Das sollte auch durch die Minderung der Truppenstärke auf 370 000 Mann geschehen (heute 250 000). Der Warschauer Pakt befand sich zu dieser Zeit ebenfalls in einem Auflösungsprozess, sodass russische Ängste vor einer Übermacht der NATO besänftigt werden mussten. Die Regelung zur NATO-Zugehörigkeit sah Bestimmungen vor, die bis heute gültig sind: Ausländische Streitkräfte, Atomwaffen und Atomwaffenträger sind auf ostdeutschem Gebiet verboten. Ganz Deutschland hat wie schon die Bundesrepublik zuvor auf ABC-Waffen verzichtet und die Oder-Neiße-Grenze anerkannt. Dies war durch eine Erklärung der beiden deutschen Parlamente, also des Bundestages und der Volkskammer, am 21. Juni 1990 geschehen, durch die die Westgrenze Polens, also die Oder-Neiße-Grenze, als endgültige deutsche Ostgrenze anerkannt wurde. Am 14. November 1990 hat dies die neue gesamtdeutsche Regierung der polnischen Regierung in einem international gültigen Vertrag bestätigt. Dadurch konnten polnische Bedenken gegen die deutsche Wiedervereinigung ausgeräumt werden.

Bedingungen für Zustimmung zur Wiedervereinigung

Im Ausland gab es allerdings nach wie vor große Befürchtungen vor dem „Riesen in der Mitte Europas“. Auch während der Verhandlungen mussten die Staatsmänner Bedenken zerstreuen, die nach wie vor von Premierministerin Thatcher, aber auch von Präsident Mitterand geäußert wurden. Dies geschah vor allem dadurch, dass sich die Bundesrepublik bereit erklärte, die Entwicklung der EG zur EU stärken und sich insbesondere für eine gemeinsame Währung, den Euro, einzusetzen. Am deutlichsten unterstützten die Amerikaner das Einheitsbegehren der Deutschen.

Wiedervereinigung am 3.10.1990

Am 3. Oktober 1990 war es dann so weit, die Einheit war erreicht. Am Vorabend sagte der letzte und einzige demokratisch gewählte DDR-Ministerpräsident Lothar de Maizière in seiner Fernsehansprache: „Es ist ungewöhnlich, dass sich ein Staat freiwillig aus der Geschichte verabschiedet. (...) Wir lassen ein System hinter uns, das sich demokratisch nannte, ohne es zu sein. Seine Kainszeichen (Merkmale) waren die Unfreiheit des Geistes und das verordnete Denken, Mauer und Stacheldraht, der Ruin der Wirtschaft und die Zerstörung der Umwelt, die ideologisch kalkulierte Gängelung und das geschürte Misstrauen. (...) (Aber) die Geschichte der letzten vier Jahrzehnte ist trotz aller Widersprüche (...) ein Teil unserer persönlichen Biographie. (...) Sie hat uns geprägt. (...) Die Deutsche Einheit ist mit dem Beitritt (zur Bundesrepublik) nicht abgeschlossen. Sie ist und bleibt eine Gemeinschaftsaufgabe aller Deutschen. (...) Die Einheit will nicht nur bezahlt, sondern auch mit dem Herzen gewollt sein" (de Maizière 1998).

7.2 Erörterung wissenschaftlicher Kontroversen

Ist die DDR an der „Einheit von Wirtschafts- und Sozialpolitik" gescheitert?

DDR: überzogene Sozialpolitik?

Die Wirtschaftsprobleme, die zum Bankrott in den späten 1980er Jahren führten, setzten bereits am Ende der Ulbricht-Zeit um 1970 aufgrund der Erfahrungen mit dem gewaltsamen Ende des „Prager Frühlings" 1968 ein. Diese hatten den kommunistischen Regimes in ganz Osteuropa einen großen Vertrauensverlust eingebracht, und man wollte die Loyalität der Menschen mit einer Erhöhung des Lebensstandards wiedergewinnen, v.a. durch die Verstärkung des Wohnungsbaus und der Sozialleistungen. Die Sowjetunion konnte einige Jahre diese Politik unterstützen, musste aber wegen der hohen Rüstungskosten, die

die militärische Konkurrenz mit dem Westen notwendig machte, sowie wegen der Ölkrise 1975 die Preise für Energie heraufsetzen. Wollte die DDR ihr ehrgeiziges sozialpolitisches Programm fortsetzen, musste sie sich mehr und mehr verschulden – bis auf 39 Mrd. Mark im Jahr 1989 (Hertle 1992 [2], S. 128). Gerhard Schürer (geb. 1921), Vorsitzender der Staatlichen Plankommission, nannte 1992 sogar die Zahl von 49 Milliarden (Hertle 1992 [1], S. 1032). Er meinte rückblickend, dass er sehr früh vor den Folgen des kostspieligen wirtschafts- und sozialpolitischen Programms gewarnt, jedoch kein Gehör gefunden habe: Bereits 1972 habe er im Politbüro gesagt, „dass dieses Programm nicht zu finanzieren“ sei (Hertle 1992 [2], S. 133). Auch der sowjetische Partei- und Staatschef Breschnew soll schon 1979 vor der hohen Westverschuldung – damals 30 Milliarden Mark – gewarnt haben, die eines Tages den Ruin der DDR herbeiführen könnte (Przybylski 1991, S. 327).

Zu hohe Löhne?

Viele Wissenschaftler sind der Meinung, dass die SED-Führung schon in der zweiten Hälfte der 1970er Jahre, als die Wirtschaftleistung abnahm, die Sozialleistungen hätte zurückfahren müssen (Mayer/Diewald 1996; S. 16). Die Partei sah jedoch bereits zu dieser Zeit in den hohen Sozialleistungen die entscheidende Legitimation des Staates und war daher zu keinen Einschnitten mehr bereit und in der Lage. Also wurde auch das Lohnsystem nicht geändert: „Diskussionen über die unterschiedlichen Tarife und der absehbaren Unzufriedenheit von Beschäftigungsgruppen, deren Lohnsteigerung gegenüber anderen zurückblieb, wollte sich das Regime nicht aussetzen“ (Boyer/Skyba, 1999, S. 587). Offensichtlich erinnerte sich die Partei- und Staatsführung an den Auslöser des Aufstandes vom 17. Juni 1953: Damals hatten Steigerungen der Arbeitsnormen, letztlich also Lohnkürzungen, zu den ersten Demonstrationen gegen das SED-Regime geführt.

„Sinnentleerte Rituale"?

Dass die DDR 1989 pleite war, ist unterdessen zu einem Gemeinplatz geworden. Es wird allerdings bestritten, dass dies entscheidend für die friedliche Revolution war. So sieht der westdeutsche Soziologe Claus Offe die Ursache hierfür nicht in den wirtschaftlichen Problemen, weil diese die Entwicklung des Ostblocks jahrzehntelang begleitet hätten, sondern in der mangelnden Identifizierung der Bevölkerung mit dem System. So habe es zahlreiche sinnentleerte Rituale ohne Inhalt gegeben, beispielsweise bei der sog. Mitwirkung im Betrieb oder bei den sog. Wahlen. Die Partei ihrerseits war nicht mehr in der Lage, klare Perspektiven zu vermitteln (Offe 1994, S. 29 ff., und Thaa 1991, S. 832 f.). Auch andere betonen, dass das Aufbegehren der Bürger nicht auf die Wirtschaftsprobleme zurückzuführen sei, der Herbst 1989 sei keine „Konsumentenrevolte" gewesen (von zur Mühlen 2000, S. 252). Konrad Jarausch weist darauf hin, dass es eine mehr als zwanzigjährige „Inkubationszeit" für den Umbruch von 1989 gegeben habe, beginnend mit den Erfahrungen bei der Niederschlagung des Prager Frühlings. 1968 seien bereits die „Weichen" zum Herbst 1989 gestellt worden (Jarausch 2000, S. 915, und Wolle 1992, S. 45).

Verlust der Unterstützung durch die Sowjetunion

Für Beate Ihme-Tuchel gehört zu den Gründen für den Untergang, dass Gorbatschow 1985 die Breschnew-Doktrin, nämlich die beschränkte Souveränität der sozialistischen Staaten, aufgegeben und damit der DDR Unterstützung durch die Sowjetunion entzogen habe. In dieser Unterstützung habe die wichtigste Machtbasis der DDR, „möglicherweise ihre einzige", bestanden. „Dass (die DDR) nur so lange existieren konnte, wie die Sowjetunion ihr rückhaltlos zur Seite stand, wird kaum bestritten" (Ihme-Tuchel 2002, S. 76).

Andere Faktoren

Ein weiterer entscheidender Faktor war die lang aufgestaute Unzufriedenheit breiter Bevölkerungskreise, insbesondere wegen der Reisebeschränkungen, symbolisiert durch die Mauer. Typische Selbstblockaden des sozialistischen Systems taten das Ihre:

- die Überbürokratisierung (Fulbrook 1997, S. 124 und 127);
- die alle gesellschaftlichen Bereiche erfassende MfS-Tätigkeit;
- die „totalitäre Verdichtung der Staatsmacht“ im Politbüro, worunter die Konzentration aller, auch der kleinsten Entscheidungen in dieser Institution und das in der Praxis geltende Verbot für alle untergeordneten Instanzen, selbstständig zu handeln, zu verstehen ist (Schönhoven 1995, S. 196);
- die Unbeweglichkeit bzw. Reformunfähigkeit der überalterten Staatsführung der DDR (Schroeder/Wilke 1996, S. 469 ff.);
- eine allgemeine Vertrauenskrise.

All diese Faktoren und ihr Zusammenspiel hätten nach Auffassung zahlreicher Historiker eine größere Rolle beim Untergang der DDR gespielt als die verfehlte Wirtschaftspolitik.

„Wende“ oder friedliche Revolution?

Wann begann die Wende?

Beide Begriffe sind heute in Gebrauch, wobei der erste der populärere ist. Er ist in die Alltagssprache vieler Menschen für die Ereignisse in der DDR, die aus der Diktatur eine Demokratie machten, eingegangen, insbesondere in den neuen Bundesländern – aber nicht nur dort. Im engeren Sinne bezeichnet man mit „Wende“ die Zeit zwischen der gefälschten Kommunalwahl am 7. Mai 1989 bis zur ersten demokratischen Volkskammerwahl am 18. März 1990. Darüber hinaus wird der Begriff häufig für den Zeitraum vom Frühjahr 1989 bis zur Vereinigung am 3. Oktober 1990 gebraucht. Einige Historiker setzen den Beginn der Wende erst relativ spät mit der ersten erfolgreichen Demonstration am 9. Oktober 1989 in Leipzig an, andere sehen den Beginn der „Wende“ erst in der langsam einsetzenden Öffnung des Eisernen Vorhangs durch Ungarn im September 1989. Manche sehen die „Wende“ grundsätzlicher und datieren ihren Beginn wesentlich früher, nämlich in der Übernahme der Macht durch Gorbatschow in der Sowjetunion 1985.

„Friedliche Revolution“ oder „Implosion“?

Immer mehr Historiker sprechen allerdings nicht von der „Wende“, sondern von einer friedlichen Revolution, z.B. Hermann Weber (Weber, Hermann, 1999, S. 474). Dieser Begriff ist auf den Vergleich mit ähnlichen Vorgängen in der Geschichte zurückzuführen – z.B. mit der Französische Revolution ab 1789, mit der deutschen Revolution 1848/49. Mit dem Attribut „friedlich“ wird die auffällige Gewaltfreiheit der Vorgänge von 1989/90 hervorgehoben. Dagegen wird der Begriff „Implosion“, also der innere Zusammenbruch des Systems und der Wirtschaft, selten verwendet, z.B. von Rolf Reißig (Reißig 1993, S. 59). Daran wird kritisiert, dass die Menschen, die für die Ereignisse verantwortlich waren, nicht berücksichtigt würden – als sei der Zusammenbruch der DDR ein Naturereignis gewesen (Wielgohs/Schulz 1995, S. 1984).

War die Vereinigung vom Volk getragen?

Der Umstand, dass die Bewegung vom Volk getragen wurde, wird von einigen Autoren ausdrücklich hervorgehoben (vgl. Kowalczuk 2007, S. 682). Sie wird u.a. auch durch MfS-Berichte gestützt. Diese registrierten von 1975 bis 1981 und noch mehr bis 1989 eine zunehmende Unzufriedenheit in Bevölkerung: Zunächst bezeichneten nur 14, dann 34 und schließlich 68 Prozent der DDR-Bürger die politischen Verhältnisse als schlecht (vgl. Weber, Hermann, 1999, S. 475).

Friedliche Umwälzung?

Unstrittig ist, dass eine „Umwälzung“ des politischen Systems in der DDR stattgefunden habe, sodass der Revolutionsbegriff gerechtfertigt erscheint. Allerdings hat sich mittlerweile der Begriff „Wende“ durchgesetzt. An ihm wird kritisiert, dass er sehr blass sei und dass er ausgerechnet von Egon Krenz, dem letzten Generalsekretär der SED vor 1990, stamme (Timmer 2000, S. 16). Krenz bezeichnete mit der „Wende" allerdings nur eine neue SED-Politik, keine systemverändernde Revolution (siehe dazu Richter 2007, S. 861 ff.). Im weiteren und heute üblichen Sinne schließt der „Wende"-Begriff" den friedlichen, zugleich aber revolutionären Charakter der Umwälzung ein und ist damit durchaus geeignet, sie treffend zu kennzeichnen.

Entscheidende Rolle der Sowjetunion

Unabhängig von der Frage, auf welche Zeit der Beginn der Umwälzung in der DDR zu datieren ist, sehen nahezu alle Wissenschaftler im Umschwung in der Sowjetunion einen entscheidenden Beitrag zu dieser Entwicklung. Denn zum ersten Male nach dem Krieg bestand die Möglichkeit, dass die in der DDR stationierten russischen Truppen das SED-Regime nicht verteidigen würden. Noch Breschnew, einer der Vorgänger Gorbatschows, hatte das sozialistische Experiment des „Prager Frühlings" 1968 mit Panzern beseitigt.

War die „Politik der Stärke" oder der „Wandel durch Annäherung" die Voraussetzung für die Wiedervereinigung?

Erfolg durch Kompromisslosigkeit?

Beide Thesen werden bis heute vertreten und sind natürlich parteigebunden: CDU-Anhänger sehen eher Adenauers Politik als wesentlich an, SPD-Anhänger eher die von Brandt und Schmidt in den 70er-Jahren.

Horst Teltschik (geb. 1940), ein Berater von Helmut Kohl, schrieb im September 1990, dass die Wiedervereinigung vollendet wurde, weil Helmut Kohl Adenauers Konzept „kompromisslos weiterverfolgt" habe (Teltschik 1990, S. 17). Er meinte damit, dass Adenauers hartnäckiges Bestehen auf einer westlichen Politik der Stärke gegen die Sowjetunion und auf der Einbindung Westdeutschlands in NATO und EWG letztendlich erfolgreich gewesen sei. Die Wiedervereinigung sei also möglich gewesen, weil die Sowjetunion und der Ostblock den wirtschaftlichen, politischen und militärischen Wettbewerb mit dem Westen verloren hätten.

Erfolg durch „Wandel durch Annäherung"?

Andererseits wird von Historikern darauf hingewiesen, dass die internationale Politik mit dem Mauerbau 1961 in eine Sackgasse geraten sei. Erst der „Wandel durch Annäherung" an den Osten durch die Ostverträge der Sozialliberalen Koalition habe ein Nachgeben der Sowjetunion herbeigeführt (vgl. Kleßmann 1992, S. 44-53). Ohne sie wäre es 1973-1975 nicht zur KSZE mit ihren Menschenrechtsgarantien gekommen; ohne sie wären auch die Proteste gegen Biermanns Ausweisung, die Charta 77 (eine Menschenrechtserklärung in der ČSSR), die widerständischen Bewegungen in Polen usw. nicht denkbar gewesen (Ihme-Tuchel 2002, S. 73-89).

Waren beide Konzepte sinnvoll?

Hierbei wird häufig übersehen, dass die beiden politischen Lager in der BRD – CDU/CSU und SPD – die Ergebnisse ihrer jeweiligen Vorgänger zu ihrer eigenen Politik machten, als sie aus der Opposition in die Regierung gelangten: Die Sozialliberale Koalition trat 1969 nicht aus der NATO aus, und die Regierung Kohl hat nach 1982 die Beziehungen zur Sowjetunion, zur DDR und zum Ostblock im Sinne der Ostverträge gestaltet. Beide außen- und deutschlandpolitischen Konzepte haben sich für die Entwicklung der Bundesrepublik Deutschland als sinnvoll erwiesen. Also kann man beide Konzepte – die Politik der Stärke der 1950er Jahre wie auch den „Wandel durch Annäherung" – als wichtige Voraussetzungen für die Wiederherstellung der deutschen Einheit bezeichnen.

War die DDR eine totalitäre oder eine gemäßigte, „moderne“ Diktatur?

Die meisten Sozialwissenschaftler und Historiker, wenn auch nicht alle, sind sich einig, dass der ostdeutsche Staat eine Diktatur war (so Jesse 1996).

„Totalitäre“ oder „Wohlstandsdiktatur“?

Die Charakterisierung dieser „Diktatur“ ist allerdings umstritten. Eine totalitäre Diktatur meint eine Herrschaft, die uneingeschränkt über den Einzelnen verfügt, und zwar auch im persönlichen Bereich. Im totalitären Staat wird erwartet, dass der Einzelne so denkt, wie es der Diktator bzw. die herrschende Gruppe (z.B. Politbüro der Partei) verlangt. Daher gibt es in ihm auch keine persönliche Freiheit, keine freien Wahlen, keine unabhängigen Richter, keine freien Medien, Andersdenkende werden als Feinde verfolgt, und terroristische Methoden des Staates verhindern jeden Handlungsspielraum des Einzelnen (Arendt 1986, S. 958). In einer gemäßigten, modernen Diktatur dagegen sorgen die Machthaber für die Menschen, bemühen sich um eine moderne Entwicklung von Wirtschaft und Gesellschaft, erwarten aber auch eine klare Zustimmung zu den Vorstellungen der Herrschenden. Man kann dies „Wohlstandsdiktatur“ nennen (nach Jarausch 1998, S. 39 f.) oder auch „kommode Diktatur“, also bequeme Diktatur wie der Schriftsteller Günter Grass (Ploenus, 2006, S. 1).

„Stalinistische“ Diktatur?

Einer der wichtigsten DDR-Historiker der „alten“ Bundesrepublik, Hermann Weber, sieht in der DDR eine stalinistische Diktatur, womit er ihren totalitären Charakter, der von der sowjetischen Besatzungsmacht gefordert wurde, in den Vordergrund rückt (Weber, Hermann 1991, S. 223 f.). So sei der hierarchische Parteiaufbau nach den Prinzipien des „demokratischen Zentralismus“ der „gravierende Strukturfehler des Regimes“ gewesen (ebd., S. 223). Dadurch sei es dem Staat und der Partei zu keiner Zeit möglich gewesen, die anstehenden Probleme zu bewältigen. Ein Konsens zwischen Regierten und Regierenden sei behindert worden, eine Demokratisierung mit der stalinistischen SED nicht möglich gewesen. Hinzu sei gekommen, dass die Geschichte der DDR durch historische Hypotheken belastet war (z.B. die Zwangsvereinigung von SPD und KPD zur SED 1946, Stalinisierung der Partei 1947/48 zur „Partei neuen Typs“, Personenkult , Bruch mit der Arbeiterschaft im Zusammenhang mit dem Aufstand vom 17. Juni 1953, „Einsperrung“ durch die Mauer 1961). Nur die kleine oppositionelle Gruppe um Robert Havemann hätte Ideen zur Demokratisierung gehabt. Doch diese Chance wurde 1968 durch die Beteiligung der DDR an der Niederwerfung des Prager Frühlings vertan. Dieser hätte einen „demokratischen Kommunismus“ verwirklichen wollte, wie ihn Havemann in etwa vor Augen hatte. „Strukturdefekte“ (ebd., S. 224) hätten die DDR von Anfang an geprägt. Diesen Vorstellungen folgen in etwa auch andere Wissenschaftler, z.B. Horst Möller (Möller 1995, S. 576, 588) und Karl Dietrich Bracher (Bracher 1994, S. 1004-1007).

Hatte der Einzelne Handlungsspielräume?

Widerspruch gegen diese Darstellung tragen vor allem Sozialwissenschaftler vor: Detlef Pollack lehnt den Diktatur-Begriff ab; ebenso sieht er in der DDR kein „totalitäres System“. Er ist der Auffassung, dass der Einzelne in der DDR Handlungsmöglichkeiten gehabt hätte und dass das System nicht unbegrenzt auf den Einzelnen habe einwirken können. Die Sozialstruktur sei differenziert gewesen, der Mensch habe sich dem System auch entziehen können (Pollack 2000, S. 184 – 196). Pollack prägte für die DDR den Begriff „repressive Organisationsgesellschaft“ (Pollack 1999, S. 305 und 317). Er spricht auch von einer „konstitutiv widersprüchlichen Gesellschaft“ (Pollack 1998, S. 114).

Die DDR – eine stillgestellte Gesellschaft?

Eine andere Vertreterin dieses Wissenschaftszweiges, Sigrid Meuschel, sieht wiederum in der DDR eine „stillgestellte“ Gesellschaft. Die SED hätte die Gesellschaft kontrolliert und gesteuert, diese sei „verstaatlicht“ gewesen

– wenn auch Nischen möglich waren (so im Sinne von Offe 1994, S. 44). Ralph Jessen stimmt dem zu, verweist aber darauf, dass die Stillstellung der Gesellschaft zwar als Ziel anzusehen ist, dieses aber nicht erreicht worden sei; eine „gewisse Autonomie des Sozialen“ sei im Realsozialismus möglich gewesen (Ihme-Tuchel 2002, S. 91, im Sinne von Jessen 1995, S. 96-110).

„Moderne“ Diktatur?

Der Historiker Jürgen Kocka stellt bei seinen Überlegungen die wirtschaftlichen Bedingungen in den Vordergrund: Die Eigentumsverhältnisse, die Strukturen in Wirtschaft, Gesellschaft und Politik, auch das Bildungswesen hätte die SED radikal nach ihren Vorstellungen umgewandelt – radikaler als die Nationalsozialisten (Kocka 1995, S. 594). Jeder Einzelne war organisatorisch erfasst, politische und soziale Kontrolle seien optimal organisiert gewesen. Er spricht von einer „modernen Diktatur“ in der DDR, weil die moderne Technik eine wichtige Rolle gespielt habe. Schon deshalb sei sie eine „Diktatur des 20. Jahrhunderts“ gewesen (Kocka 1994, S. 43). Kocka bezeichnet die Methoden diktatorischer Herrschaft in der DDR, ihrer Propaganda und ihrer Kontrollmöglichkeiten (z.B. im MfS-Apparat) als ausgesprochen modern. Den tertiären Sektor in der Wirtschaft der DDR hält er allerdings für unterentwickelt – im Vergleich zur Bundesrepublik, die vor 1990 auch ein modernes System gewesen sei, aber eben kein diktatorisches.

„Fürsorgediktatur“?

Der Begriff „moderne Diktatur“ hatte in der wissenschaftlichen Diskussion zur Folge, dass der DDR ein Wohlfahrtscharakter zugesprochen wurde. Kocka spricht selbst von „radikalisiertem Wohlfahrtsstaat“ (Kocka 1994, S. 38), Jarausch von „Fürsorgediktatur“ (Jarausch 1998, S. 39). Dabei werden allerdings die frühen Jahre der DDR-Geschichte, in denen von „Wohlfahrt“ keine Rede war, ausgeblendet.

Auch andere Historiker liefern differenzierte Einschätzungen. Nach Mary Fulbrook zeige die Entstehung

Die DDR – eine „sowjetische Kolonie“?

kleiner Oppositionsgruppen im kirchlichen Bereich seit den 1970er Jahren, dass in der DDR nicht ständig das Böse, also die SED und das MfS, die eingeschüchterte Bevölkerung terrorisiert habe (Fulbrook 1997, S. 61); es wurde „nicht bloß unterdrückt, bestraft, hochmütig belehrt, sondern auch gehofft, gewartet, die Vernunft und die Menschlichkeit geplant“ (so der Literaturwissenschaftler Hans Mayer, in: Mayer 1991, S. 249). Einige Künstler und Wissenschaftler meinten ja lange Zeit, der ostdeutsche Staat sei das neue Deutschland und im Gegensatz zur Bundesrepublik das „kleinere Übel“ gewesen (Klemperer 1999, S. 578). Dem steht nicht entgegen, dass Hans Mayer feststellte, die DDR sei ein „Staat der Schriftsteller“ gewesen (so Mayer 1991, S. 188), nicht aber die Bundesrepublik. Denn Kultur und Kunst dienten wie später auch noch der Sport dem Regime als Aushängeschild für angeblich humane Verhältnisse im Sozialismus. Sie standen auch unter strenger Aufsicht des Staates und der sowjetischen Besatzungsmacht. Daher ist es nicht widersprüchlich, wenn Hans Mayer zugleich betont, dass die Schriftsteller wie die gesamte Bevölkerung in einer „sowjetischen Kolonie“ (Mayer 1991, S. 192) lebten.

Demnach sind beide Attribute der Diktatur, die für die DDR verwendet werden, zutreffend und kennzeichnen das System, wenn auch die „gemäßigte, moderne Diktatur“ angesichts der Stasi-Verbrechen geradezu beschönigend zu sein scheint. Der geschichtliche Prozess führte vom stalinistischen System zur modernen Diktatur.

8. Ausblick

Gewaltsame Vereinigung

Schon im 19. Jahrhundert ging es um die deutsche Einheit. Die Gründung des Kaiserreichs 1871 war allerdings kriegerisch: Sie erfolgte nach den bewaffneten Auseinandersetzungen gegen Dänemark (1864), Österreich (1866) und Frankreich (1870/71). Der einheitliche deutsche Nationalstaat hatte dann Bestand bis 1945.

Friedliche Vereinigung

Im Unterschied zu dieser gewaltsamen Vereinigung hat es die Revolution der DDR-Bürger 1989/90 auf friedliche Weise ermöglicht, dass nach 45 Jahren Trennung nun ein demokratisches und einheitliches Deutschland entstehen konnte. Diese Revolution war ein Jahrhundertereignis, das symbolisch nicht nur für einen Neubeginn in Deutschland stand, sondern auch in den Staaten ganz Ost- und Südosteuropas einschließlich der Sowjetunion, in denen zwischen 1989 und 1991 die Herrschaft der Kommunisten zusammenstürzte. Der Warschauer Pakt löste sich auf, und die Angst vor dem Atomkrieg war vorbei.

Neue Herausforderungen

Doch neue Probleme beunruhigten sowohl Deutschland als auch die Welt: Die Verselbstständigung vieler Länder in Ost- und Südosteuropa, der weltweite Terrorismus, die neue Rolle des vereinigten Deutschlands in der Weltpolitik, die Transformation der sozialistischen Wirtschaftsordnung in eine freie Wirtschaft, die Bewältigung der DDR-Vergangenheit, die wirtschaftlichen und sozialen Folgen der Wiedervereinigung waren und sind große Herausforderungen für Politik und Gesellschaft. Europäisierung und Globalisierung führten zwar zu neuen Freiheiten, aber auch zu Krisen, die man bisher nicht gekannt hatte. Die Wiedervereinigung brachte nicht das Ende der Politik, wie manche 1990 glaubten, aber einen ungewöhnlich tiefen Einschnitt in die Weltgeschichte.

Literatur

Ackermann, Volker: Sandbostel als Flüchtlingslager für Jugendliche aus der DDR. Vortrag in Bremervörde vom 4. Okt. 1998. Niedersächsische Landeszentrale für pol. Bildung Hannover

Amt des amerikanischen Hochkommissars für Deutschland: 7. Bericht über Deutschland. Frankfurt/München 1951

Andert, Reinhold/Herzberg, Wolfgang: Der Sturz. In: Erich Honecker im Kreuzverhör. Berlin und Wismar 1990

Arendt, Hannah: Eichmann in Jerusalem. Ein Bericht von der Banalität des Bösen. München 6. Aufl. 1987

Arendt, Hannah: Elemente und Ursprünge totaler Herrschaft. Frankfurt/M. 1986

Badstübner, Rolf: Alliierte Politik und Besatzungsherrschaft zur Schaffung eines antinazistischen, antimilitaristischen, demokratischen und friedlichen neuen Deutschlands und die Entstehung der beiden deutschen Staaten. In: Keller, Dietmar/Modrow, Hans/Wolf, Herbert: Ansichten zur Geschichte der DDR, Bd. 1. Bonn und Berlin 1993

Badstübner, Rolf, u.a.: Geschichte der DDR. Ost-Berlin 1981

Benz, Wolfgang: Legenden, Lügen, Vorurteile. Ein Wörterbuch zur Zeitgeschichte. München 1992

BerlinNews: Die Humboldt-Universität zehn Jahre danach. 25. Oktober 1999

Beyer, Erich/Schmid, Heinz Dieter: Wörterbuch zur Gemeinschaftskunde. Frankfurt a. M. 1966, S.121

Boyer, Christoph/Skyba, Peter: Sozial- und Konsumpolitik als Stabilisierungsstrategie. In: Deutschland-Archiv (DA) 32 (1999) 4

Bracher, Karl Dietrich: Aufarbeitung der Geschichte und Bestand der Demokratie. In: DA 27(1994) 9

Broszat, Martin/Henke, Klaus-Dietmar/Woller, Hans [Hrsg.]: Von Stalingrad zur Währungsreform. Zur Sozialgeschichte des Umbruchs in Deutschland. München 1988

Das waren Zeiten, Bd. 4, hrsg. von Dieter Brückner. Bamberg 1999

Dennis, Mike/Steinert, Johannes-Dieter: Deutschland 1945 – 1990. Von der bedingungslosen Kapitulation zur Vereinigung (Quellenband). Schwalbach/Ts. 2005

Dieckmann, Christoph: Das wahre Leben im falschen. Geschichten von ostdeutscher Identität. Berlin 1998

Diederich, Torsten: Der 17. Juni 1953 in der DDR. Bewaffnete Gewalt gegen das Volk. Berlin 1991

Doering-Manteuffel, Anselm/Kahlenberg, Friedrich P. (Hrsg.): Vierzig Jahre Bundesrepublik Deutschland. Koblenz 1989

Eschenburg, Theodor: Jahre der Besatzung 1945 – 1949. Geschichte der Bundesrepublik Deutschland. Band 1. Stuttgart/Wiesbaden 1983

Florath, Bernd/Theuer, Werner: Robert Havemann – Biographie-Lebensdaten-Dokumente. Berlin 2007

Foitzik, Jan: Sowjetische Militäradministration in Deutschland (SMAD) 1945 – 1949. Struktur und Funktion. Berlin 1999

Frei, Norbert: 1945 und wir. Erweiterte Ausgabe München 2009

Fricke, Karl Wilhelm: Zur Geschichte und historischen Deutung des Aufstands vom 17. Juni 1953. In: Roth, Heidi: Der 17. Juni in Sachsen. Köln u.a. 1999, S. 17

Friedrich, Jörg: Freispruch für die Nazi-Justiz. Die Urteile gegen NS-Richter seit 1948. Reinbek 1983 und Neufassung 1998

Friedrich, Jörg: Die kalte Amnestie. Berlin 2007

Frohn, Axel: Adenauer und die deutschen Ostgebiete in den fünfziger Jahren. In: Vierteljahreshefte für Zeitgeschichte 44 (1996)

Fulbrook, Mary: Anatomy of a Dictatorship. Inside the GDR 1949-1989. New York 1997

Gaus, Günter: Wo Deutschland liegt. Hamburg 1983

Geschichte 9, (Ost-) Berlin 1988

Giordano, Ralph: Die zweite Schuld oder Von der Last Deutscher zu sein. Hamburg 1987

Goldhagen, Daniel J.: Hitlers willige Vollstrecker. Ganz gewöhnliche Deutsche und der Holocaust. Berlin 1996

Gotto, Klaus: Der Realist als Visionär. Die Wiedervereinigungspolitik Konrad Adenauers. In: Die politische Meinung 35 (1990)

Graml, Hermann: Die Alliierten und die Teilung Deutschlands. Konflikte und Entscheidungen 1941-1948. Frankfurt/M. 1988

Graml, Hermann: Internationale Rahmenbedingungen der Deutschland-Politik 1949 –1955. In: Materialien der Enquête-Kommission „Aufarbeitung von Geschichte und Folgen der SED-Diktatur in Deutschland" (12. Wahlperiode des Deutschen Bundestages), hrsg. vom Deutschen Bundestag. Baden-Baden und Frankfurt/M. 1995, Bd. V/2

Grashoff, Udo: Wie ein Blitzschlag in der „hochelektrisch geladenen Atmosphäre eines totalitären Systems"? – Zum 30. Jahrestag der Selbstverbrennung von Oskar Brüsewitz in Zeitz. In: DA 39 (2006) H. 4

Grebing, Helga, zit. von: Klotz, Johannes (Hrsg.): Zwangsvereinigung? Zur Debatte über den Zusammenschluss von SPD und KPD 1946 in Ostdeutschland. Heilbronn 1996, S. 28

Greiffenhagen, Martin und Sylvia: Ein schwieriges Vaterland. Zur politischen Kultur im vereinigten Deutschland. München/Leipzig 1993

Greschat, Martin: Materialien zum Thema Staat und Kirche in der DDR. Rezension zu einer Dokumentation dieses Themas aus dem Jahre 2003. In: DA 37 (2004),

Greschat, Martin: Ostdeutscher Protestantismus. Rezension des Buches von Rudolf Mau. In: DA 39 (2006) H.3

Grosser, Alfred: Geschichte Deutschlands seit 1945 – eine Bilanz. München 1974

Haendcke-Hoppe-Arndt, Maria: Wer wusste was? Der ökonomische Niedergang der DDR. In: DA 28 (1995) 6

Harich, Wolfgang: Keine Schwierigkeiten mit der Wahrheit. Zur nationalkommunistischen Opposition 1956 in der DDR. Berlin 1993

Haupts, Leo: Die Blockparteien in der DDR und der 17. Juni 1953. In: Vierteljahreshefte für Zeitgeschichte 40 (1992), H. 3., S. 393

Havemann, Robert: Fragen-Antworten-Fragen. München 1970. Eine Auswahl aus diesem Buch mit dem Titel „Lektion in Klassenkampf". In: Spittmann, Ilse/ Fricke, Karl Wilhelm: 17. Juni 1953 – Arbeiteraufstand in der DDR. Köln 1982

Hentschel, Volker: Ludwig Erhard – Ein Politikerleben. München und Landsberg am Lech 1996

Herbst, Ludolf: Option für den Westen. Vom Marshallplan bis zum deutsch-französischen Vertrag. München 1989

Hering, Sabine/Lützenkirchen, Hans-Georg: „Anders werden". Die Anfänge der politischen Erwachsenenbildung in der DDR. Berlin 1995

Hertle, Hans-Hermann: „Das reale Bild war eben katastrophal!" – Gespräch mit Gerhard Schürer. In: DA 25 (1992) 10 (1)

Hertle, Hans-Hermann: Der Weg in den Bankrott der DDR-Wirtschaft. In: DA 25 (1992) 2 (2)

Hertle, Hans-Hermann: Der Fall der Mauer. In: Aus Politik und Zeitgeschichte B43-44/99 vom 23. 10. 1999

Hildermeier, Manfred: Geschichte der Sowjetunion 1917–1991. Entstehung und Niedergang des ersten sozialistischen Staates. München 1998

Hillgruber, Andreas: Deutsche Geschichte 1945 – 1982. Stuttgart 1983

Hillgruber, Andreas: Europa in der Weltpolitik der Nachkriegszeit 1945-1963. München-Wien 1979

Holsti, Ole R.: Cognitive Dynamics and Images of the Enemy: Dulles and Russia. In: Finlay, David J. u.a. (Hrsg.): Enemies in Politics. Chicago 1971

Hudemann, Rainer: Frankreich und der Kontrollrat 1945–1947. In: Manfrass, Klaus/Rioux, Jean-Pierre (Hrsg.): France-Allemagne 1944–1947. Baden-Baden 1986

Hüser, Dietmar: Frankreichs „doppelte Deutschlandpolitik“. Berlin 1996

Ihme-Tuchel, Beate: Die DDR. Reihe „Kontroversen um die Geschichte“. Darmstadt 2002

Jarausch, Konrad H.: Realer Sozialismus als Fürsorgediktatur. Zur begrifflichen Einordnung der DDR. In: Aus Politik und Zeitgeschichte B 20/1998

Jarausch; Konrad H.: Zehn Jahre danach: Die Revolution von 1989/90 in vergleichender Perspektive. In: Zeitschrift für Geschichtswissenschaft 48 (2000) 10

Jarausch, Konrad H.: Die Umkehr. Deutsche Wandlungen 1945-1995. München 2004

Jesse, Eckard: War die DDR totalitär? In: Aus Politik und Zeitgeschichte B 40/1994, S. 14

Jesse, Eckard (Hrsg.): Totalitarismus im 20. Jahrhundert – Eine Bilanz der internationalen Forschung. Bonn 1996

Jessen, Ralph: Die Gesellschaft im Realsozialismus. Probleme einer Sozialgeschichte der DDR. In: Geschichte und Gesellschaft 21 (1995)

Judt, Tony: Die Geschichte Europas von 1945 bis zur Gegenwart. Bonn 2006

Kantorowicz, Alfred: Deutsches Tagebuch. Zweiter Teil. München 1961

Klemperer, Victor: So sitze ich denn zwischen allen Stühlen. Tagebücher 1945-1949 und 1950-1959. Band II. Berlin 1999

Kleßmann, Christoph: Adenauer – ohne Denkmalssockel. In: Nach-Denken über Adenauer und seine Politik. Bonn 1992

Kleßmann, Christoph: Zwei Staaten, eine Nation. Bonn 1988

Kleßmann, Christoph/ Stöver, Bernd: Die Deutschlandpolitik der Bundesregierung. Adenauer und die politisch-parlamentarische Diskussion in dieser Zeit. In: Deutscher Bundestag (Hrsg.): Materialien der Enquête-Kommission ..., Bd. V. Baden-Baden 1995

Kocka, Jürgen: Ein deutscher Sonderweg. Überlegungen zur Sozialgeschichte der DDR. In: Aus Politik und Zeitgeschichte B 40/1994

Kocka, Jürgen: Nationalsozialismus und SED-Diktatur in vergleichender Perspektive. In: Deutscher Bundestag (Hrsg.): Materialien der Enquête-Kommission ..., Bd. IX. Baden-Baden 1995

Kossok, Manfred: Im Gehäuse der selbstverschuldeten Unmündigkeit oder Umgang mit der Geschichte. In: Keller, Dietmar/Modrow, Hans/Wolf, Herbert (Hrsg.): Ansichten zur Geschichte der DDR, Bd. 1. Bonn und Berlin 1993

Kowalczuk, Ilko-Sascha: Berlin 1987 – auf dem Weg zur friedlichen Revolution? DA 40 (2007) H. 4

Küsters, Hans-Jürgen: Der Integrationsfriede, München 1986

Lehmann, Hans-Georg: Der Oder-Neiße-Konflikt. München 1979

Leonhard, Wolfgang: Die Revolution entlässt ihre Kinder. Köln/Berlin 1955, 15. Auflage 1976

Leonhard, Wolfgang: Erich Honecker und die Berliner Mauer. In: Kursbuch 111/1993

Lindenberger, Thomas: Der ABV im Text. Zur internen und öffentlichen Rede über die Deutsche Volkspolizei der 1950er Jahre. In: Lüdtke, Alf/Becker, Peter (Hrsg.): Akten, Eingaben, Schaufenster. Die DDR und ihre Texte. Erkundungen zu Herrschaft und Alltag. Berlin 1997

Loest, Erich: Durch die Erde ein Riss. Ein Lebenslauf. Frankfurt/M. 1984 und Leipzig 1990

Loth, Wilfried: Internationale Rahmenbedingungen der Deutschlandpolitik 1961–1989. In: Deutscher Bundestag (Hrsg.): Materialien der Enquête-Kommission..., Bd. V. Baden-Baden 1995

Lübbe, Hermann: 1968. Zur Wirkungsgeschichte eines politromantischen Rückfalls. In: Politik nach der Aufklärung. Philosophische Aufsätze. München 2001

Maizière, Lothar de: Abschiedsrede auf die DDR. In: Geschichte der Deutschen. Copyright c Digital Publishing 1998

Mayer, Hans: Der Turm von Babel. Erinnerungen an eine Deutsche Demokratische Republik. Frankfurt/M. 1991

Mayer, Karl Ulrich und Diewald, Martin: Kollektiv und Eigensinn: Die Geschichte der DDR und die Lebensläufe ihrer Bürger. In: Aus Politik und Zeitgeschichte B 46/96

Meggle, Margarete: Zwischen Altbau und Platte. Erfahrungsgeschichte(n) vom Wohnen. Alltagskonstruktion in der Spätzeit der DDR. Diss. 1995

Michaelis, Herbert/Schraepler, Ernst (Hrsg.): Ursachen und Folgen. Vom deutschen Zusammenbruch 1918 und 1945 bis zur staatlichen Neuordnung Deutschlands in der Gegenwart. Urkunden- und Dokumentensammlung zur Zeitgeschichte. Bd. 23. Berlin o.J.

Mitscherlich, Alexander und Margarete: Die Unfähigkeit zu trauern – Grundlagen kollektiven Verhaltens. München 1967

Mitter, Armin: Phasen einer gescheiterten Revolution. In: Der 17. Juni – vierzig Jahre danach. In: Kocka, Jürgen/Sabrow, Martin (Hrsg.): Die DDR als Geschichte. Fragen – Hypothesen - Perspektiven. Berlin 1994

Mitter, Armin: Hochrufe auf den Klassenfeind. FAZ 17.6.1995

Möller, Horst: Nationalsozialismus und SED-Diktatur in vergleichender Perspektive. In: Deutscher Bundestag (Hrsg.) Materialien der Enquête-Kommission ..., Bd. IX. Baden-Baden 1995

Morsey, Rudolf: Die Bundesrepublik Deutschland. Entstehung und Entwicklung bis 1969. 3. Aufl. München 1995

Morsey, Rudolf: Die Bundesrepublik Deutschland. Entstehung und Entwicklung bis 1969. München 4. Aufl. 2000

Mühlen, Patrik von zur: Aufbruch und Umbruch in der DDR. Bürgerbewegungen, kritische Öffentlichkeit und Niedergang der SED-Herrschaft (Reihe: Politik und Gesellschaftsgeschichte, Bd. 56). Bonn 2000

Müller, Werner: Die DDR und der Bau der Berliner Mauer im August 1961. In: Aus Politik und Zeitgeschichte, B 33-34/86, 1986

Nolte, Ernst: Deutschland und der Kalte Krieg. München-Zürich 1974

Offe, Claus: Der Tunnel am Ende des Lichts. Erkundungen der politischen Transformation im Neuen Osten. Frankfurt/M. 1994

Oldenburg, Fred S.: Das Malenkow-Enigma. DA 37 (2004), H. 3

Pätzold, Kurt: Die Legende vom „verordneten Antifaschismus“. In: Keller, Dietmar/ Modrow, Hans/Wolf, Herbert: Ansichten zur Geschichte der DDR, Bd. 1. Bonn und Berlin 1993

Ploenus, Michael: Im Editorial der Zeitschrift „Gerbergasse 18“, im Heft 4/06, hrsg. von der Geschichtswerkstatt Jena

Pollack, Detlef: Die konstitutive Widersprüchlichkeit der DDR. Oder: War die DDR-Gesellschaft homogen? In: Geschichte und Gesellschaft 24 (1998)

Pollack, Detlef: Die offene Gesellschaft und ihre Freunde. In: Geschichte und Gesellschaft 26 (2000)

Pollack, Detlef: Identitäten in der DDR. Kontinuitäten und Wandel im vereinigten Deutschland. In: Materialien der Enquête-Kommission ..., Bd. IV/1. Baden-Baden und Frankfurt a.M. 1999

Pollack, Detlef: Die konstitutive Widersprüchlichkeit der DDR. Oder: War die DDR-Gesellschaft homogen? In: Geschichte und Gesellschaft 24 (1998)

Prokop, Siegfried: Kritische Situation oder Krise. Zur Vorgeschichte des 13. August 1961. In: Cerný, Jochen (Hrsg.): Brüche, Krisen, Wendepunkte. Neubefragung von DDR-Geschichte. Leipzig 1990

Prokop, Siegfried: Unternehmen „Chinese Wall". Die DDR im Zwielicht der Mauer. Frankfurt/M. 1992

Przybylski, Peter: Tatort Politbüro. Die Akte Honecker. Berlin 1991

Recker, Marie-Luise: Geschichte der Bundesrepublik Deutschland, 3. Aufl. München 2009

Reichel, Peter: Vergangenheitsbewältigung in Deutschland. Die Auseinandersetzung mit der NS-Diktatur von 1945 bis heute. Frankfurt/M. 2001

Reißig, Rolf: Das Scheitern der DDR und des realsozialistischen Systems – Einige Ursachen und Folgen. In: Jonas, Hans/Kohli, Martin (Hrsg.): Der Zusammenbruch der DDR. Soziologische Analysen. Frankfurt/M. 1993

Richter, Michael: Die Wende – Plädoyer für eine umgangssprachliche Benutzung des Begriffs. DA 40 (2007) H.5, S. 861 ff., und die Diskussion dazu im folgenden DA-Heft 6

Rudolph, Hagen: Die verpassten Chancen. Die vergessene Geschichte der Bundesrepublik. Hamburg 1979

Ruggenthaler, Peter (Hrsg.): Stalins großer Bluff. Die Geschichte der Stalin-Note in Dokumenten der sowjetischen Führung. München 2007

Sabrow, Martin: Verwaltete Vergangenheit. Geschichtskultur und Herrschaftslegitimation in der DDR. Leipzig 1997

Schönhoven, Klaus: Drittes Reich und DDR: Probleme einer vergleichenden Analyse von deutschen Diktaturerfahrungen. In: Jahrbuch für Historische Kommunismusforschung. Berlin 1995

Schneider, Michael: Die „Goldhagen-Debatte". Ein Historikerstreit in der Mediengesellschaft. Bonn 1997

Schroeder, Klaus: Die veränderte Republik. Deutschland nach der Wiedervereinigung. Stamsried 2006

Schroeder, Klaus/Wilke, Manfred: Politbüro des ZK der SED. In: Eppelmann, Rainer u.a. (Hrsg.): Lexikon des DDR-Sozialismus. Das Staats- und Gesellschaftssystem der Deutschen Demokratischen Republik. Paderborn u.a. 1996

Schröder, Richard: „Alles nur Geschichte(n)?" Nachdenken über die Gegenwart eines untergegangenen Staates. Stiftung Aufarbeitung der SED-Diktatur. Berlin 2003 (www.stiftung-aufarbeitung.de)

Schröder, Richard: 13. August 1961. Rede vor der Enquête-Kommisssion. In DA 29 (1996) 5

Schröder, Richard: Die wichtigsten Irrtümer über die deutsche Einheit. 2. Aufl. Freiburg/Br. 2007

Schülerduden. Mannheim 1981

Schwarz, Hans-Peter: Segmentäre Zäsuren 1949–1989: Eine Außenpolitik der gleitenden Übergänge. In: Broszat, Martin: Zäsuren nach 1945. Essays zur Periodisierung der deutschen Nachkriegsgeschichte. München 1990

Schwarz, Hans-Peter: Adenauer. Der Staatsmann 1952-1967. München 1994

Sontheimer, Kurt: Die Adenauer-Ära. Grundlegung der Bundesrepublik. München 1991

Sontheimer, Kurt: So war Deutschland nie. Anmerkungen zur politischen Kultur der Bundesrepublik. München 1999

Staritz, Dietrich: Geschichte der DDR 1949–1990. Moderne Deutsche Geschichte Bd. 11. Frankfurt/M. 1996 (1)

Staritz, Dietrich: Geschichte der DDR. Erweiterte Neuausgabe. Frankfurt/M. 1996 (2)

Staritz, Dietrich: Die Gründung der DDR. München 3. Aufl. 1995

Steinbach, Peter: Nationalsozialistische Gewaltverbrechen. Die Diskussion in der deutschen Öffentlichkeit nach 1945. Berlin 1981

Steininger, Rolf: Deutsche Geschichte seit 1945. Bd. 1: 1945-1947. Frankfurt /M. 1996 (1)

Steininger, Rolf: Deutsche Geschichte seit 1945. Band 2: 1947-1955. Frankfurt/M. 1996 (2)

Steininger, Rolf: Deutsche Geschichte seit 1945. Bd. 3: 1948 – 1955. Frankfurt/M. 1997

Steininger, Rolf: Eine Chance zur Wiedervereinigung? Die Stalin-Note vom 10. März 1952. Eine Darstellung und Dokumentation auf der Grundlage unveröffentlichter britischer und amerikanischer Akten. Bonn 1986

Steininger in der Rezension von Ruggenthalers Veröffentlichung unter dem Titel: Die unendliche Geschichte der Stalin-Note. In: DA 41 (2008)

Steininger, Rolf: Der Mauerbau. Die Westmächte und Adenauer in der Berlin-Krise 1958-1963. München 2001

Stöver, Bernd: Die Bundesrepublik Deutschland. Kontroversen um die Geschichte. Darmstadt 2002

Stöver, Bernd: Der Kalte Krieg 1947-1991. München/Bonn 2007

Teltschik, Horst: Das Wunder vom Kaukasus hat nur gemeinsam Zukunft. In: Die Welt, 22. 9. 1990

Thaa, Winfried: Mehr als Adaption und Regression. Über die Auswirkungen der Herbstrevolution von 1989 auf die Entwicklung der Demokratie in Deutschland. In: DA 24 (1991) 8

Timmer, Karsten: Vom Aufbruch zum Umbruch. Die Bürgerbewegung in der DDR 1989. Göttingen 2000

Stichwortverzeichnis

Überblick: Die Entwicklung Deutschlands 1945-1990

	USA und westliches Ausland	Westzonen bzw. Bundesrepublik Deutschland	Sowjetische Zone bzw. DDR	UdSSR und östliches Ausland
1945		8.5.: bedingungslose Kapitulation Deutschlands 5.6.: Vier-Mächte-Erklärungen (Besatzungszonen, Kontrollrat) Juli/August: Potsdamer Konferenz	14.7.: Block der antifaschistisch-demokratischen Parteien ab 15.9.: Bodenreform, Enteignung der Großbetriebe und ihre Verstaatlichung	russische Truppen bleiben länger als mit den USA vereinbart in Persien Errichtung von Volksrepubliken in Europa
1946		6.9.: Stuttgarter Rede des amerikanischen Außenministers Byrnes 2.12.: Errichtung der Bizone	19./20.4.: Vereinigung von KPD und SPD zur SED 2.12.: SED-Entwurf einer deutschen Verfassung	Bürgerkrieg in Griechenland (nationale Befreiungsarmee gegen kommunistische Befreiungsarmee)
1947	12.3.: Truman-Doktrin der USA zur Eindämmung des Kommunismus 5.6.: Marshall-Plan: Hilfsprogramm f. Europa			Herbst 1947: Gründung des Kommunistischen Informationsbüros (Kominform)
1948	23.2.–3.6.: Londoner Sechs-Mächte-Konferenz (ohne die SU) plant nach dem Scheitern vieler Konferenzen mit der SU die Errichtung eines westdeutschen Teilstaates 17.3.: Brüsseler Militärvertrag	20.6.: Währungsreform	20.3.: SU verläßt den Kontrollrat: Ende der Vier-Mächte-Verwaltung 24.6.: Währungsreform	22.2.: Staatsstreich in Prag: ČSR Volksrepublik

1949	Dez.1948 – 25.August 1949 Verhandlungen zwischen den Westmächten zur Gründung der NATO	Berliner Blockade Juni 1948 – Mai 1949 23.5.: Gründung der Bundesrepublik Deutschland (Grundgesetz)	Aufbau kasernierter Polizeieinheiten 30.5.: Verfassung der DDR verabschiedet 7.10.: Proklamation der DDR	April: Rat für gegenseitige Wirtschaftshilfe (RGW, auch COMECON) gegründet – wirtschaftliche Zusammenarbeit der osteuropäischen Staaten
1950	9.5.: Schuman-Plan für wirtschaftliche Zusammenarbeit		September: Aufnahme der DDR in den RGW	
1951	5.6.1950 – 10.7.1951 Korea-Krieg Waffenstillstand 1953	Kontrolle durch wirtsch. u. administrative Integration: 18.4.: Montanunion 7.5.: Aufnahme der Bundesrepublik im Europarat		
1952	Mai: Pleven-Plan zur Errichtung einer Europäischen Verteidigungsgemeinschaft (EVG)	Diskussion über EVG und Stalin-Noten		ab März: Stalin-Noten: Angebot der Wiedervereinigung gegen die Neutralisierung Deutschlands
1953			Volksaufstand vom 17. Juni, niedergeschlagen von Volkspolizei und sowjetischen Truppen	
1954	EVG scheitert im französischen Parlament Pariser Verträge: Beschluß, die westdeutsche Bundeswehr im Rahmen der NATO aufzubauen, WEU			
1955		5.5.: Souveränität der Bundesrep. Deutschland, Beitritt zur NATO	4.6.: Beitritt zum Warschauer Pakt 6.10.: Souveränität der DDR	14.5.: Gründung des Warschauer Paktes
1956				Februar: XX. Parteitag der KPdSU: Entstalinisierung Juni: Posener Arbeiteraufstand November: Ungarn-Aufstand

Überblick: Die Entwicklung Deutschlands 1945-1990

1958	25.3.: Römische Verträge (EWG und EURATOM) ab Januar in Kraft		27.11.: Berlin-Ultimatum der SU: West-Berlin soll freie Stadt werden (3-Staaten-Theorie)
1961		Berliner Mauer: Ende der Massenflucht am 13.8.	
1962	Oktober: Kuba-Krise		
1963	Beginn der Entspannungspolitik: amerikanisch-sowjetisches Atom-Test-Stopp-Abkommen		
1968			21.8.: „Prager Frühling" vom Warschauer-Pakt niedergeschlagen
1971		3.9.: Vier-Mächte-Abkommen über Berlin: Garantie der Zufahrtswege	
1972		21.12.: Grundlagenvertrag zwischen der Bundesrepublik Deutschland und der DDR (Gewaltverzichtsabkommen, in Kraft ab 21.6.1973)	
1973	18.9.: Beitritt der Bundesrepublik zur UNO		18.9.: Beitritt der DDR zur UNO
1975	Rückzug der USA aus Südvietnam	Konferenz über Sicherheit und Zusammenarbeit in Europa (KSZE Schlußakte von Helsinki 1.8.1975)	7.10.: Freundschaftsvertrag DDR – SU für 25 Jahre
1979			Dezember: Einmarsch sowjetischer Truppen in Afghanistan

1981			Kriegsrecht in Polen. Beendigung der Tätigkeit der freien Gewerkschaften „Solidarność" (bis 1983)
1982	Verstärkte Unterstützung der Gegner der sandinistischen Regierung in Nicaragua		
1985			Gorbatschow: Beginn von Glasnost und Perestroika
1987	Vertrag über den Abbau von Mittelstreckenraketen zwischen der SU und den USA (INF)		
1988		Juli: Gorbatschows Konzept eines europäischen Hauses	Streikwelle in Polen; Einrichtung eines „Runden Tisches"
1989		Sommer: Massenflucht über Ungarn in die Bundesrep. 7.Okt.: 40. Jahrestag, Massendemonstrationen in Berlin, Leipzig usw. „Wende" in der DDR 9. Nov.: Öffnung der Mauer Demokratisierung der DDR Wiedervereinigungspläne	Mai: Öffnung der ungar.-osterr. Grenze August: erste Streiks in der UdSSR; Baltikum fordert Unabhängigkeit Nov./Dez.: „Wende" in der ČSSR Dez.: Sturz Ceaucescus in Rumänien
1990		18.3.: erste freie Wahlen in der DDR zur Volkskammer 1. Juli: Wirtschafts-, Währungs- und Sozialunion 12. Sept.: „Zwei-plus-Vier-Vertrag": volle Souveränität für das vereinigte Deutschland 3. Okt.: Beitritt der DDR zur Bundesrepublik	

Aus: Eberhard Wilms: Deutschland seit 1945. Besetzt-geteilt-entzweit-vereinigt. Berlin 1995, S. 248 f.